개정판

창업실무론

윤원배 · 윤명길 공저

도서출판 두남

머리말

평생직장보다는 평생직업을 택해야 할 때가 되었다.

대부분의 사람들은 자신의 직장에서 언제까지 일할 수 있을 것인가에 대한 불안감 속에서 일하고 있고 설사 정년이 보장된 직업을 가지고 있다하더라도 평균수명 80세가 넘는(앞으로는 100세가 넘을 것이라는 전망도 나오고 있는) 상황에서 퇴직 후 보내야 할 20~40년에 대해 고민을 하지 않을 수 없는 것이 우리의 현실이다.

이때 빼놓지 않고 거론되는 것이 바로 창업일 것이다. 세계적인 경기침체 속에서도 미국에서는 소비경기 회복에 대한 기대심리와 그에 따른 수요를 예측한 기회형 창업이 붐을 이루고 있고 우리나라 정부에서도 국민의 혁신적 아이디어를 기술과 결합해 새로운 산업과 시장을 만들고 좋은 일자리 창출로 연결하고자 하는 혁신창업 생태계 조성 정책을 내세우고 있다.

창업은 그만큼 경기침체의 훌륭한 대안이자 매력있는 분야이지만 칼날의 양면과 같아 실패할 시 삶의 기반을 송두리째 뽑힐 수 있는 위험을 가지고 있다.

필자는 창업이 혁신 그 자체이자 시대의 새로운 가치를 제공하는 역할을 하며 경제발전의 원동력이라고 주장하지만 동시에 준비되지 않은 창업은 개인과 사회에 해악이 될 수 있음을 우려한다.

근래에 들어서 국내 창업 환경은 급속하게 변화하고 있고 이러한 변화는 준비된 창업의 중요성을 더욱 크게 요구하고 있다.

준비된 창업의 첫 번째 조건은 많이 알아야한다는 것이다. 창업을 하기 위해서는 상권, 기술, 마케팅, 자금, 세무, 노무 등 알아야 할 것들이 매우 광범위하다.

이에 본 도서는 예비창업자에게 창업 전 꼭 습득하여야 할 실무적 지식을 담고자 했으며 창업에 관한 기본지식과 실무적인 지식을 아우르는 기본서로서의 역할을 한다면 더 바랄게 없겠다.

부족하나마, 본 도서로 창업 전문도서를 대신하고자 하며, 추후 필자의 수년에 걸친 자료수집과 연구의 결과를 집대성하여 전문적인 창업도서를 내기로 독자 여러분께 약속드린다.

본도서는 총12장으로 구성되어 있다.

1장은 창업의 개요로서 창업이란 무엇인지와 창업의 필요성으로 나누어 살펴보았다.

2장은 창업을 위한 제반 환경을 분석했는데, 구체적으로 국내 창업 환경의 특성, 창업의 성공조건, 창업 준비절차를 다루었다.

3장에서는 회사의 설립에 관해 살펴보았다. 창업의 업종 및 공장설립, 창업의 일반적인 절차와 함께 회사의 종류에 대해서 설명하였다.

4장에서는 상권 및 유통입지 분석 방법을 대주제로 입지와 상권개요, 상권분석기법의 이론적 발전과정을 다루었다.

5장은 사업계획서(Business Plan)가 왜 필요하며, 어떻게 작성해야 하는지에 대해 작성사례를 통해 알기 쉽게 설명하였다.

6장부터 9장까지는 업종 별 창업 실무 part로써 6장 유통업의 창업, 7장 프랜차이즈 창업, 8장 기타 벤처 창업, 9장 소호창업으로 구성했다.

10장에서는 사회적기업의 개념과 발전과정, 사회적기업의 유형과 역할, 국내 사회적기업의 인증 및 현황 등 사회적기업 전반에 걸쳐 살펴보았다.

11장에서는 e-비지니스의 이해, e-비지니스와 창업의 전반적인 내용을 다루었다.

마지막으로 12장은 창업기업의 세무분야로 부가가치세, 소득세, 법인세 및 주요 세무문제에 대해 설명하였다.

끝으로 본 도서를 집필하는데 도움을 준 창업분야에 오랜 경험과 지식을 가진 여러 선후배들과 본 도서를 발간함에 있어서 적극적으로 도움을 주신 도서출판 두남의 편집진에게도 감사를 전한다.

2018. 2월

윤원배, 윤명길

차 례

제4장 상권 및 입지 분석 / 73

제5장 사업계획서 작성 / 105

제8장 기타 벤처 창업 / 229

제9장 소호(SHO)창업 / 259

Chapter 1

창업의 개요

1 창업의 개요

평생직장보다는 평생직업을 택해야 할 때가 되었다. 21세기 초반이후 지금까지 우리사회는 대학교를 졸업해도 취업이 쉽지 않은 상황이다. 이렇게 시대적 상황이 바뀌면서 대학교 졸업자를 포함한 일반적인 현대인들의 직업관이 바뀌고 창업에 대해 누구나 한번쯤 생각하게 된다.

이러한 여건의 변화는 평생직장의 개념이 파괴되면서 촉진되었다. 사람들이 고용에 연연하지 않고 내 일을 꿈꾸면서 창업에 대한 열기는 더욱 가속도가 붙었다. 창업의 활성화는 경제의 혁신성과 유연성을 제고하고 신규 고용을 증대시켜 경제 성장에 긍정적인 동력을 제공한다. 특히, 유통업분야의 창업은 더욱 그러하다. 따라서 일반적인 창업과 연계하여 유통창업을 중심으로 본 장에서 설명하고자 한다.

제1절 창업이란?

1. 창업이란

창업이란 일반적인 의미로 "상업의 기초를 세우는 것"이다. 즉, 기업가(Entrepreneur)의 능력을 갖춘 개인이나 단체가 상업의 아이디어를 가지고 사업목표를 세우고, 적절한 시기에 자본, 인원, 설비, 원자재 등 경영자원을 확보하여 제품을 생산하거나 용역을 제공하는 것이다. 즉, 기업을 새로이 설립하는 것을 말한다. 다시 말해, "재화 또는 용역을 생산 및 판매하는 하나의 시스템을 구축하는 작업"이 창업인 것이다.

1) 창업의 4M

여기에서 시스템의 구축이란 이익 창출 측면을 중시해야 하기 때문에 투입요소, 변화요소, 산출요소가 필요하다. 특히, 일반적인 창업은 창업자(Man), 원재료(Material), 기계설비(Machine), 자금(Money)이 주요소이다. 이를 창업의 4M이라고도 한다. 일반적으로 창업을 하려면, 사람이 있어야 한다. 즉, 모든 일의 주체는 사람이 하는 것이기 때문이다. 그리고 기계설비와 원재료가 있어야 한다. 또한 이를 뒷받침하기 위해서는 돈이 있어야 한다.

2) 유통창업의 4요소

먼저, 창업자(Man)가 필요하다. 이는 사업성패의 가장 중요한 핵심요소의 하나이다. 이는, 기업을 창업하고 운영함에 있어서 기업가 정신(Entrepreneurship)이 중요하다는 것과도 일맥상통한다. 성공 창업을 위해 가장 중요한 요소이지만 우리가 흔히 간과해 버리는 것이 창업자의 마음가짐일 것이다. 일단 창업을 하겠다고 결심을 하면 해당 사업에 대하여 철저한 몰입이 필요하다. 이것이 선행되지 않고는 성공창업을 절대 기대할 수 없다.

둘째, 사업의 업종이나 업태(일종의 Material)가 중요하다. 창업 시 업종(Type of Business)이나 업태(Type of Operation)는 사업 추진방향이나 방법에 큰 영향을 미친다. 특히, 소규모로 할 경우는 어느 업종으로 하느냐가 중요하고, 대형소매점의 경우는 어떠한 업태로 하느냐가 매우 중요하다. 어느 업종 또는 업태로 하느냐가 그 유통업체의 성패를 좌지우지한다 해도 과언이 아니다. 그러나 나에게 적합한 업종을 선택하는 일은 좀처럼 쉽지 않다. 우선 업종 선택 시 나의 적성이나 성격에 적합한 업종을 선택해야 한다. 그렇지 않을 경우 사업에 대한 흥미와 관심을 기울이기 어려워 결국 해당 사업을 지속적으로 운영할 수 없게 될 것이다. 해당 사업에 대한 적성이나 성격이 맞을 경우에도 그 사업 분야에 대한 기본지식이나 경험이 반드시 필요하다.

그리고 창업하려는 업종의 동향을 정확히 파악해야 한다. 각각의 업종은 도입기, 성장기, 성숙기, 쇠퇴기 등을 거치게 된다. 따라서 자신의 업종이 어느 단계인지를 시장 분석 등을 통해 정확히 분석하여 가급적 성장기에 해당하는 업종을 선택하는 것이 바람직하다.

셋째, 어느 장소에 하느냐라는 입지(일종의 Machine)가 중요하다. 이는 고객의 입장에서 접근성과 분위기 등이 고려되어야 한다. 특히 유통업에서는 입지(Location)가 중요하며, 입지에 대한 고객의 접근성이 매우 중요하다. 입지를 선정할 때는 상권과 주변 업종에 주목해야 한다. 일반적으로 상권이 발달되어 있고 역세권 등 유동인구가 많은 곳을 선택하는 것이 좋다. 그러나 이런 곳에 점포를 얻기 위해서는 많은 비용이 소요되므로 일반적으로 알려진 상권만을 고집하지 말고 직접 치밀한 입지를 분석을 통해 자신의 자본과 업종에 적합한 입지를 찾을 경우 적은 비용으로도 성장기에 좋은 입지를 선정할 수 있다.

넷째는 자금(Money)으로 창업을 하기 위해 필요 불가결한 요소라고 할 수 있다. 유통업에서의 자금력은 기업의 성패를 좌우한다. 그 중에도 창업 전후 자금 운용방안은 더욱 더 중요하다. 소자본 창업의 경우에도 주먹구구식으로 자금을 운용해서는 절대 안 된다.

자금의 투자액이 높을수록 수익성이 증가하지만 그만큼 위험 부담도 커짐을 항상 염두에 두어야 한다.

〈표 1-1〉 일반창업과 유통창업의 4요소 비교

구 분	주요내용
일반창업의 4요소(4M)	창업자(Man), 원재료(Material), 기계(Machine), 자금(Money)
유통창업의 4요소	창업자(Man), 업종 및 업태(Type of Operation & Business), 입지(Location), 자금(Money)

2. 관련법에서의 창업에 대한 의미

창업이 무엇인가를 설명하자면, 먼저 중소기업창업지원법의 내용을 이해하는 것이 가장 좋을 것이다. 따라서 이 법에서 창업의 의미를 자세히 도출해 보고자 한다.

「중소기업 창업지원법」 제2조에서 창업이라 함은 "중소기업을 새로이 설립하여 사업을 개시하는 것"을 말하며 사업의 승계, 기업형태의 변경, 폐업 후 사업 재개에 해당하는 경우에는 창업에 해당되지 않는다. 즉, 창업에 해당하지 아니하는 경우는 "타인으로부터 사업을 승계하여 승계전의 사업과 동종의 사업을 계속하는 경우" 또는, 개인사업자인 중소기업자가 법인으로 전환하거나 법인의 조직변경 등 기업형태를 변경하여 변경전의 사업과 동종의 사업을 계속하는 경우, 마지막으로 "폐업 후 사업을 개시하여 폐업전의 사업과 동종의 사업을 계속하는 경우" 등이다. 이 세 가지 경우를 더 자세히 설명하면 다음과 같다.

먼저, "타인으로부터 사업을 승계하여 동종 사업을 계속하는 경우"란 원래 사업을 새로이 개시하지 않고 기존의 사업을 인수하여 동종 사업을 계속 영위하는 경우로 중소기업을 새로이 창설하는 효과가 없으므로 창업의 범위에서 제외한다.

둘째, "개인사업자인 중소기업자가 법인으로 전환하거나, 법인의 조직변경 등 기업형태를 변경하여 변경전의 사업과 동종의 사업을 계속하는 경우"란 단순히 조직을 변경함으로써 형식상의 창업절차만 있을 뿐 실질적으로 중소기업의 창설효과(0 + 1 = 1, 1 + 1 = 2)가 없는 경우는 창업의 범위에서 제외한다. 일례로 개인사업자가 법인으로 전환 또는 합명회사, 합자회사, 유한회사, 주식회사 상호간 법인형태를 변경하여 동종의 사업을 계속하는 경우와 기업을 합병하여 동종 사업을 영위하는 경우 등이 이에 포함된다. 그러나 조직변경 전후의 업종이 다른 경우는 변경전의 사업을 폐지하고, 변경 후의 사업을 하는 경우 창업으로 인정한다.

셋째, "폐업 후 사업을 개시하여 폐업전의 사업과 동종의 사업을 계속하는 경우"는 사업을 폐지한 후 동종 사업을 재개하더라도 창업으로 보지 않는다. 일례로 사업의 일시적인 휴업이나 정지 후에 다시 사업을 재개하는 경우와 공장을 이전하기 위해 이전하기 전 장소의 사업을 폐업하고, 새로운 장소에서 사업을 재개하는 경우는 이에 해당된다. 그러나 폐업을 한 후에 사업을 재개하더라도 폐업 전의 사업과 다른 업종의 사업을 새로이 개시하는 경우에는 창업으로 인정한다.

〈표 1-2〉 사업승계와 사업승계에 해당하지 않는 경우

사업승계의 예	① 상속이나 증여에 의해 사업체를 취득하여 동종 사업을 계속하는 경우 ② 폐업한 타인의 공장을 인수하여 동일한 사업을 계속하는 경우 ③ 사업의 일부 또는 전부의 양도·양수에 의해 사업을 개시하는 경우 ④ 기존공장을 임차하여 기존 법인의 사업과 동종의 사업을 영위하는 경우 ⑤ 합병 분할 현물출자 등으로 사업을 승계하여 동종 사업을 계속하는 경우
사업승계에 해당하지 않는 경우	사업의 일부를 분리하여 해당기업의 임직원이나 그 외의 자가 사업을 개시하는 경우로서 다음의 요건을 갖춘 경우로 한다. ① 사업을 영위하던 자와 사업을 개시하는 자 간에 사업 분리에 관한 계약을 체결할 것 ② 사업을 개시하는 자가 새로이 설립되는 기업의 대표자로서 그 기업의 최대주주 또는 최대 출자자가 될 것

한편 동종 사업으로 보지 않는 경우는 창업으로 인정할 수 있다. 또한 상기의 세 가지 경우에 해당되는 동종의 사업을 하더라도 창업으로 인정할 수 있는 경우도 있다. 즉, 사업 개시전의 기존 업종과 세부 분류를 달리하는 업종을 추가하여 사업을 새로이 개시하는 경우이다. 이 경우 다음의 산식에 의하여 산출된 비율이 100분의 50 이상인 경우 창업으로 인정한다.

〈표 1-3〉 같은 종류의 사업의 범위

① 같은 종류의 사업이란 「통계법」 제22조 제1항의 규정에 의하여 통계청장이 작성·고시하는 한국표준산업분류상의 세분류를 기준으로 한다.
② 이 경우 기존 업종에 다른 업종을 추가하여 사업을 하는 경우에는 추가된 업종의 매출액이 총매출액의 100분의 50미만인 경우에만 같은 종류의 사업을 계속하는 것으로 본다.
③ 이때 추가된 업종의 매출액 또는 총매출액은 추가된 날이 속하는 분기의 다음 2분기 동안의 매출액 또는 총매출액을 말한다.

[매출액기준 적용사례]

□ 업종추가일이 4월2일인 경우 7월1일부터 12월 31일까지의 매출액

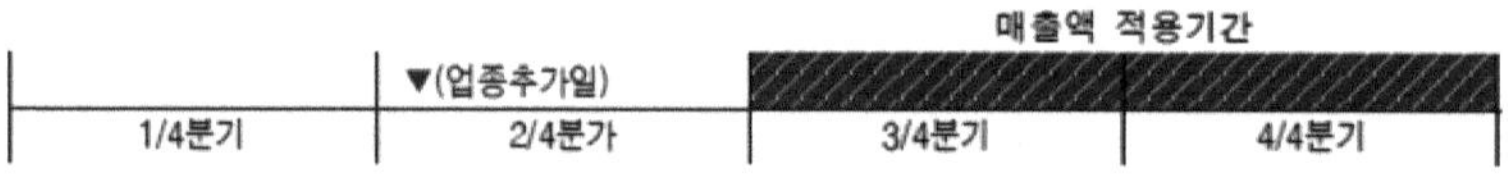

□ 업종 추가일이 7월31일 인 경우 10월1일부터 익년 3월31일까지의 매출액

자료 : 중소기업 창업지원법 (시행령 제2조제2항)

〈표 1-4〉 사례 별 창업인정 여부

주체	사업장소	사 례		창업여부
A개인이	갑 장소에서	갑 장소에서의 기존사업을 폐업하고	B법인 설립하여 동종업종 제품을 생산	조직변경
			B법인 설립하여 이종업종 제품을 생산	창업
		갑 장소에서의 기존사업을 폐업 않고	B법인 설립하여 동종업종 제품을 생산	형태변경
			B법인 설립하여 이종업종 제품을 생산	창업

<table>
<tr><th>주체</th><th>사업장소</th><th colspan="2">사 례</th><th>창업여부</th></tr>
<tr><td rowspan="4">A법인이</td><td rowspan="4">갑 장소에서</td><td rowspan="2">갑 장소에서의 기존사업을 폐업하고</td><td>B법인 설립하여 동종업종 제품을 생산</td><td>위장창업</td></tr>
<tr><td>B법인 설립하여 이종업종 제품을 생산</td><td>창업</td></tr>
<tr><td rowspan="2">갑 장소에서의 기존사업을 폐업 않고</td><td>B법인 설립하여 동종업종 제품을 생산</td><td>형태변경</td></tr>
<tr><td>B법인 설립하여 이종업종 제품을 생산</td><td>창업</td></tr>
<tr><td rowspan="4">A개인이</td><td rowspan="4">갑 장소에서</td><td rowspan="2">갑 장소에서의 기존사업을 폐업하고</td><td>B법인 설립하여 동종업종 제품을 생산</td><td>조직변경</td></tr>
<tr><td>B법인 설립하여 이종업종 제품을 생산</td><td>창업</td></tr>
<tr><td rowspan="2">갑 장소에서의 기존사업을 폐업 않고</td><td>B법인 설립하여 동종업종 제품을 생산</td><td>형태변경</td></tr>
<tr><td>B법인 설립하여 이종업종 제품을 생산</td><td>창업</td></tr>
<tr><td rowspan="4">A법인이</td><td rowspan="4">갑 장소에서</td><td rowspan="2">갑 장소에서의 기존사업을 폐업하고</td><td>B법인 설립하여 동종업종 제품을 생산</td><td>위장창업</td></tr>
<tr><td>B법인 설립하여 이종업종 제품을 생산</td><td>창업</td></tr>
<tr><td rowspan="2">갑 장소에서의 기존사업을 폐업 않고</td><td>B법인 설립하여 동종업종 제품을 생산</td><td>형태변경</td></tr>
<tr><td>B법인 설립하여 이종업종 제품을 생산</td><td>창업</td></tr>
<tr><td rowspan="4">A개인이</td><td rowspan="4">을 장소에서</td><td rowspan="2">갑 장소에서의 기존사업을 폐업하고</td><td>B법인 설립하여 동종업종 제품을 생산</td><td>법인전환</td></tr>
<tr><td>B법인 설립하여 이종업종 제품을 생산</td><td>창업</td></tr>
<tr><td rowspan="2">갑 장소에서의 기존사업을 폐업 않고</td><td>B법인 설립하여 동종업종 제품을 생산</td><td>창업</td></tr>
<tr><td>B법인 설립하여 이종업종 제품을 생산</td><td>창업</td></tr>
</table>

<table>
<tr><th>주체</th><th>사업장소</th><th colspan="2">사 례</th><th>창업여부</th></tr>
<tr><td rowspan="4">A법인이</td><td rowspan="4">을 장소에서</td><td rowspan="2">갑 장소에서의 기존사업을 폐업하고</td><td>B법인 설립하여 동종업종 제품을 생산</td><td>사업승계</td></tr>
<tr><td>B법인 설립하여 이종업종 제품을 생산</td><td>창업</td></tr>
<tr><td rowspan="2">갑 장소에서의 기존사업을 폐업 않고</td><td>B법인 설립하여 동종업종 제품을 생산</td><td>창업</td></tr>
<tr><td>B법인 설립하여 이종업종 제품을 생산</td><td>창업</td></tr>
<tr><td rowspan="4">A가
(법인 개인)</td><td rowspan="4">을 장소에서</td><td rowspan="2">갑 장소에서의 기존사업을 폐업하고</td><td>다시 A명의로 동종업종 제품을 생산</td><td>사업이전</td></tr>
<tr><td>다시 A명의로 이종업종 제품을 생산</td><td>창업</td></tr>
<tr><td rowspan="2">갑 장소에서의 기존사업을 폐업 않고</td><td>다시 A명의로 동종업종 제품을 생산</td><td>사업확장</td></tr>
<tr><td>다시 A명의로 이종업종 제품을 생산</td><td>업종추가</td></tr>
<tr><td colspan="5">주)
1. 이종업종은 한국표준산업분류의 세분류(4자리)를 달리하고 당해 매출액의 50%를 넘는 경우
2. "갑" 장소는 기존사업장, "을" 장소는 신규사업장
3. "갑" 장소와 "을" 장소는 사회통념과 창업지원법의 취지 등을 감안할 때 공장 확장으로 인정할 수 없을 정도의 거리를 충분히 유지한 경우
4. "B"법인은 "A"가 출자한 법인임
5. "기존사업을 폐업하고"란 사업자등록을 반납 또는 취소 조치함을 말함</td></tr>
</table>

자료 : 중소기업 창업지원법 (시행령 제2조제3항)

제2절 창업의 필요성

1. 창업의 보편화

요즘은 어느 분야든지 창업이 일반적으로 보편화되어 있다. 특히나 유통분야에서의 창업은 더욱 그러하다. 유통업 자체의 트렌드 변화가 심하다보니 그 분야에서 근무하는 종사자의 이동도 타 분야보다 월등히 높다.

예를 들어, 유통업체의 이직률이 분야나 직급에 따라 다소 차이는 있고, 고용 안정 정책에 따라 다소 주춤하고 있지만 연평균 10%에서 심지어는 영업부서 파견사원의 경우 50% 이상인 경우도 많다.

이 분야에서 잔뼈가 굵은 유통인의 경우 유통에 대한 노하우를 살릴 수 있기 때문에 창업에 관심을 갖게 되고 사전 준비 여부에 따라 성공 가능성을 높일 수도 있다. 또한 유통업이 창업에서 차지하는 비중이 크고, 창업을 하고자할 때 손쉽게 할 수 있는 강점이 있기 때문에 유통창업이 일반인에게도 선호도가 높다. 특히, 프랜차이즈시스템을 도입한 업종은 별다른 노하우나 기술이 없어도 곧바로 창업이 가능하다는 점에서 매력이 있기 때문에 많은 창업자들이 선호한다.

한편 인터넷 비즈니스 부분을 살펴본다면, 상대적으로 적은 창업비용과 위험부담으로 창업이 쉽고 개인의 창의력과 능력을 충분히 발휘할 수 있다는 장점이 있다. 기존의 오프라인상의 창업과 달리 많은 자본을 가진 사람만 가능한 것도 아니다. 따라서 창업을 하고자 할 경우 전자상거래 창업도 한 가지 방법이 될 수 있다.

더욱이, 혁신창업 친화적 환경조성으로 정부가 지식서비스 및 벤처기업 육성을 중요한 정책과제로 추진하고 있다. 따라서 취업보다는 자기 사업을 하려고 하는 젊은 벤처 사업가들이 증가하게 되었는데 특히, 인터넷이 보편화되면서 인터넷 비즈니스 창업은 이른바 플랫폼비지니스[1]의 대표적인 분야라고 할 수 있다. 자기 자신의 의지만 있다면 좋은 사업아이템은 얼마든지 있기 때문이다. 전자상거래는 그 자체가 미개척 분야로서 사업기회가 무궁무진하다. 플랫폼 비즈니스 기업의 경우에서 보듯이, 새로운 사고방식과 아이디어가 곧바로 사업으로 이어질 수가 있다는 장점을 갖고 있다.

그러나 창업을 하려면 이와 동시에 많은 위험도 따른다. 따라서 섣불리 창업

1) 플랫폼이란 단어는 본래 기차를 타고 내리는 물리적인 공간, 또는 강사, 지휘자, 선수 등이 사용하는 무대나 강단을 뜻한다. 하지만 현재는 특정장치나 시스템 등을 구성하는 기초가 되는 틀을 지칭하는 용어로 많이 사용된다. 플랫폼 비지니스 모델이란 사업자가 직접 제품 또는 서비스를 제공하는 것이 아니라 제품이나 서비스를 제공하는 생산자 그룹과 이를 필요로 하는 사용자 그룹을 연결하는 것이다. 사업자는 생산자 그룹과 사용자 그룹이 플랫폼 내에서 활발하게 거래하도록 함으로써 가치를 생성하고 궁극적으로 수익을 창출한다.

전선에 뛰어들었다가는 실패하기 쉽다. 그렇지만 현대에는 인터넷의 활용범위가 정치, 경제, 사회, 문화 등 전 분야에 걸쳐 그 활용범위가 확대되고 있고 오프라인과 온라인에서 철저한 사전 준비와 최적의 사업 아이템을 선정한 후 창업을 하고자 한다면, 성공의 가능성을 훨씬 높일 수 있다.

〈그림 1-1〉 대표적인 플랫폼 비즈니스 기업

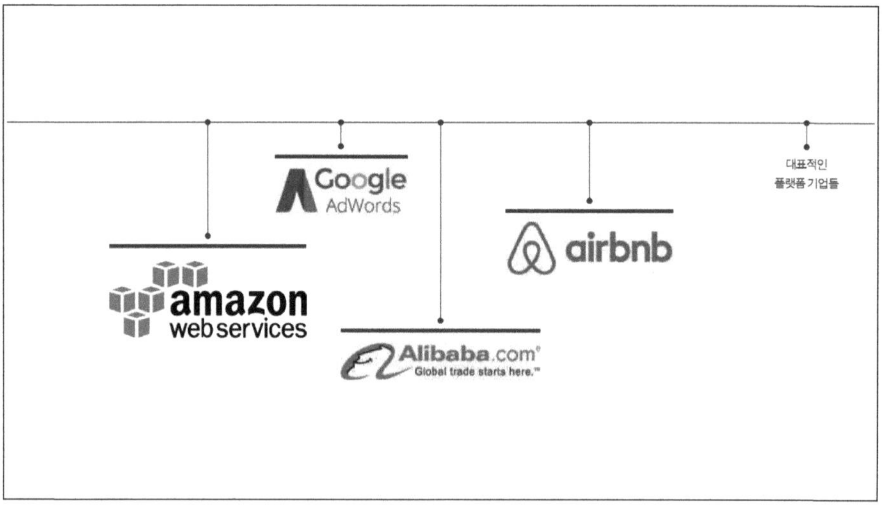

자료 : 한국콘텐츠진흥원 (상상발전소)

2. 창업을 하는 4가지 이유

현대인들이 창업을 하고자 하는 이유를 살펴보면 다음과 같은 것이 있다.

먼저, 가장 큰 이유는 "직장에서의 미래가 불확실하다는 점"에서 찾을 수 있다. 즉, 직장에서의 과도한 스트레스가 있고 이를 해소하기 위하여 창업을 희망한다. 현대사회는 사회 환경의 변화가 빠르게 진행되고 있고 이것은 직장인들에게 스트레스 요인으로 작용한다. 자기가 하고자 하는 일을 하지 못하는 것과 상사 혹은 부하와의 마찰은 과도한 스트레스를 유발하고 직장생활의 즐거움을 잃게 한다. 따라서 이를 피하고 정신적으로 편안한 생활을 위해서 창업을 원하는 것이다.

두 번째는 "평생직장의 유한성"에서 찾을 수 있다. 즉, 시대적 변화에 따라 직업의식도 종전에는 "평생직장"이라는 개념에서 "평생직업"이라는 개념으로 변화되고 있다. 한국 또는 일본식 사고에서 미국식 사고로 전환되고 있는 것이다. 과거 한 직장에서 평생 근무했다는 것이 자랑이던 평생직장 개념에서 여러 직장을 이동하면서 전문적인 여러 가지 노하우를 갖추어 자신의 경력을 관리하는 미국식의 평생직업 의식이 중요시 되고 있다.

세 번째로는 "직장에서의 자기 성장의 한계"이다. 이는 자기능력계발이 가능한 창업을 원하게 된다. 현대사회는 한 분야에 대한 타의 추종을 불허하는 철저한 전문가를 요구하고 있다. 우리는 철저한 직업의식이 없으면 성공하기 어려운 시대를 살고 있는 것이다. 이러한 관점에서 볼 때 창업의 열기가 더욱 높아질 수밖에 없다. 창업은 무한한 꿈을 가진 젊음과 도전정신이 있는 사람이라면 한 번 도전해 볼만하다. 물론 실패를 두려워하지 않는 불굴의 인내심도 수반되어야 성공할 수 있는 확률이 높아진다.

마지막으로는 "경제적인 여유"를 찾고자 함이다. 누구나 직장에서 경제적 부를 창출한다는 것은 한계가 있음을 안다. 따라서 자신의 능력에 맞는 경제력을 확보하고자하는 노력이 창업으로 표출된다. 하지만 모든 창업이 경제적인 부를 가져다주진 않는다. 심지어 단순생계 조차도 어려운 경우도 있다. 경제적인 여유보다는 생업을 위한 경우가 대부분일 수도 있을 것이므로 창업에 대한 지나친 환상은 금물이다.

연습문제

1. 창업의 4요소에 대하여 설명하라.

2. 왜 창업을 하는지 창업을 하는 이유에 대하여 설명하라.

3. 내가 창업을 하게 된다면 창업이유가 무엇인가?

Chapter 2

창업의 제반 환경

2 창업의 제반 환경

창업은 새로운 아이디어를 가진 창업자가 영리를 목적으로 개인이나 법인회사를 만들어서 사업 활동을 시작하는 일이다. 따라서 창업을 하기 위해서는 창업환경의 제반 특성 및 창업 아이템과 창업절차 등에 대해 살펴볼 필요가 있다. 즉, 사전준비 작업이 매우 중요하다. 본 장에서는 창업환경의 특성, 창업의 성공조건, 창업 준비절차에 대해 살펴본다.

제1절 국내 창업 환경의 특성

1. 인프라와 전문인력 부문 한계

개인이나 중소기업을 창업하고자 하는 사람의 경우, 누구나 취약한 자원과 전문 인력의 부족을 느낀다. 특히 중소기업이나 개인 창업의 경우 노하우와 전문 인력이 부족하기 때문에 머천다이징, 물류기반, 결제시스템 등을 제대로 구사하기가 어렵다. 따라서 수익모델의 개발이 힘들 수밖에 없다. 즉, 창업을 하는 어느 분야든지 전문경영자(expert manager)가 없다는 현실적인 한계점이 존재한다.

또한 전자상거래 창업의 경우 전통기업에서 직접 창업을 진행하든지, 아니면 오프라인 분야의 지원이 있다면, 보다 수월하게 창업을 할 수 있는 여지가 있겠지만, 그렇지 않고 독립적인 시스템을 구축하고자 할 때는 그만큼 창업에 대한 부담이 커질 수밖에 없다. 더욱이 외식창업의 경우는 자신이 운영 및 조리 관련 기술을 습득하지 아니하면 창업 후 곤란을 겪을 가능성이 매우 높다.

2. 협업(Collaboration)문화 등 창업 문화 조성

국내의 기업들은 대개가 한국의 문화적인 특성상 협업(Collaboration)문화 조성이 어렵다. 예로 고려청자의 기술의 맥이 끊긴 것과 같은 현상이다. 이것은 상호간의 정보 공유의 분위기 조성이 안 되었다는 의미이기도 하다.

미국의 경우 거대기업간의 협업이 수시로 이루어지기 때문에 시너지효과를 최대화할 수 있지만, 국내기업들은 자사의 정보나 기밀의 누출을 우려하여 협업보다는 배타적인 경쟁체제를 구축하기를 선호하는 경향이 강하다. 특히 중소 유통업체의 경우는 더욱 그렇고 구멍가게 수준의 작은 소규모 점포의 개설은 더더욱 협업문화와는 거리가 있다.

한편, 국내 창업 환경을 보면, 조금이라도 수익성이 보이는 아이템이라면 자본력이 강한 대기업이 주저하지 않고 곧바로 시장에 진입한다. 그러다 보니 대기업에서 중소기업의 영역을 침범하고 결국 중소기업의 도산으로 까지 몰고 가는 경우가 허다하다. 그러다보니, 중소기업 적합업종을 선정하는 제도까지 등장했다.[1] 즉, 대기업의 진출로 중소기업이 경영 악화 등을 겪게 되는 경우, 사회적 합의를 통해 경쟁력을 확보할 수 있는 기회를 제공하기 위한 제도이다. 예로 두부, 세탁비누, 고추장 등 100여 개 품목이 중소기업 적합업종으로 지정되어 있다.

더욱이 전자상거래 창업을 할 경우, 특성상 진입장벽(entry barrier)이 낮아 타 경쟁업체의 시장진입이 쉽게 이루어지므로, 소규모로 창업을 하더라도 타 사이트로부터 영역을 침범당하는 사례가 더욱 많다. 이는 결국 창업을 하는 개인 업체나 중소업체의 경쟁력 저하요인이 되므로 경계해야 한다.

---

1) 동반성장위원회 (http://www.winwingrowth.or.kr)

3. 주사업과 부수사업의 통합문제

전통상거래(傳統商去來)에 비해 전자상거래(電子商去來) 창업의 경우, 대다수의 기업이 이미지제고 측면에서 접근하기 때문에 부수적인 사업으로 생각하는 경향이 강하다. 따라서 이러한 기업들은 전자상거래 시장에서의 수익모델개발에 소홀할 수밖에 없다.

그러나 다른 시각으로 볼 때 온라인(on-line)부문은 주력사업인 오프라인(off-line) 부문의 경쟁력강화를 위하여 자원의 연계가 필수적이다. 전자상거래와 전통상거래의 융합이 필요한 것이다. 이렇게 융합이 이루어지면 상호 시너지효과가 배증된다.

대표적인 사례로 통합 온라인 몰(Mall) 등을 운영하는 신세계, 롯데, 현대 등 초대형 오프라인 유통업체가 운영하는 인터넷쇼핑몰의 사이트이다. 이들은 최근에 들어서 오프라인과 연계를 강화하는 측면으로 새로운 활로를 모색하고 있고 괄목할 만한 성과를 거두고 있다.

4. 자금조달시장의 확보

국내 여건상 창업 시점에 자금조달이 취약하다. 점포를 출점하려고 할 때, 자금을 확보하기 위해서는 자기자본이 어느 정도 준비되어야 한다. 따라서 현실적으로 자금이 풍부한 개인이나, 기업이 유통창업을 할 수 밖에 없다.

이에 대한 대책으로 중소 유통업체를 대상으로 여러 가지 세제상 혜택과 자금지원 등 다양한 지원책이 강구되고 있다. 따라서 이를 활용하기 위한 정보력의 동원도 필요하다.

한편, 일반 벤처 창업의 경우도 마찬가지이다. 수익모델이나 기술을 보유한 경우에 손쉽게 창업이 이루어져야 하나 이 역시 자금원을 확보하는 것이 용이하지 않다. 특히, 금리인상 전망변화 등 대외변수 불확실성 확대 상태에서 국내 자금시장의 위축으로 제3시장에서의 자금조달은 최근에 더욱 위축된 상태이다. 창업 초기 자금을 원활하게 확보하기 위해서는 벤처기업으로의 등록이 필요하다. 그래서 창업한 여러 중소규모 기업들이 벤처등록을 지향하고 있다.

5. 창업자의 자세

창업자는 대개 두 가지 부류로 나눌 수 있다. 한 가지 부류는 수년간 자신이 무엇을 창업할 것인가를 심도 있게 검토하고 준비해온 사람이다. 또 한 부류는 현재 상황이 어쩔 수 없는 상황이라 아무런 준비 없이 남들이 하니까 한다는 식의 창업을 하는 사람이 있다.

첫 번째 부류는 성공할 확률이 매우 높다. 반면에 두 번째 부류는 실패할 확률이 첫 번째 부류에 비하여 상대적으로 높다고 할 수 있다.

두 번째 부류는 대개 창업을 하려는 마음가짐에서 막연한 기대심리와 오해가 많다는 점이다. 즉, 막연한 창업에 대한 기대로 인하여 결국 수익모델을 구축하지 못하고 헤매다가 주저앉는 경우도 발생한다.

참고로 일반 중소기업과 혁신 기반 벤처의 차이점을 특성을 비교하면 〈표 2-1〉과 같다. IDE형 벤처와 SME는 지향하는 시장, 전략, 조직, 성장 가능성 및 성장 패턴 면에서 크게 다르다 .

첫째, SME는 지역 시장을 목표로 하는 반면, IDE형 벤처는 글로벌 시장을 목표로 한다. 유명한 피자 레스토랑을 운영하는 것이 전자의 예이며, 난치병을 치료할 수 있는 신약 물질을 개발하는 회사를 설립 운영하는 것이 후자의 예이다. 최근 시장과 위험 자본의 글로벌화로 사업 구상 단계부터 글로벌 시장을 목표로 하는 경우도 많다.

둘째, SME의 Value Proposition은 반드시 혁신에 기반을 두는 것은 아니다. 그리고 비록 일부 혁신에 기반을 두더라도 SME는 경쟁우위(Competitive Advantage)를 유지하기 위해 혁신 원천을 보호하려는 전략이나 벤처캐피탈 등 외부 이해관계자들의 자원을 활용하려는 노력이 적다. 예를 들면 피자 레스토랑이 벤처캐피탈 지원이 필요한 경우는 매우 적다.

반면 IDE형 벤처는 새로운 기술이나 비즈니스 모델 혁신에 기반을 두고 가치를 창출한다. 또한 혁신에서 기인하는 경쟁 우위를 유지하고 글로벌시장에서 활동하기 위해 지적 재산권이나 벤처캐피탈을 전략적으로 활용한다. 예를 들면 신약 물질을 개발하는 벤처들은 특허 및 벤처캐피탈을 적극적으로 활용한다.

셋째, SME는 조직 구조가 주로 Sole Proprietorship이며, 법인 형태를 취하더라도 가족이나 친척들이 깊숙이 경영에 많이 관여한다. 또한 각자 전문적 지식과 기술을 보유한 인력들의 팀으로 운영되기보다는 특정 개인의 역량에 많이 의존한다. 반면 IDE형 벤처는 전문가들이 팀을 형성하여 운영하며 이사회, 감사 등 공식적인 조직 구조를 갖추며 팀원 간의 지분을 계약 등으로 공식화한다. 이러한 조직의 공식화는 성장을 위한 준비 단계로 IDE형 벤처들에게는 당연시된다.

넷째, SME의 사업들은 대체로 중간 (Moderate) 수준의 위험을 다룬다. 따라서 자금이나 인력을 투입할 경우 이에 대한 성과가 (수입, 현금 흐름, 일자리 수 등) 비교적 안정적으로 단기간에 나타난다. 따라서 사업 초기에도 일정 수준의 성과를 보여줄 수 있으며 투입과 성과가 평균적으로 양의 상관을 보이는 "선형 관계 (Linear Relationship)"이다. 일자리는 초기 단계에서부터 꾸준히 증가하지만 대규모로 만들어지지 않으며 성장 속도도 느리다. 반면 IDE형 벤처들의 사업은 대체로 높은 수준의 위험을 다룬다. 즉 많은 자금과 수준 높은 인적 자본을 투입하고도 실패할 확률이 높으며 성과도 단기간에 나타나지 않는다. 따라서 사업 초기에는 적자를 기록할 가능성이 매우 높으며 이 기간에 많은 IDE형 벤처들이 실패하기도 한다.

그러나 이 기간을 통과하여 성장을 시작할 경우 매우 급속하게 성장하는 "지수 함수형 성장 (Exponential Growth)"을 보인다. 이 단계에서 일자리가 대규모로 급속하게 성장한다.

다섯째, SME가 만들어 내는 일자리가 많은 경우 소위 "Non-tradable Jobs" 속성을 가진다. 즉 레스토랑업, 세탁업, 서비스업들이 만들어 내는 일자리는 대체로 그 지역 노동력에 의해 채워진다. 또한 이런 유형의 지역 노동력이 오히려 SME 운영에 더 효과적인 경우도 있다. 반면 IDE형 벤처가 만들어 내는 일자리는 그 지역 노동력에 의해 채워지지 못하는 경우가 대부분이며 고용 활동이 전국 또는 글로벌 수준으로 확대된다. 즉, IDE형 벤처는 "Tradable Jobs" 속성을 가진 일자리를 창출한다. 만약 고용을 특정 지역으로 한정할 경우 IDE형 벤처는 오히려 필요한 지식이나 기술을 구하지 못해 회사의 성장에 지장이 초래될 것이다. 따라서 IDE형 벤처들은 노동 시장의 질을 고도화하는 기능을 하고 있다.

〈표 2-1〉 일반 중소기업과 혁신 기반 벤처 비교

구분	SME	IDE
지향시장	지역 시장	글로벌 시장
전략	새로운 기술이나 비즈니스 모델 적용보다는 현상 유지	새로운 기술이나 새로운 비즈니스 모델을 활용한 경쟁우위 확보 전략
조직	개인 사업자 형태, 또는 가족 경영 법인	전문가 팀 중심의 법인
성장기능성	단기간내 가시적 성과가 나타날 수 있는 중간 수준의 위험 사업 수행	높은 수준의 위험 사업 수행
성장패턴	선형 성장 패턴, Non-tradable job 창출	지수함수형 성장 패턴, tradable job 창출

자료 : 중소기업연구원(2016). 한국 벤처정책 연구

6. 중소기업 정책 환경 변화[2)]

중소기업 정책의 변화를 초래할 경제사회적 동인으로서 “경제성장과 효율성 지향”, “공정성과 안전망에 대한 요구”, “ICT 융복합의 확산”, “고령화와 저성장” 등을 검토할 수 있다. 이들 각각은 상호의존적으로 영향을 주고받으며 중소기업 정책 전반의 변화를 유발할 것으로 예상된다.

1) 경제성장과 효율성 지향

정부 재정의 팽창으로 공공부문의 개혁 요구와 함께 공공지출에 대한 감시와 효율적 정부 재정 운영에 대한 요구가 한층 강화될 것이라고 예상할 수 있다. 또한, 성장이 가장 좋은 실업 대책이라는 인식 하에 지속적인 경제 성장에 대한 요구도 증대될 것이다. 경쟁도입, 사업매각, 정보공개, 중복사업 폐지, 연금개혁 등이 단행되면서 중소기업 지원도 중복과 비효율에 대한 비판과 함께 정부의 일

2) 중소기업연구원(2015), 중소기업 발전 및 육성을 위한 정책과제 발굴, 중소기업연구원

방적 지원에서 민간의 자생력 확보로 전환하라는 여론이 확산될 가능성이 크다. 중소기업 지원 전반에 걸쳐 끊임없이 효율성에 대한 문제제기가 지속될 것이다.

2) 공정성과 안전망에 대한 요구

효율성과의 대척점에서 공정성에 대한 요구가 비등할 것으로 예상된다. 부의 편중의 심화, 사회적 결속력의 약화 등이 문제로 제기되면서 기득권 및 권력 계층이 지배하는 사회질서에 대한 반감과 비난이 확산될 가능성이 크다. 아울러 계층 이동성을 보장하는 수단으로서 교육 및 기회의 평등과 독점적 이익을 규제하는 적극적인 정부의 역할을 촉구하는 여론도 확산될 것으로 예상된다. 이는 중소기업 분야에서 공정거래의 실현과 생존권의 보호가 지속적인 화두로 제기될 것임을 의미한다. 중소기업과 소상공인을 위한 원활한 사업 환경 조성과 이들을 위한 안전망 제공이 현안으로 제기될 것이다.

3) ICT 융복합의 확산

ICT 기술 융복합화의 확산은 기술 혁신을 통한 생산성 향상과 신규 수요 의 창출이라는 측면에서 예상해 볼 수 있다. 생활양식과 생산방식에 전면적 변화를 초래할 기술 혁신은 기술 분야는 물론 교육, 의료, 상거래 및 물류에서 방송통신, 엔터테인먼트와 같은 문화산업까지 전방위로 확산되고 있다. 기존 제품에 ICT를 접목한 전혀 새로운 제품이 선보이거나 디지털 융합을 통해 과거의 이종 산업이 새로운 경쟁 산업으로 부상하는 추세이다. 특히, 한국은 우수한 광대역망과 모바일 네트워크 구축으로 ICT 기술의 전면적 확산에 유리한 환경을 갖추고 있다. ICT 확산은 기술 및 기술 기업에 대한 수요를 증가시키고, 기술 중심의 산업생태계 형성을 촉진할 것이라고 예상 할 수 있다. 이는 기술 기반 중소기업의 육성, 혁신성을 배양할 수 있는 창업 및 기업 지원 체계 구축, 중소기업의 경쟁력 강화 등이 끊임없이 중소기업 정책과제로 대두할 것임을 시사한다.

4) 고령화와 저성장

한국 사회의 고령화는 이미 잘 알려진 바와 같이 심각한 수준이다. 통계청에 따르면 한국은 2017년 현재 65세 이상 고령인구 비중이 14%를 기록해 고령사회로 진입하였고, 오는 2026년 다시 초고령사회로 접어든다. 고령화는 생산 활동에 참여할 수 있는 노동력의 감소와 청장년 노동력 부족에 따른 노동생산성의 하락을 의미한다. 이를 극복하기 위한 방안으로 우선 예상할 수 있는 것은 여성과 퇴직자의 노동인구 유입이다. 노령계층 증가에 따른 사회적 재정적 부담을 완화할 뿐만 아니라 노동력 감소를 보완할 수 있는 현실적 대안이기 때문이다. 이들 대부분은 중소기업 및 소상공인 분야의 창업 및 직업 재교육과 연관된다. 이에 따라 중소기업 정책은 고령화 충격의 대처 과정에서 복지 및 재정 정책과 긴밀히 연계하며 정책 대안 수립에서 주도적 역할을 수행할 것이라고 예상할 수 있다. 고령화 충격은 성장률 감소로 직결된다. 고령인구 1%p 증가 시 1인당 실질 GDP 증가율은 0.041%p 감소한다. 고령화에 따른 경제활동인구의 감소는 소득증가 둔화, 소비 축소, 청장년 노동 인력 감소에 따른 생산성 하락 등 기업 수익 악화를 야기하며, 경제 전반의 활력 저하를 초래한다. 이는 특히 대기업보다도 중소기업에게 더욱 심각한 문제이다. 따라서 위에서 언급한 재교육을 통한 퇴직자 노동력 활용을 비롯하여 노년층을 대상으로 하는 실버산업 육성 등 중소기업이 강점을 살릴 수 있고 중소기업이 주도할 수 있는 고령화와 저성장 극복을 위한 정책 개발이 중요하다.

제2절 창업의 성공조건

본 절에서는 창업을 하기 전에 고려할 사항과 성공조건을 살펴보고자 한다. 이를 살펴보면 다음과 같다.

1. 창업 성공을 위한 시작 전 고려사항

성공 창업을 위한 사업 시작 전에 고려할 사항에 대하여 검토해 보고자 한다. 이를 창업의 아이템 선정, 사업형태의 구상, 지원시설과 자금원 확보, 고객 서비스 시스템 구축, 확신과 자신감 등 다섯 가지로 나눠서 설명한다.

1) 창업 아이템의 선정

유망한 창업아이템을 선정하는 것은 매우 중요하다. 아무리 좋아 보이는 아이템이라 하더라도 점포를 개점할 때 수익모델로 가치가 없거나 단기적인 유행 아이템이라면 문제가 될 것이다. 장래에 수요가 증대될 수 있는 분야가 무엇인가를 판단하는 것이 매우 중요하다.

또한, 아이템에 따른 대상 고객에 대한 정의, 즉 주요 고객은 누구인가를 명확히 알아야 한다. 고객의 특성이 무엇이며, 이들을 어떻게 충성고객으로 끌어들일 수 있을까를 사전에 연구해야 한다.

한편, 자신의 규모에 맞는 업종을 선택할 필요가 있다. 또 그 업종 자체가 시대에 맞는지를 파악해야 한다. 특히, 중소기업에 적합하고 유연성이 있는 업종인가도 살펴봐야 한다. 마지막으로 오프라인상에서 점포를 출점한다고 하더라도 온라인상에서의 비즈니스와 연계하는 지혜가 필요하다.

2) 사업형태의 구상

현재보다 미래형 사업형태를 구상해야 한다. 사업은 흥하기도 하지만 망하기도 한다. 따라서 나중에 어떠한 사업형태를 취할 수 있는가를 구상하고 누가 이 사업의 파트너가 되고, 또 어떠한 형태로 운영할 것인지를 사전에 완비하고 시작해야 한다.

특히, 사업파트너가 누구인지가 매우 중요하다. 우리나라의 사업 특성상 동업을 해서 성공하는 사례가 많지 않은 점도 고려해야 한다.

3) 지원시설과 자금원 확보

아무리 좋은 영업에 대한 노하우나 기술과 아이템을 갖고 있다 하더라도 자금원이 없으면 실패한다. 즉 자기 자본의 비율을 높여야 한다. 또한 사전에 다양한 창업지원 시설 및 기관을 활용하도록 조사를 철저히 해야 한다.

현재 유통업으로의 진출 시 중소벤처기업부에서 창업을 지원하고 있으므로 이를 적극 활용할 필요가 있다. 또한, 벤처의 경우는 학교나 연구소, 지식서비스센터 등 벤처창업을 위한 사무실 임대를 진행한다면, 기본인프라 구축뿐 아니라 보다 더 나은 서비스를 받을 수 있고, 정부에 대한 접근성을 높일 수 있다.

한편 유통창업 초기에 씨앗자금(seed money)의 부족은 실패의 원인이 되므로 사전준비에 철저해야 한다. 유통창업의 경우는 자금력 부족으로 적절치 못한 입지에 창업할 경우가 있다. 입지가 중요한 유통업 특성상 이를 더욱 경계해야 한다. 유통창업에서 많이 실패하는 경우가 대부분 이러한 경우인 점을 알아야 한다. 마지막으로 여러 기관에서 창업자금지원제도가 운영되므로 사전에 다양한 제도를 충분히 숙지해야 할 것이다.

4) 고객서비스시스템 구축

고객 서비스는 창업의 성패를 가르는 매우 중요한 요소이다. 유통업에서의 고객서비스시스템이란 배송 등 고객 관리 분야이다. 이러한 소프트웨어적인 측면의 강화는 점포 경쟁력 강화에 필수불가결한 사항이다. 오프라인 분야의 창업에서도 온라인분야를 적절히 이용하는 방법이 필요하다. 전통산업은 정해진 일과 시간에 얽매인다. 이런 경우 온라인분야를 이용하면 24시간을 활용할 수 있고 고객서비스측면을 보완할 수 있다.

즉, 인터넷을 이용한 유통정보화를 구축하여, 상품의 조달문제, 대금결제문제, 상품의 배송문제 등 신속·정확하고 안전한 시스템을 구축해야 만족스러운 고객서비스체제가 구축된다. 특히, 고객서비스 강화 측면에서 볼 때 모바일 환경 및 인터넷 기술의 전략적 활용이 필요하다.

오프라인 상에서 유통창업을 한다는 자체가 지금까지 그래왔듯이 그것 자체로 모든 것이 문제없이 진행될 것이라고 여길지 모른다. 그러나 현대는 인터넷이 보편화된 시대이기 때문에 온라인과 오프라인이 융합되는 과정으로 얼마나 훌륭한 고객에 대한 데이터베이스를 구축하느냐와 인터넷마케팅을 구사하는가가 중요하다.

5) 확신과 자신감

창업은 자신이 어떤 아이템과 기술에 대하여 확신과 자신감이 있을 때 시작해야 한다. 유통업에서의 아이템은 업종을 뜻하며, 기술은 시스템구축을 의미한다.

물론 유통창업 이외의 벤처창업인 경우도 마찬가지로 확신과 자신감이 있어야 사업에서 성공할 수 있지만 특히, 유통업 창업아이템 선정 시 지금까지 내가 어떤 일을 주로 해 왔는가, 관심이 있는 분야는 무엇이고, 또 무엇을 하고 싶은가, 차별화가 가능한가, 단기적인 사업인가 아니면 장기적으로 성장할 가능성이 있는가, 고객 정보 내용이 계속 축적될 수 있는가 등을 고려해야 한다. 이를 통하여 창업자는 성공할 수 있다는 자신감이 생긴다.

사업에 대한 확신과 자신감은 자신의 적성 및 전문성과 밀접한 관련이 있다. 따라서 자신의 적성에 이 사업이 맞겠는가, 이 사업이 자기 자신이 지금까지 접해 왔었던 전문분야인가 등이 매우 중요하다. 그렇지 않은 경우라면, 사업자체를 재고해 봐야 하고, 관련 전문가의 자문을 받고, 신중을 기해 여러 차례에 걸친 타당성분석이 있어야 한다.

〈표 2-2〉 창업을 신중히 자제해야 할 경우

1. 사업의 수익성이 높다는 등의 달콤한 유혹이 있을 경우
2. 사업계획 수립을 통한 자금이 충분히 준비되지 않았을 경우
3. 상품 판매를 비교할 때 다른 기업과 경쟁상대가 안될 때
4. 사업계획서(Business Plan)를 사전에 준비하지 않았을 경우
5. 남들 체면 때문에 허영, 허세, 허식에 사로잡혀 있을 경우
6. 기본적인 역량이 부족하여 재무제표나 세무, 회계를 보고 읽을 수 있는 능력이 없을 경우
7. 직업의 귀천을 따지는 시대착오적인 생각을 갖고 있는 경우
8. 아직 시장이 미 형성되어서 상품을 판매할 수 없는 경우
9. 주먹구구식으로 자금관리개념이 없는 경우
10. 대화에 자신이 없고, 설득력이 부족한 경우

여기에서 사업에 대한 확신과 자신감이란 실패한 기업가(Entrepreneur)의 일반적이고 공통적인 유형인 자신에게는 “실패란 없다”라는 과대망상을 갖고 있는 것과, 자신이 “천하무적”이라는 자만심을 갖고 있는 경우와는 전혀 다르다는 것을 인지하여야 한다.

2. 창업의 성공 전략[3)]

창업에 대한 성공사례는 많이 있다. 이러한 기업의 성공사례를 종합적으로 분석하여 "창업성공전략"을 도출해 보았다. 이를 개별적으로 살펴보면 다음과 같다.

1) 효율적인 조직구성

창업을 하고자 할 때 조직구성이 매우 중요하다. 조직구성원간의 끈끈한 응집력은 초창기 창업기업에 있어서는 발전의 원동력이 된다.

따라서 이들 조직원간에 하나라는 인식을 심어주어야지 효율적인 조직구성이 가능하다. 효율적인 조직구성은 종업원에게 동기를 부여해 줄 수 있는 여건이 조성되어야 더욱 효과를 볼 수 있다.

2) 시장 및 고객중심의 사고 전환

유통창업을 하려면 시장 및 고객의 흐름을 먼저 파악해야 한다. 즉, 현재 소비자가 선호하는 상품이나 아이템, 그리고 패션이나 유행 등을 읽어야 한다. 그리고 미래에는 어떠한 변화를 가져올 것인가를 알아야 한다. 이러한 흐름을 파악하지 못한다면 실패확률이 높아진다.

다시 말해 현재와 미래에 전개될 방향을 감지해야한다. 시장 및 고객중심의 사고전환은 곧바로 어떤 업종을 선택할지, 어떤 방식으로 창업해야 할지를 결정하는 가늠자가 될 수 있기 때문에 매우 중요하다.

3) 최고경영자의 리더십과 비전제시

창업투자자문회사 담당자들은 보통 창업하는 기업이 성공할 수 있는지를 판단하려면 "최고경영자를 보면 알 수 있다"라고 한다. 이는 최고경영자의 능력에 따라 회사가 성패의 기로에 서기 때문이다. 그만큼 창업하는 회사는 최고경영자가 중요하다.

---

3) 성공한 기업가(Entrepreneur)의 특성을 티몬스(Timmons) 등은 50여개 기업을 조사한 결과 공통된 특성을 도출했다. 이를 살펴보면, 사업의 몰입도 및 결단력과 인내심, 강한 성취욕구와 성장욕구, 기회 및 목표 지향적, 주도적이고 강한 책임감, 끈질긴 문제해결 노력, 낙관적인 현실주의 지향 및 유머감각소유, 피드백활용, 계산된 위험수용 및 위험의 공유, 지위와 권력에 대한 낮은 욕구, 정직과 신뢰, 신속한 결단 및 실천과 인내심, 실패에 대한 철저한 관리, 팀 구축자이자 영웅 만들기 주력 등이다.

4) 혁신경영을 위한 노력자세

창업을 하고자 할 때, 투입비용을 적게 들이고 많은 산출을 얻을 수 있는 경제적인 투자를 하고자 하는 것이 일반적인 생각이다. 그러나 현실은 투자를 소홀히 하고 수익 창출하는 것이 어렵다. 따라서 투자를 할 때 어느 분야에 집중적으로 투자하느냐 즉, 적재적소의 투자가 성패를 좌우한다.

〈표 2-3〉 기업가와 경영자의 비교

구분	기 업 가	경 영 자
동기 및 감성 지향성	성취지향성 자기중심, 강한 명예욕 소유 높은 자율성 애사심 자발적 모험 수용 위험부담	통합, 생존, 시장지향 권력과 영향력 지향 조직지향(회사중심) 조직과 부하개발에 관심 전문성의 충실 위험부담에 보수적
분석적 경향	직감적(자신의 직감을 믿음) 장기적 안목 전체성(holistic)	분석적 단기적 안목 세부적 특수성
인간관계면	개인적 관계중시 인사 및 정치성 가족/친족 우대 권위적 감성적으로 참을성 부족	일반성 탈인간성 및 합리성 참여 및 분권 위임 가족/친족 무관 탈감정성, 인내심, 꾸준함
조직 직분의 차이	소유권의 특권과 위험성 수용 확고한 자기자리의 고수 일가친척의 지원 가족, 인척 우선주의 약한 부하 일인통치	적은 소유권과 열세한 특전 보장되지 않는 직분 단독행위 또는 가족, 인척의 지원 강한 상관

자료 : Schein, E. H. (1980). *Organizational Psychology* (3rd edition). Englewood Cliffs, N. J., Prentice-Hall.

제3절 창업 준비절차

1. 사업의 구상

창업을 하고자 한다면 먼저 무엇을 할 것인가 생각해 봐야 한다. 아무 생각 없이 창업을 준비한다면 당연히 실패하기 쉽다. 따라서 실패를 방지하기 위해서는 사전 준비가 철저하지 않으면 안 된다.

주변에서 대학을 졸업하고 손쉽게 일할 수 있는 것을 찾다가, 또는 유통업체에 다니다가 그만두고 남들이 하니까 나도 해보자 라는 식으로 창업을 해서 실패한 경우가 많다. 이들의 대부분은 사전에 철저한 준비가 없어서 실패를 하는 것이다. 특히, 여러 전문가의 의견수렴 과정은 필수적인데 이러한 과정을 밟지 않고, 일부 주변의 솔깃한 얘기만을 듣고 시작하는 경우가 대부분이다. 창업에 성공하고자 하는 자는 부화뇌동해서는 안 된다. 철저하게 자신이 하고자 하는 사업이 수익모델이 충분한가를 검토하고, 확신이 섰을 때 시작을 해야 한다. 그래야 만이 성공을 기대할 수 있다.

특히, 인터넷 환경이 보편화되면서 소규모 자본으로 창업하려는 이들이 가장 쉽게 할 수 있는 사업이 소호사업이다. 초기 투자비용도 적고, PC 1~2대만 설치하면 얼마든지 사업을 시작할 수 있기 때문이다. 아이템만 좋고 정보만 알차다면 수익이 나지 않겠느냐는 것이 이 사업을 시작하려는 이들 대부분의 지배적인 생각이다. 그러나 현실은 대부분 성공하지 못하고 좌절하는 경우가 더 많다. 따라서 어느 사업을 하든지 신중한 아이템 선정과 검토가 필수적이다. 실패하지 않고 사업으로 성공하기 위해서는 현재 수익이 될 수 있는 것이 어떤 것들이 있으며, 어떤 것이 돈을 벌고 있고, 어떤 것이 매출이 잘 안 되는지 세밀히 파악해야 한다. 이런 데이터를 수집한 뒤에는 그 이유를 나름대로 면밀히 분석하고, 여러 전문가의 조언도 들어야 한다.

결국 사업의 성공은 철저한 사업구상에서 찾을 수 있다. 사업구상을 하기 위해서는 자기주변을 한번 살펴보고, 무엇이 새로운 시장으로 부상할 수 있을까 연구해 봐야 한다. 항상 주변을 살피고, 이야기를 듣고, 성공사례에 대한 자료조사를 할 필요가 있다.

2. 사업구상 핵심요소의 결정

사업구상의 핵심 요소는 크게 4가지로 대별해서 설명할 수 있다. 기업의 설립목적, 창업주체 및 인적자원구성, 아이템 선정, 마지막으로 자금원 등이다. 이를 자세히 설명하면 다음과 같다.

1) 기업의 설립목적

사업을 하고자 한다면 어떤 사업을 해야 할지를 결정하는 것이 매우 중요하다. 상기와 같이 외식창업을 할 것인지, 소호사업을 할 것인지, 아니면 보다 새로운 어떤 혁신적이고 기발한 유통사업을 할 것인지를 결정하여야 한다. 또한, 사업의 핵심요소를 무엇으로 할 것인가라는 것은 어떤 수익모델을 구축할 것인가도 일맥상통한다.

이를 위해서는 사업을 하고자 하는 분야가 자신이 잘할 수 있는 분야인지를 최우선적으로 검토해야 한다. 아니면 차선책으로 관심이 있는 분야인지를 먼저 살펴봐야 한다. 또한 내가 창업하고자 하는 분야가 수익모델인가를 생각해야 한다. 결론적으로 기업의 설립목적을 검토해야 한다는 얘기이다. 이러한 문제를 해결하는 것이 결국 기업의 설립목적이 될 수 있다.

2) 창업주체 및 인적자원구성

기업의 창업자는 인력 동원 뿐 아니라 자금을 동원할 능력이 있어야 한다. 그리고 같이 창업을 하고자하는 동업자나 종업원을 구성함에 있어 효율성과 성장성을 감안하여 전분성이 있는 인재의 능용이 필요하다. 또한 연령별로 창업에 대한 자세를 달리할 필요가 있다.

〈표 2-4〉 선호 연령별 창업유형 비교

선호 연령	창업유형	판 단 기 준
20대	모험적인 창업	• 자기전공, 직업과 관계없이 어떤 분야를 선택하여 창업하더라도 성패의 결과는 크게 달라지지 않음 • 재기 가능성이 많기 때문에 모험의 정당성 확보
30대 초반	선택적인 창업	• 자신의 적성에 맞는 분야가 적당 • 자기 적성과 업무와의 상관관계를 어느 정도 판단
30대 후반	기반중심 창업	• 사회생활 및 일정분야에서 자기가 닦아 놓은 기반을 최대한 활용 • 어느 정도 리스크를 배제 할 수 있는 분야가 적절함
40대	전문적 창업	• 학력을 불문하고 자기업무 분야에서 최고의 실무 전문가인 점을 활용하여 자기 전문분야를 최대한 살릴 수 있는 창업이 적당함
50대 이후	안전위주 창업	• 사회 경륜과 전문지식은 풍부하나, 많은 지식이 오히려 행동보다 생각을 깊게 하는 원인이 되어 의사결정이 느려짐 • 모험성이 전혀 없는 안전한 분야 선택이 중요

참고로 〈표 2-4〉는 창업자가 창업을 할 경우 연령별로 적정한 사업분야 및 판단 기준을 제시하였다. 예를 들면, 20대의 경우 젊음과 패기가 무기이며 '자본력'이 가장 큰 약점으로 들 수 있다. '톡톡' 튀는 아이디어와 패기가 20대 연령층의 강점이다. 뿐만 아니라 인터넷 사용이 생활화되어 있어 이것에 익숙하다는 것도 경쟁력이다. 반면 이들의 자본력은 타 연령층에 비해 빈약한 편이다. 뿐만 아니라 사회 경험과 인맥 역시 부족하다. 결국 20대 연령층의 경우 자신의 아이디어를 현실화시킬 수 있는 자금 확보 방안을 마련하거나, 적은 비용으로 시작할 수 있는 아이템을 선정하는 것이 창업의 관건이다.

종합적으로, 창업자는 통찰력과 판단력을 지닌 리더십을 겸비한 자라야 사업의 실패를 줄일 수 있다. 창업자는 기업가로서의 적성과 자질, 능력에 따라 사업의 성패가 결정된다고 할 정도로 중요한 분석 항목이므로 창업자는 〈표 2-5〉의 항목을 자가 분석으로 점검한다.

〈표 2-5〉 창업자 분석 항목

분석항목	창업유형	판 단 기 준
강·약점	강점	• 창업자의 사업수행에 강점사항을 분석
	약점	• 창업자의 사업수행에 약점을 분석 보완
투자능력 확인	자기자본 확보 상태	• 총 소요자금 중 자기자본 확보정도
	추가자금 조달능력	• 추가자금 조달능력 분석
사업수행 능력평가	소양과 적성	• 기업가정신, 통찰력, 창조력, 스케일, 리더십
	경험 및 지식	• 창업관련 분야 경험, 창업자 능력, 학문과 지식, 인적네트워크
	경영관리 능력	• 창업멤버의 구성, 조직관리 능력, 경영기획능력 등

자료 : 중소벤처기업부(2016). 기술창업 가이드.

3) 아이템 선정

창업 아이템은 창업의 성패를 좌우하는 가장 중요한 요소이다. 아이템의 선정이란 구체적으로 어떤 사업을 할 것인가를 선택하는 과정이다. 따라서 무엇을 취급하고 판매할 것인가? 그 사업내용이 창업자나 인적구성원의 능력으로 제대로 수행할 수 있는가를 검토해야 한다. 그러기 위해서는 특히, 인적구성원의 전문성이 필요하다. 단지 자금력이 있다는 이유로 인적구성원에 편입시켜서는 실패하기 쉽다. 이점에 주의해야 한다.

현대는 시장상황이 급격히 변화한다. 따라서 탄력적으로 시장의 변화에 대응해야 한다. 사업 아이템이 미래 가능성이 있나, 단기적인 인기 아이템인가에 대한 신중한 검토가 요구된다.

최근 1인창업의 경우 아이템의 수익모델에 한계가 있음을 기존 업체들의 매출추이에서 알 수 있다. 예전보다 매출이 오히려 저조한 경우가 대부분이다. 이러한 이유 중에는 모바일 확산에 따른 가상의 공간이 무료로 이용 가능한 무한한 정보의 보고로 등장하고 있기 때문이다. 따라서 아이템 선정 시 수익모델을 찾는데 관심을 가질 필요가 있다. 즉, B2B인가 아니면 B2C인가를 생각하고,

본인이 어떤 수익모델을 구축할 것인가를 면밀히 살펴봐야 한다.

창업 아이템은 첫째, 기존 제품이나 서비스를 탐색하여 얻을 수 있다. 다른 기업, 또는 외국의 사례를 연구하여 그것을 적절하게 변형시켜 새로운 사업 아이디어로 응용하는 것이다. 둘째, 새로운 제품이나 서비스를 찾는 방법이 있다. 아직까지 충족되지 않은 소비자의 욕구가 무엇인지 잠재 수요를 탐색하는 것이다. 소비자의 욕구를 파악할 때는 마케팅 회사, 광고대행사, 업계 관계자, 신문 및 잡지, 연구보고서 등에서 나오는 각종 정보를 참고로 한다.

한편 외식창업의 경우 사업아이템이 특히 고객의 트렌드와 상권 및 입지에 영향을 받는다. 따라서 복합적이면서 면밀한 조사와 분석이 수반되어야 성공적인 창업이 가능하다. 좋은 아이템, 즉 수익이 보장되는 사업은 경쟁이 심하다. 또한 외식사업이나 유통창업의 경우 오프라인이라면 투자비용 등이 많이 들 수 있다. 그렇기 때문에 커다란 결심과 확신 없이 경솔하게 사업을 시작하면 실패하기 쉽기 때문에 미래를 예측할 수 있는 신중한 아이템의 선택과 노력이 필요하다.

베스퍼(Vesper)는 좋은 아이템 선정 즉, 성공적인 사업 아이디어를 구상하는 방법에 관한 실증연구를 하였다.[1] 이에 대한 내용을 요약하면 다음과 같다. 첫째, 정신적인 훈련이 필요하다. 브레인스토밍, 관찰, 새로운 응용방안 모색 등이다. 둘째, 개인적인 접촉을 시도하는 것이다. 잠재고객이나, 잠재거래처, 사업브로커, 사업가, 성공적인 창업자, 고액재산소유자, 교수나 전공대학원생, 특허법률가, 동일분야종업원, 예비동업자, 금융가, 벤처캐피탈, 상공회의소, 경영컨설턴트 등 창업에 관련되는 전 분야의 전문가와 관련되는 사람이다. 셋째, 정보수집을 위한 방문을 자주 한다. 동종분야 전시회, 도서관, 공장, 발명전시회, 대학, 연구소 등이다. 넷째, 독서에 심취한다. 업계관련 출판물, 업계의 지침, 파산공고, 사업기회광고, 고전 및 잡지, 정부기관 출판물, 신제품관련 출판물, 베스트셀러, 박사논문, 아이디어서적 및 소식지, 라이센싱, 정보서비스, 신기술관련 출판물 등을 많이 읽어야 한다. 다섯째, 추세를 관찰한다. 원자재부족, 폐기물처리, 에너지 부족, 레크리에

---

1) Vesper, K. H.(1992). New-Venture Ideas : Do Not overlook Experience Factor. in William A. Sahlman and Howard H. Stevenson(eds.), The Entrepreneurial Venture (pp. 73-79), Harvard Business school Press.

이션, 신기술, 사회운동, 무역, 개인보안, 복고화 경향, 유행, 법적변화, 환경 문제 등에 관심을 갖는다.

〈표 2-6〉 사업아이템 선정시 고려사항

구 분	고 려 사 항 내 용
사업에 대한 적성 및 능력의 적합여부	• 해당분야에 경험과 사업수행능력 및 지식은 있는가? • 창업자금 조달능력은 양호한가? • 해당 업종에 대한 자신감은 있는가? • 창업자의 적성과 성격은 잘 맞는가? • 건강능력과 사업아이템과의 적정성 여부
시장성 및 입지성 전망	• 시장규모에 대한 전망성은 어떠한가? • 시장의 경쟁현황과 전망은 양호한가? • 해당지역에서의 입지는? • 해당지역의 고객특성과 해당 아이템에 대한 선호도는? • 사업발전 단계상 도입기인가 또는 성장기인가?
수익성 양호 여부	• 여타 경쟁업체와 비교할 때 고객 확보가 가능한가? • 인테리어비용 등 고정비의 비율은? • 투자비용에 비해 수익전망은 양호한가? • 손익분기점의 달성시기나 목표는? • 일반금리와 비교시 수익성은 양호한가?
상품성과 가격 경쟁력 우수여부	• 영업 및 A/S가능 여부? • 상품의 지속적인 조달이나 공급용이성은? • 상품관련 기술의 개선방향은 있는가? • 고객입장에서 상품품질과 가격은? • 상품의 인지도와 경쟁력은?
개업에 대한 위험 요소 여부	• 내적요소(인력, 인프라 등)는 완비되었는가? • 운전자금과 장기적인 투자금은 완비되었는가? • 인·허가 문제는 없는가? • 경쟁사 등과의 분쟁소지는 없는가?

4) 자금원

창업을 하는데 필수적인 요소로 사업아이디어를 구체화시키는데 가장 필요한 게 자금이다. 창업자는 자금을 어디서 조달할 수 있을까를 사전에 검토하여야 한다. 단기적으로는 자기자본으로 조달하고, 장기적인 측면에서 부족한 부분은 정부와 관계기관의 지원제도를 이용하는 것이 좋다.

3. 사업타당성 분석

먼저, 사업을 하려면 사업타당성을 분석해봐야 한다. 모든 사람들이 처음 사업을 시작할 때는 돈을 벌고자 해서 시작한다. 그러나 막상 시작을 하고나면 돈을 버는 것이 아니라, 오히려 돈을 잃는 경우가 더 많다. 가장 큰 이유는 사전에 사업타당성 분석이 제대로 이루어지지 않은 경우가 대부분이다.

최근 "아이디어는 돈이다"라는 말을 수없이 많이 듣는다. 이것은 아이디어의 중요성을 강조하는 표현일 뿐이다. 아이디어는 아직 돈이 아니다. 아이디어가 돈이 되게 하기 위해서는 여러 중간 과정을 거쳐야 하는데 특히, 중요한 것이 사업타당성 조사이다. 대부분 창업자가 사업타당성 조사를 소홀히 하거나 주관적으로 유리하게 생각하고 사업을 하는 경우가 많다. 그런데 이런 경우가 곧 실패의 요인이 된다.

창업 아이디어를 개발했으면 이러한 아이디어를 평가할 기준을 세워 구체적인 사업계획을 세우는 데 기초가 될 아이디어를 선별해야 한다. 아이디어를 평가하는 기준은 크게 세 가지로 나누어 볼 수 있다. 첫째, 시장분석 이다. 사업을 시작하기 전에 생산하고자 하는 제품 및 서비스 시장의 크기와 성장 잠재력은 어느 정도인지, 유사한 제품의 수요 추이는 어떠했는지 등을 통계 자료를 통해 분석한다. 둘째, 제품분석이다. 제품분석은 아이디어를 실제 제품으로 만들어 시장에 내놓을 경우 제품의 특징과 품질은 어떠하고 기존 제품과 경쟁해서 우위를 점할 수 있는지 여부를 평가하는 것이다. 이와 함께 제품의 제조능력과 시설 등을 포함한 생산 가능성에 대한 기술적 분석도 이루어져야 한다. 셋째, 수익분석이다. 새로운 사업이 향후 수년간의 영업활동으로 적정한 수익성과 안정적인 현금 흐름을 보장할 수 있을지 여부를 검토하는 것이다. 즉, 예상되는 위험과 제품의 경제적 가치를 고려하여 제품분석과 시장분석을 바탕으로 아이디어를 최종 평가하는 작업이라고 할 수 있다.

창업자가 사업타당성 조사를 직접 한다는 것이 쉽지는 않을 것이다. 그러나 이 조사를 소홀히 한다면 창업자는 이 사업에서 실패할 가능성이 높아진다. 객관적인 조사를 실시하고 판단하되, 재검토의 과정을 필히 거쳐야 실패율을 줄일 수 있다. 따라서 일반적으로 창업자가 할 수 있는 사업타당성 조사 방법부터 알아보자.

1) 전문가 등 주변의견 수렴

사업타당성 조사의 1단계로 먼저 전문가와 주변사람의 의견을 듣는 것이 중요하다. 본인이 구상하고 있는 사업 아이디어의 수익성에 관한 정보를 얻는 데는 여러 가지 방법이 있겠지만, 중요한 시발점은 많은 사람을 만나서 의도하는 사업에 대한 그들의 견해를 듣는 것이다. 구체적인 정보를 얻을 수 있도록 미리 준비하고 면담결과를 기록하여야 한다. 비판적인 견해와 낙관적인 견해 모두가 유용한 것들이 될 수 있다.

면담대상인 전문가와 주변사람이란 가족, 친구, 학교시절의 은사, 관공서, 관련업종 협회 및 단체, 컨설팅회사와 동종 업종의 사업을 하고 있는 사업가, 미래의 고객, 여신기관에 종사하는 사람 등을 들 수 있다. 특히, 관공서, 관련 단체 및 협회에는 창업자 당신이 그들의 고객이기 때문에 과감히 전화를 해도 된다. 그들을 만나기가 어려운 경우도 있을 것이다. 그러나 과감히 방문하는 것이 오히려 좋다. 당신은 그들의 수요자이며 고객임을 명심하자.

2) 실무현장 견학 및 체험

면담조사 등 주변의 의견을 수렴한 후에는 어느 정도 사업에 대한 지식을 습득하고 자신감도 생길 것이다. 그 이후에는 동종 업종의 현장에서 직접 경험 또는 견학을 통하여 자료를 수집하고 면담을 통하여 수집한 자료를 보완하여야 한다. 특히 유통업이라면 잘되는 점포와 잘 안 되는 점포를 선정하여 잘되는 이유와 안되는 이유를 정리해 보는 것도 필요하다. 또 온라인 분야의 사업이라면 웹상에서 직접 구매를 하거나, 직접 잠재경쟁 회사를 방문하여 보는 것도 좋은 방법이 될 것이다.

하지만, 종사하고 있는 분야와 다른 사업을 하려고 하는 경우에는 주말이나 여가시간을 이용하여 현장경험을 쌓으며 사업의 노하우(know-how), 자신의 적응력 등에 대한 검토가 필요하다.

3) 정보수집과 분석

전문가의 의견과 경쟁사의 방문이나 체험을 토대로 정보를 최대한 수집하고 분석한다. 정부의 보고서, 협회의 간행물, 창업유관기관의 간행물, 관계 전문집지, 사업성 분석의 전문서적 등도 참고하고, 최근 인터넷에 각종 정보가 수록되어 서비스되고 있으므로 인터넷 검색을 통해서도 자료를 수집한다.

4) 타당성 분석

사업타당성 분석이란 경제주체가 수행 및 추진하고자하는 사업활동의 타당성 여부를 사전에 조사, 분석, 검토하여 경영의사 결정에 필요한 기초자료를 제시하는 활동을 말한다. 이와 같은 타당성분석은 상기의 결과를 종합적으로 정리하여 시행한다. 주로 2가지가 행해져야 하는데, SWOT분석과 추정 손익계산서이다. SWOT분석이란 사업에 영향을 미치는 여러 환경요인을 통해서 기회요인(opportunity)과 위협요인(threat)을 발견하고 자신의 강점(strength)과 약점(weakness)에 연결하여 타당성을 분석하는 것이다. 그리고 추정 손익계산서란 창업자가 사업아이템에 대하여 미래의 수익과 손익을 미리 분석하는 계산서로서 이를 작성하여야 최대한 지출비용을 줄일 수 있다.

창업 추진 시 반드시 갖추어야 할 조건과 단계 별 절차를 체크하면서 빈틈없이 확인하고 준비하여야 하며, 이는 창업 교육을 통해 배우고 이해할 수 있다.

〈표 2-7〉 창업 추진 시 체크해야 할 사항

구 분	중분류	세분류		
창업	아이템선정	창업 적성검사 인허가 절차	창업 트렌드 분석	업종 분석
	상권 및 입지분석	상권 분석	입지 분석	점포 계약
	사업타당성분석 및 사업계획수립	사업타당성분석	사업계획 수립	계획서 작성
	자금조달 계획	자금 소요 계획	자기자금	타인자금
	점포설계	인테리어	익스테리어	시설설비
	개업 준비	종업원채용, 교육	홍보준비	오픈 이벤트
	마케팅 전략	목표고객 선정 고객서비스	차별화 전략	고객관리
	세무회계	사업자등록	부가가치세 신고	창업세무
정보	유관기관정보	중소벤처기업부	소상공인지원센터	신용보증재단
	소상공인지원제도	소상공인정책자금	근로복지공단	사회연대은행
	창업 및 경영교육	성공창업패키지	고용노동부 과정	지자체 교육
	상가임대차 계약	상가임대차 보호법	대한법률구조공단	표준계약서
	산업재산권 정보	특허권	특허출원 및 등록	지적재산권

연습문제

1. 창업에 성공 하려면 사전에 준비해야 할 사항은 무엇이 있는가?

2. 아이템선정이 중요한 이유는 무엇인가?

3. 연령에 따라서 창업 유형이 달라진다. 그 이유는 무엇인가?

Chapter 3

회사의 설립

3 회사의 설립

회사의 설립이란 회사라는 단체를 만들어가기 위한 절차를 뜻한다. 창업을 한 다음 계획한 사업의 성공가능성이 보이는 것 같아도 성장을 위해서는 극복해야 할 일들이 많다. 회사를 설립할 때 개인기업과 법인기업의 장단점 및 공장설립, 그리고 설립 시 꼭 필요한 사항들을 점검해야 한다. 본 장에서는 회사설립에 대한 기본적인 이해를 돕기 위한 내용위주로 살펴본다.

제1절 창업의 업종 및 공장설립

1. 업종범위

중소기업 창업지원법에 의거 창업지원이 가능한 업종의 범위는 대부분의 업종에 대하여 창업지원이 가능하지만 제4조(창업에서 제외되는 업종) 법 제3조 단서에서 "대통령령으로 정하는 업종"이란 다음 각 호의 어느 하나에 해당하는 업종을 말한다. 이 경우 업종의 분류는 한국표준산업분류를 기준으로 한다.

1. 금융 및 보험업
2. 부동산업
3. 숙박 및 음식점업(호텔업, 휴양콘도 운영업, 기타 관광숙박시설 운영업 및 상시근로자 20명 이상의 법인인 음식점업은 제외한다)

4. 무도장운영업
5. 골프장 및 스키장운영업
6. 기타 갬블링 및 베팅업
7. 기타 개인 서비스업(그 외 기타 개인 서비스업은 제외한다)
8. 그 밖에 제조업이 아닌 업종으로서 산업통상자원부령으로 정하는 업종 이라고 라고 명시되어 있다. 다만 그 외 기타 개인 서비스업은 제외하게 되는데, 창업지원에서 제외되는 기타개인서비스업은 '미용·욕탕 및 유사서비스업'과 '욕탕·마사지 및 기타미용관련 서비스업'이고 창업지원불가 대상에서 제외되는 그 외 기타개인서비스업은 '세탁업'을 의미한다.

한편 조세제한특례법에서 중소기업에 대한 특별세액 감면 제도를 살펴보면, 중소기업 중 다음 제1호의 감면 업종을 경영하는 기업에 대해서는 해당년도 12월 31일 이전에 끝나는 과세연도까지 해당 사업장에서 발생한 소득에 대한 소득세 또는 법인세에 제2호의 감면 비율을 곱하여 계산한 세액상당액을 감면한다.

다만, 내국법인의 본점 또는 주사무소가 수도권에 있는 경우에는 모든 사업장이 수도권에 있는 것으로 보고 제2호에 따른 감면 비율을 적용한다. 감면 업종은 작물재배업, 축산업, 어업, 광업, 제조업, 하수 · 폐기물 처리(재활용을 포함한다), 원료재생 및 환경복원업, 건설업, 도매 및 소매업, 운수업 중 여객운송업, 출판업, 영상·오디오 기록물 제작 및 배급업(비디오물 감상실 운영업은 제외한다), 방송업, 전기통신업, 컴퓨터프로그래밍, 시스템 통합 및 관리업, 정보서비스업, 연구개발업, 광고업, 그 밖의 과학기술서비스업, 포장 및 충전업, 전문디자인업, 창작 및 예술관련 서비스업(자영예술가는 제외한다), 대통령령으로 정하는 주문자상표부착방식에 따른 수탁생산업(受託生産業), 엔지니어링사업, 물류산업, 「학원의 설립·운영 및 과외교습에 관한 법률」에 따른 직업기술 분야를 교습하는 학원을 운영하는 사업 또는 「근로자직업능력 개발법」에 따른 직업능력개발훈련시설을 운영하는 사업(직업능력개발훈련을 주된 사업으로 하는 경우에 한한다), 대통령령으로 정하는 자동차정비공장을 운영하는 사업, 「해운법」에 따른 선박관리업, 「의료법」에 따른 의료기관을 운영하는 사업[의원 · 치과의원 및 한의원은 해당 과세연도의 수입금액(기업회계기준에 따라 계산한 매출액을 말한다)에서 「국민건강보험법」 제47조에 따라 지급받는 요양급여비용이 차지하는 비율이 100분의 80 이상으로서 해당 과세연도의 종합소득금액이 1억원 이하인 경우에 한정한다. 이하 이 조에서 "의료업"이라 한다], 「관광진흥법」에 따른 관광사업(카지노, 관광유흥음식점 및 외국인 전용 유흥음식점업은 제외한다), 「노인복지법」에 따른 노인복지시설을 운영하는 사업, 「전시산업발전법」에 따른 전시산업, 인력공급 및 고용 알선업(농업노동자 공급업을 포함한다), 콜센터 및 텔레마케팅 서비스업, 「에너지이용 합리화법」 제25조에 따른 에너지절약전문기업이 하는 사업, 「노인 장기요양보험법」 제32조에 따른 재가 장기요양기관을 운영하는 사업, 건물 및 산업설비 청소업, 경비 및 경호 서비스업, 시장조사 및 여론 조사업, 사회복지 서비스업, 무형재산권 임대업(「지식재산 기본법」 제3조제1호에 따른 지식재산을 임대하는 경우로 한정한다), 「국가과학기술 경쟁력 강화를 위한 이공계지원 특별법」 제2조제4호 나목에 따른 연구개발지원업, 개인 간병인 및 유사 서비스업, 사회교육시설, 직원훈련기관, 기타 기술 및 직업훈련 학원, 도서관·사적지 및 유사 여가 관련 서비스업(독서실 운영업은 제외한다), 「민간임대주택에 관한 특별법」에 따른 주택 임대 관리업, 「신에너지 및 재생에너지 개발·이용·보급 촉진법」에 따른 신·재생에너지 발전사업, 보안시스템 서비스업, 임업 등이다.

2. 공장설립

"공장"이란 건축물 또는 공작물, 물품제조공정을 형성하는 기계·장치 등 제조시설과 그 부대시설을 갖추고 규제 「통계법」 제22조에 따라 통계청장이 고시하는 표준산업분류에 따른 제조업을 하기 위한 사업장을 말한다. 그리고 "공장설립"이란 공장을 신설 또는 증설하는 것을 의미 한다 (규제 「산업집적활성화 및 공장설립에 관한 법률」 제2조제20호). 공장의 범위는 제조업을 하기 위하여 필요한 제조시설(물품의 가공·조립·수리시설을 포함) 및 시험생산시설, 제조업을 하는 경우 그 제조시설의 관리·지원, 종업원의 복지후생을 위하여 해당 공장부지 안에 설치하는 부대시설로서 사무실·창고·경비실·전망대·주차장 등 시설, 제조업을 하는 경우 관계 법령에 따라 설치가 의무화된 시설이 설치된 공장부지 등이 포함되어진다.

〈그림 3-1〉 공장설립 승인 절차

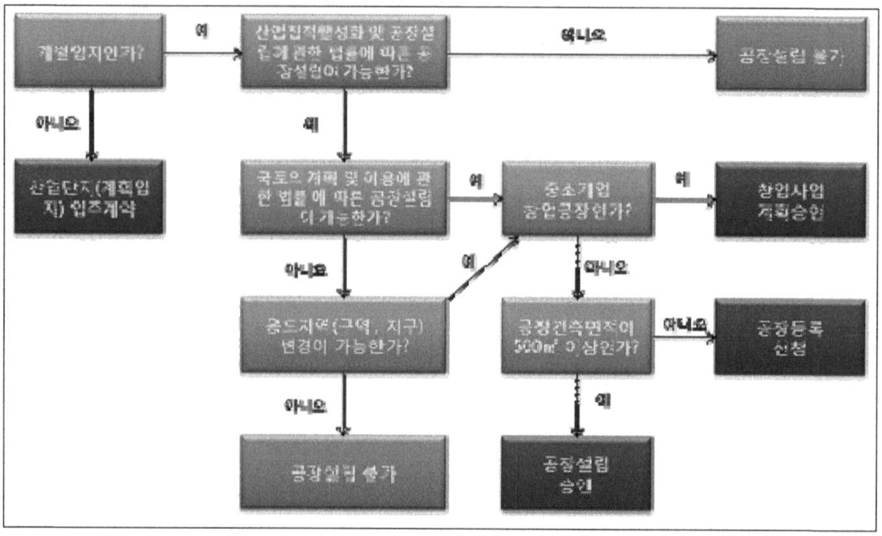

자료 : 한국산업단지공단

공장입지는 크게 산업단지 내의 공장입지(계획입지)와 산업단지 외의 공장입지(개별입지)로 구분되어지는데, 산업단지 내의 공장입지(계획입지)는 국가나 공공단체, 민간기업이 공장을 집단적으로 설치·육성하기 위해 일정지역을 산정해서 포괄적인 계획에 따라 개발한 일단의 산업용지 내의 공장입지를 말한다. 산업단지 안에서 제조업을 영위하려는 자는 관리기관과 입주계약을 체결하면 된다. (규제 「산업집적활성화 및 공장설립에 관한 법률」 제38조 등) 산업단지 외의 지역에서 공장을 설립하는 경우(개별입지)에 공장의 입지는 수도권과 그 외의 지역으로 구분되어 그에 따라 공장의 입지를 제한하는 내용이 달라지며, 공장설립에 관한 수많은 인·허가를 개별적으로 얻어야 한다. 개별입지에서 공장을 설립하는 경우에는 일반적인 공장설립 승인을 받아야 한다. (규제「산업집적활성화 및 공장설립에 관한 법률」 제13조 등) 다만, 산업단지 외의 지역에서 공장을 설립하는 경우에도 「중소기업창업 지원법」에 따른 사업계획의 승인(이하 "창업사업승인계획"이라 함)을 받은 경우에는 공장설립 승인을 얻은 것으로 의제되어진다.

〈표 3-1〉 공장입지 유형에 따른 분류

공장입지에 따른 구분	산업단지 내에서 공장설립을 하는 경우(계획입지)	산업단지 외에서 공장설립을 하는 경우(개별입지)	
설립승인 유형	–	공장설립승인	창업사업계획승인
대상	산업단지 입주업체 관리기관과 입주계약을 체결해야 함	모든 공장설립자 – 건축면적 500㎡ 이상인 모든 공장에 적용 – 500㎡ 미만도 승인신청 가능	창업자 – 창업 후 7년 이내의 창업공장에 적용
근거법률	규제 「산업집적활성화 및 공장설립에 관한 법률」 제38조 등	규제 「산업집적활성화 및 공장설립에 관한 법률」 제13조 등	규제「중소기업창업 지원법」 제33조

1) 창업사업계획승인에 따른 공장설립 승인

창업사업계획승인제도는 창업자가 개별 자유입지에 공장을 설립할 경우, 창업사업계획승인을 받으면 농지, 산림, 환경, 국토계획법 등 여러 법률에 의해 개별적으로 인·허가를 받아야 하는 복잡한 절차를 일괄적으로 처리하여 공장설립을 간소화 하는 제도를 말한다. 창업자는 창업사업계획의 승인을 신청하기 전에 시장·군수 또는 구청장에게 사업계획의 승인 가능성 등에 관하여 사전 협의를 요청할 수 있으며, 사전협의를 신청하려는 창업자는 사업계획 사전협의신청서, 사업계획서 1부, 환경 관련 법령에 따른 검토가 필요한 경우에는 기계 기구류, 규모, 마력 수 등을 적은 서류 1부를 공장설립 예정지를 관할하는 시장 · 군수· 구청장에게 제출해야 한다. 그리고 중소기업 창업사업계획의 승인을 받으려는 창업자는 사업계획승인신청서, 부동산권리자의 사용동의서(임대차계약서 등의 서류), 공장설립사업계획신청서,공동사업계획신청서, 사업계획서 서류를 공장설립 예정지를 관할하는 시장·군수·구청장(자치구의 구청장을 말함)에게 제출해야 한다. 중소기업을 창업하는 자가 위의 절차에 따라 창업사업계획의 승인 등을 받은 경우에는 공장설립의 승인을 얻은 것으로 본다.

2) 설립완료신고 및 공장등록

공장설립 등의 승인을 얻은 자가 공장건설을 완료하거나 제조시설설치승인을 얻은 자(제조시설설치승인을 얻은 것으로 의제되는 자를 포함)가 제조시설 등의 설치를 완료한 때에는 2월 이내에 시장·군수 또는 구청장에게 공장설립 등의 완료 신고를 해야 한다. 산업단지 내에서 입주계약을 맺은 입주기업체의 경우에는 관리기관에 완료 신고를 해야 한다(규제 「산업집적활성화 및 공장설립에 관한 법률」 제15조제1항). 그리고 시장·군수·구청장 또는 관리기관은 공장설립 등의 완료 신고를 받은 때에는 이를 공장등록대장에 등록해야 한다. 공장설립의 승인대상 및 승인대상 외의 공장의 소유자 또는 점유자는 공장등록을 신청할 수 있다.

〈그림 3-2〉 공장설립 온라인지원시스템

자료 : 공장설립 온라인지원시스템 (www.femis.go.kr)

제2절 창업의 일반절차

창업자가 업종을 선택하고 사업성 검토와 사업계획을 수립하고 나면, 기업형태를 결정 후 사업자등록을 하여야 한다. 회사설립 절차를 살펴보면 다음과 같다.

〈그림 3-3〉 회사설립 절차도

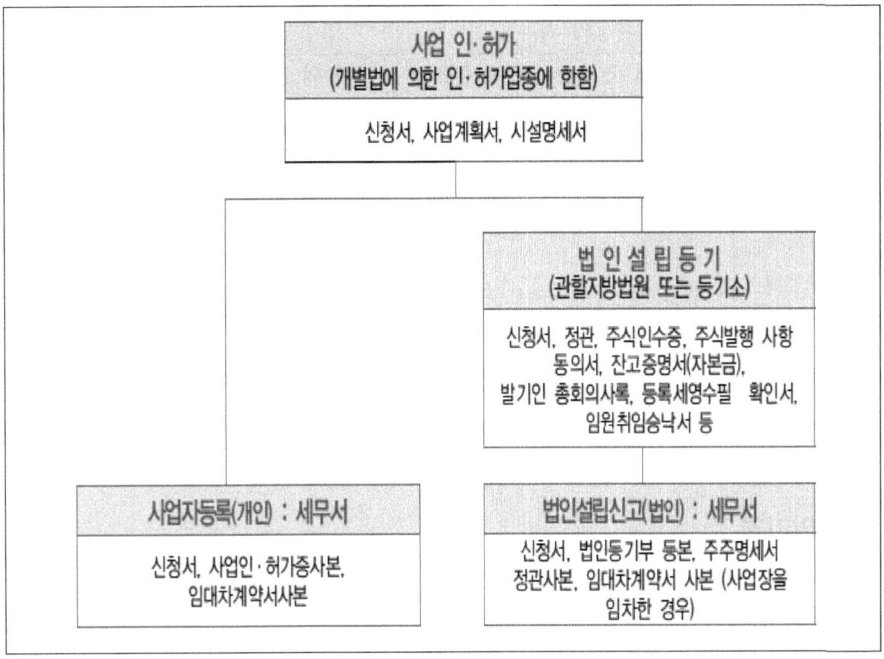

1. 개인기업과 법인기업의 창업 절차

창업을 하고자 할 때 창업자는 법인기업과 개인기업의 형태 중 어느 것으로 할까를 고민하게 된다. 이러한 고민을 덜고, 이해를 높이고자 〈표 3-2〉와 같이 개인기업과 법인기업의 차이점을 비교해 보았다. 이를 설명하면 다음과 같다.

〈표 3-2〉 개인기업과 법인기업 비교

구분	개인기업	법인기업
설 립	• 개인의 의사결정에 의해 창설	• 법인설립절차 선행 • 공동의 의사결정에 의해 등기
경 영	• 경영활동에 대한 단독 무한 책임 • 신속한 의사결정 • 경영능력의 한계	• 회사의 형태에 따라 분류 (유한책임, 무한책임) • 의사결정의 저속성 • 소유와 경영의 분리 가능

출자금액	• 금액제한 없음	• 100원 이상
기업주 활동	• 기업주활동의 자유	• 기업주활동의 제약(상법 등)
자본조달 능력	• 개인의 전액출자로 자본조달 한계	• 다수의 출자자로부터 거액의 자본금 생성 가능
이윤분배	• 이윤의 전부를 개인이 독점	• 출자자의 지분에 의해 분배
세제상의 차이	• 소득세 과세 • 일정규모이하인 경우에 세금부담에 유리 • 대표자본인의 급여 불인정 • 장부기장 등이 상대적으로 덜 엄격	• 법인세 과세 • 일정규모이상인 경우에 세금부담에 유리 • 대표자의 급여인정 • 장부기장 증빙징취 등의 엄격성 요구 • 업무무관 가지급금 등에 대한 인정이자의 계산

1) 개인기업

개인기업으로 창업할 경우에는 부가가치세법에 따라 해당서류를 구비하여 관할 세무서장에게 사업자등록을 신청한다. 구비서류로는 사업자등록신청서(세무서에 비치), 주민등록등본이 필요하다. 또한 사업인·허가증 사본(개별법에 의한 인·허가 대상업종에 한함)이 첨부되어야 한다.

〈그림 3-4〉 개인사업자

개인사업자로 창업하는 경우

- 개인사업자로 창업하는 경우에는 별도의 회사설립절차 없이 사업장 관할 세무서장에게 사업자등록을 신청

○ 사업자등록 신청시 구비서류

- 사업자등록신청서(세무서에 비치)
- 사업장을 임차한 경우에는 임대차계약서 사본
- 법령에 의하여 허가·등록·신고를 받아야 하는 사업의 경우에는 사업허가증 사본·사업등록증 사본 또는 신고필증 사본

* 상가건물의 일부분을 임차하는 경우에는 해당 부분의 도면(상가건물임대차보호법의 적용을 받는 경우 에 한함)

2) 법인기업

법인기업인 주식회사의 경우 다른 유형의 회사와는 달리 회사의 채무에 대해 일정한 한도(출자자금)내에서만 유한책임을 지기 때문에 가장 무난하다. 따라서, 국내 법인회사의 95%정도가 주식회사로 설립되어 있다

회사 설립절차로는 개인사업자의 경우 세무서에 사업자등록만 하면 되지만, 주식회사의 경우 2명 이상의 발기인이 상법상 회사설립절차에 따라 여러 가지 부속서류를 정리하여 각 지방법원 상업 등기과에 회사설립 등기를 하여야 한다. 신청서류로는 등기신청서를 비롯하여 정관, 주식발행사항 동의서, 인감증명서, 창립총회 의사록 등 14가지 서류를 갖추어야 한다. 그러나 등기소에 제출하는 서류중 상당수가 형식적인 것으로 변호사나 법무사에게 맡기면 필요사항과 절차에 맞게 처리해주기 때문에 크게 복잡하지 않다.

상기와 같이 절차가 어렵지 않고 법인인 경우 각종 혜택도 많으므로 최근 들어 음식점이나 소규모 사업자들도 주식회사 형태로 설립하는 경우가 많다

그 이후 사업자등록을 하기 위해서 법인세법에 따라 해당서류를 구비하여 관할 세무서장에게 법인설립을 신고하여야 한다. 즉, 사업자등록을 하기 위한 법

인설립신고(관할세무서)시 구비서류로는 법인설립신고서, 법인등기부등본, 정관, 개시대차대조표, 주주 및 출자자 명부 등이 필요하다. 이때에 공인회계사(세무사)의 자문을 구하는 것이 좋다.

〈그림 3-5〉 법인사업자

법인사업자(주식회사)로 창업하는 경우

① 정관의 작성 및 공증

- 정관은 형식적으로는 회사의 조직과 활동에 관한 기본규칙을 기재한 서면을 가리키지만 실질적으로 회사의 조직과 활동에 관한 기본규칙이며,
- 후일 주주 상호간 또는 회사 내부관계자 상호간의 분쟁과 부정행위를 방지하기 위하여 공증인의 인증 필요(단, 발기설립의 경우는 제외)

② 설립등기

- 등기신청서에 정관과 주식발행사항 동의서, 주식인수증 등을 첨부하여 全 이사가 공동으로 본점 소재지 관할 등기소에 신청

*** 법인등기(관할등기소)시 구비서류**
- 신청서
- 정관, 주식인수증, 주식발행사항 동의서, 발기인회 의사록, 이사회 의사록, 잔고증명서(자본금), 임원취임승낙서, 주민등록등본, 등록세영수필확인서, 인감신고서, 법인인감카드 발급신청서 등

③ 법인설립신고

- 법인설립신고는 설립등기를 한 날부터, 사업의 실질적 관리장소를 두게 되는 경우에는 그 실질적 관리장소를 두게 된 날부터 2월 이내에 본점 소재지 관할 세무서에 신청

*** 법인설립신고(관할세무서)시 구비서류**
- 신청서
- 법인등기부 등본, 정관 사본
- 임대차계약서 사본, 주주명세서 등

2. 개인과 법인기업의 장단점

〈표 3-3〉 개인기업과 법인기업의 장단점 비교

구 분	개인기업	법인기업
장점	• 이윤을 기업주가 독점 • 설립용이 • 적은 자금소요 • 영업상 비밀유지가능 • 인적관계 긴밀	• 대자본 조달용이 • 주주의 유한책임 • 주식의 양도 및 매입자유 • 소유와 경영분리가능 • 높은 공신력
단점	• 기업주의 무한책임 • 기업영속성 부족 • 자본조달능력의 한계 • 경영능력의 한계 • 납세상 불리	• 설립절차 복잡 • 대표자의 이윤축소 • 의사결정의 지연 • 주주간 대립우려

한편 개인기업과 법인기업의 설립 시 장단점을 살펴보면 〈표 3-3〉과 같다. 먼저 개인기업은 장점으로 이윤을 개인이 관리하므로 기업주가 독점할 수 있고, 기업설립이 매우 용이하고, 적은 자금으로도 창업이 가능하며, 어떠한 경우라도 영업상 비밀유지가 가능하고, 기업 내에서 인적관계를 긴밀하게 유지하기가 용이하다는 점이다. 단점으로는 기업주가 무한책임을 져야 하고, 기업의 영속성이 법인에 비하여 부족하고, 자본조달 능력의 한계가 있다. 또한, 경영능력의 한계에 봉착하기 쉽고, 일정액 이상 이윤이 발생하였을 때 납세상 불리하다는 단점이 있다.

두 번째로 법인기업을 설립할 때 장점으로는 대자본의 조달이 쉽고, 주주의 유한책임이라 부담감이 없으며 또한, 주식의 양도 및 매입의 자유가 있으며, 소유와 경영분리가 가능하며, 높은 공신력이 있다는 등 장점이 있다. 단점으로는 설립절차 복잡하고, 대표자의 이윤이 축소되고, 의사결정의 지연사례가 발생하며, 주주간 대립우려 등의 단점이 있다.

하지만 중소벤처기업부에서는 소규모 창업자의 회사설립 편의를 위해 그동안 부담이 되어 왔던 각종 창업규제를 대폭 완화한 창업절차 간소화 제도를 시행하여 법인설립의 복잡성을 해소하려고 노력하고 있다. 기존 법인설립을 위해 30개 이상의 구비서류를 작성하여 7개 기관을 방문해 처리하던 법인설립 업무를 온라인으로 쉽고 빠르게 처리할 수 있는데 온라인 법인설립 시스템의 내용은 아래와 같다.

〈그림 3-6〉 온라인 법인설립시스템

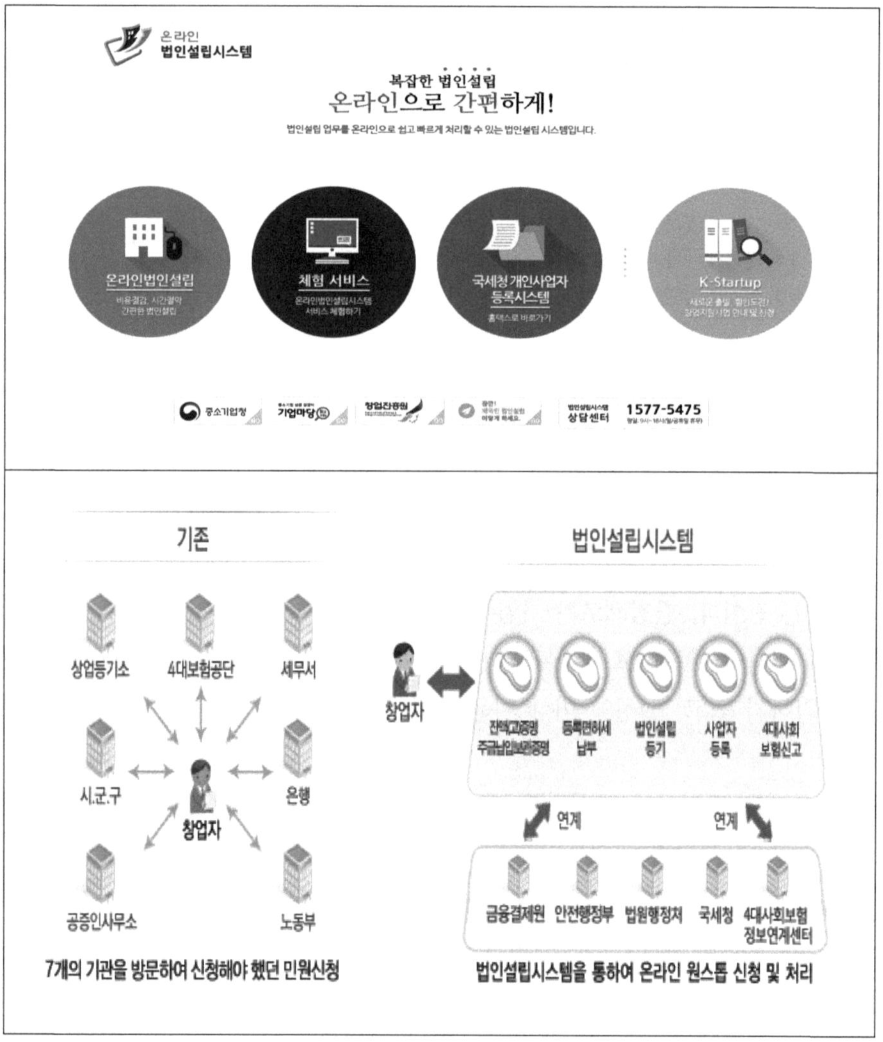

자료 : 중소벤처기업부(2016). 온라인법인설립시스템.

제3절 회사의 종류

회사의 종류는 주식회사, 유한회사, 합자회사, 합명회사 등이 있다. 이를 자세히 설명하면 다음과 같다.

1. 주식회사 (株式會社 ; Joint-stock company)

사원인 주주(株主)의 출자로 이루어지며, 권리·의무의 단위인 주식으로 나눠진 일정한 자본금을 갖는다. 모든 주주는 그 주식의 인수가액을 한도로 하는 의무를 부담할 뿐 회사채무에 아무런 책임도 지지 않는다. 따라서 주식회사의 근본적 특색은 자본금과 주식과 주주의 유한책임에 있다고 할 수 있다.

주식회사는 어디까지나 회사의 일종이기 때문에 사단법인(社團法人)이며 영리를 목적으로 한다. 또 사원의 개성과 회사사업과의 관계가 극도로 희박하여, 실질적으로 자본금 중심의 단체이며 물적회사(物的會社)의 전형이다. 자본금은 회사가 보유할 재산액을 표시하는 것이며, 실제로 회사가 보유하고 있는 재산의 총체인 회사재산과 다르다. 후자는 영업실적, 물가의 등락 등에 따라 항상 변동하나, 전자는 계산상의 금액으로서 법정 절차를 밟지 않는 한 일정하다. 자본금은 회사채권자에 대한 최소한도의 담보액이며 회사신용의 기초이다. 따라서 상법은 회사의 성립시는 물론 존속중에도 항상 자본금에 상당하는 현실적인 재산을 회사가 보유하도록 노력한다. 이것은 자본금 확정 · 자본금 유지 · 자본금 감소의 제한이라는 자본금의 3가지 원칙에 나타나 있다. 주식회사의 자본금은 전부 주식으로 분할해야 하며(상법 329조 2항), 주식은 자본금의 구성분자인 금액을 의미한다. 각 주주는 자신이 가진 주식금액의 자본액에 대한 비율로 회사사업에 참여하고 회사재산에 대한 몫을 가지고 있으므로 주주의 회사에 대한 권리와 의무는 주식을 단위로 정해진다. 또한 각 주식의 금액은 균일해야 하며(329조 2항), 이에 따라 각 주식은 평등한 대우를 받는다.

주주는 회사에 대해 인수한 주식의 가액을 한도로 출자의무를 부담할 뿐 이외의 어떤 의무도 부담하지 않는다(331조). 이것을 주주유한책임의 원칙이라고 하며, 특히 회사채권자에 대해 주주는 전혀 책임이 없다. 또 출자의 목적물은 금전 외의 재산이고, 신용 또는 노무의 출자는 인정되지 않는다. 주주는 주주총회의 결의에는 참가하지만 업무집행에 당연히 참여하는 것은 아니다. 주식의 양도는 자유로우며(335조), 일반적으로 사원수가 많아서 대자본금을 흡수할 수 있으므로 큰 기업의 경영에 알맞은 회사제도이다. 주식회사의 설립에 있어서 정관에 설립시에 발행하는 주식의 총수와 1주의 금액을 기재하고 주식인수인의 확정, 이사·감사의 선임 등 회사의 실체(實體)를 구성하는 절차가 정관작성과 설립등기 외에 필요하다. 설립방법은 실체를 구성하는 절차에 따라서 발기인만이 설립시에 발행하는 주식총수를 인수하는 발기설립(發起設立), 발기인이 주식총수의 일부만을 인수하고 나머지의 주식은 발기인 이외에 주주를 모집하는 모집설립(募集設立)의 2가지로 나누어진다.

주식회사는 법률상 반드시 의사결정기관인 주주총회, 업무집행과 대표기관인 이사회·대표이사와 감독기관인 감사(監事)의 세 기관을 가져야 한다. 이 밖에 상법은 필요한 경우 검사인(檢查人)이라는 임시감사기관을 인정하고 있다. 이처럼 기관이 전문적으로 그 권한이 나뉘고, 사원자격과 기관자격이 분리된다. 상법은 필요기관을 세 기관으로 나누고 있으나, 자본구성에서 수권자본제도(授權資本制度)를 채용하는 동시에 경영기관의 합리화를 도모하여 회사의 최고기관인 주주총회의 권한을 상법과 정관에 정한 사항만 결의할 수 있게 했다(361조). 또한 업무집행기관에 이사회제도(理事會制度)를 채용하여 권한을 강화하고 감사의 권한을 회계감사만으로 한정하고 있다. 상법상 자본금의 총액과 발행주식의 총수는 등기사항에 지나지 않으므로(317조 2항 2·3호), 신주발행에는 정관변경의 필요가 없다. 회사자금을 기동적으로 조달할 수 있게 하기 위해 원칙적으로 이사회의 결정에 따라 신주가 발행되도록 한 것이다(416조).

상법은 주식회사의 회계에 관하여 강행규정(强行規定)으로 상세하고 신중한 규정을 두고 있다(447조 이하). 주식회사가 새로운 자금조달을 필요로 하는 경우 신주발행에 따라 자기자본금을 증가시킬 수 있다. 그러나 회사기구를 확장하지 않고 장기적으로 큰 금액의 자금이 필요한 경우, 회사가 채권(債券)을 발행해 일반 공중(公衆)으로부터 영세한 자금을 흡수하고 거액의 자금을 구성하는 타인자본금의 조달방법으로 상법은 사채제도(社債制度)를 인정하고 있다(469조). 주식회사가 해산할 때 합병과 파산(破産)의 경우를 제외하고 청산(清算) 절차를 밟게 되므로(531조 1항), 회사는 청산의 목적 범위 내에서 존속한다(245·542조). 이 경우 영업수행을 위한 기관인 이사회에 갈음하여 청산인회(淸算人會)가 집행기관이 된다. 주식회사의 청산에는 합명회사(合名會社)에서와 같은 임의청산(任意淸算)은 인정하지 않으므로, 반드시 법정청산(法定淸算)의 엄격한 절차에 따라야 한다.

2. 유한회사 (有限會社 ; limited company)

사원이 회사에 대하여 출자금액을 한도로 책임을 질 뿐, 회사채권자에 대하여 아무 책임도 지지 않는 사원으로 구성된 회사를 말한다.

상법에 규정된 회사의 하나로, 주식회사·합명회사·합자회사와 함께 물적 회사(物的會社)와 인적 회사(人的會社)의 요소를 가미한 중간형태의 회사이다. 사원 전원의 책임이 간접이며 유한인 점, 분화된 기관을 가지는 점 등 많은 점에서 주식회사와 유사하나, 복잡하고 엄격한 규정이 완화되고 지분의 양도가 자유롭지 못한 점이 주식회사와 다르다.

그러므로 유한회사는 합명회사와 닮은 폐쇄적(閉鎖的)·비공개적인 특색을 가진다. 독일의 유한책임회사법을 본받아 1938년 일본에서 유한회사법이 제정됨으로써 일본·한국 등에 처음으로 등장하였다. 한국에서는 이를 상법전 제5장 유한회사 편에서 규정하고 있다(상법 543~613조).

유한회사 제도에는 독일의 제도 외에 프랑스의 유한책임회사, 영국의 사회사(私會社), 미국의 폐쇄적 회사 등이 있다.

설립절차는 간단하고 발기설립에 해당하는 방법만이 인정되며, 모집설립에 해당하는 것이 없다. 또한 감사제도도 없으나 대신 사원의 전보책임(塡補責任)이 인정되어 있다(551조). 1인 또는 다수의 이사를 두어야 하며(561조), 이사회나 대표이사라는 기관의 분화도 없으며, 또한 감사도 임의기관이다(568조).

사원총회의 소집절차도 간소화되어 있을 뿐 아니라, 서면에 의한 결의방법이 인정되어 있다(577조). 사원의 수는 원칙적으로 50인을 초과하지 못하며(545조), 사원에게 법정의 출자인수권을 인정하고(588조), 지분(持分) 양도의 자유를 인정하지 않아, 사원 이외의 사람에 대한 지분의 양도를 제한하고(556조),

지분의 유가증권화를 인정하지 않는다. 주식회사와 유사점이 많아 주식회사에 관한 규정이 준용된다. 합병이나 조직변경은 주식회사와 유한회사 상호간에만 인정된다(600·604·607조). 참고로 〈표 3-5〉에서와 같이 상법상 법인기업의 형태별 비교할 때, 유한회사와 유사한 유한책임회사도 있다.

3. 합자회사 (合資會社 ; limited partnership)

무한책임사원과 유한책임사원으로 구성되는 복합적 조직의 회사(상법 268조). 사업의 경영은 무한책임사원이 하고, 유한책임사원은 자본을 제공하여 사업에서 생기는 이익의 분배에 참여한다.

무한책임사원이 있는 점은 합명회사와 같으나, 회사채권자에 대하여 출자액의 한도 내에서만 연대하여 책임을 지는 유한책임사원이 있는 점이 합명회사와 다르다. 유한책임사원은 유한의 책임을 지는 데 불과한 반면, 출자는 재산출자에만 한하고, 회사의 업무집행 ·대표로는 참여하지 않는다.

합자회사도 사단법인이지만 사원간의 개인적 신뢰를 기초로 하기 때문에, 실질적으로는 조합적 성격을 띠며 인적(人的) 회사에 속한다. 합자회사는 유한책임사원의 책임의 유한성에서 생기는 결과를 제외하고는, 원칙적으로 합명회사와 마찬가지로 취급할 수 있다. 따라서 상법도 별단의 규정이 있는 외에는 합명회사의 규정을 준용하여, 합명회사의 한 변형으로 볼 수 있다.

4. 합명회사 (合名會社 ; Unlimited partnership)

무한책임(無限責任)사원만으로 구성되는 회사를 말한다. 사원은 회사의 채무를 회사채권자에 대하여 직접 연대하여 변제할 무한책임을 진다(상법 212조). 따라서 정관에 다른 규정이 없는 한, 사원은 회사의 업무를 집행하고 회사를 대표하는 권한을 가진다(200·207조).

합명회사는 각 사원이 회사의 채권자에 대하여 직접 책임을 지는 데에서 대외적으로 인적 신용이 중시(重視)되고, 사원의 책임강도는 내부적으로 사원 상호간의 신뢰관계를 필요로 한다. 동시에 사원의 기업경영에 대한 참가를 강화함으로써 회사는 마치 개인기업의 공동경영과 같은 인상을 주게 되며, 사단법인이면서도 실질적으로는 조합적 성격을 띤다.

합명회사는 설립절차가 간단하며, 정관을 작성하여 설립등기를 하면 회사가 성립한다. 출자에 있어서는 재산출자에 한하지 아니하며, 노무출자·신용출자도 인정된다. 또 입사 및 사원의 지위의 양도(지분의 양도)는 다른 사원의 승낙을 필요로 하며(197조), 반면에 퇴사의 자유가 인정되고 제명(除名) 제도가 있다. 원칙으로 각 사원이 업무집행권 및 대표권한을 가지며, 각 사원이 경업피지의무(競業避止義務)를 진다(198조). 청산에 있어서는 법정청산 외에 임의청산도 할 수 있다.

또 합명회사는 자본적 결합의 색채보다도 가족적·인적(人的) 결합의 색채가 짙은 전형적인 인적회사이며 인적 신뢰관계가 있는 소수의 인원으로써 구성되는 공동기업에 적당한 회사이다.

〈표 3-5〉 상법상 법인기업의 형태별 비교

분류별		주식회사	유한회사	합명회사	합자회사	유한책임회사
정의		주식의 인수가액에 대한 출자의무만을 부담하는 회사	사원의 출자금액을 한도로 책임을 지는 회사	회사의 채무에 대하여 연대하여 무한의 책임을 지는 회사	회사의 채무에 대하여 무한의 책임을 지는 무한책임사원과 재산출자 가액을 한도로 책임을 부담하는 유한책임사원으로 구성된 회사	각 사원이 출자금액을 한도로 책임을 지는 회사
자본금		100원 이상	100원~10억원	100원 이상	100원 이상	100원 이상
최소 구성원		· 사내이사 1인 · (지분없는)감사 1인	· 대표이사 1인 · 이사 1인	· 대표사원 1인 · 사원 1인	· 대표사원 1인 · 무한책임사원 1인 · 유한책임사원 1인	· 대표업무집행자 1인 · 업무집행자 1인
조직구조	회사대표	대표이사	대표이사	무한책임사원	무한책임사원	업무집행사원
	의사결정	주주총회	사원총회	무한책임사원	무한책임사원	업무집행사원
	업무집행	이사회	사원총회	무한책임사원	무한책임사원	업무집행사원
	감사기관	온라인 10억 미만 발기설립 시 (지분없는 감사 필요)	감사(임의기관)	없음	없음 유한책임사원(감시권)	없음
장점		· 지분을 증권화하여 자유롭게 양도	· 주식회사에 비해 재무상태에 대한 손익계산, 영업보고, 준비금, 이익배당 등에 대한 공개의의무가 없음	· 개개인이 회사의 업무를 집행하고 대표함 · 신뢰관계가 있는 소수 인원의 공동기업에 적합	· 무한책임사원이 업무를 집행하고 대표함 · 각자의 투자금액, 지분률과 관계없이 당사자간 합의한 대로 이익 배분이 가능	· 사원이 직접 경영에 참여하는 자치 보장
단점		· 이해관계인이 많아 규제가 많음 (주주총회, 공시의무) · 법인의 소득에 대한 법인세 및 주주에 대한 배당소득세 부과	· 지분을 증권화할 수 없음	· 법적, 금전적 문제에 있어서 무한의 책임을 져야 함	· 구성원간 분쟁의 여지가 많음	· 지분을 증권화할 수 없고 지분양도를 정관에서 정함

연습문제

1. 개인기업과 법인기업의 창업절차 및 장단점에 대해 설명하시오.

2. 합명회사와 주식회사의 차이점을 비교하시오.

3. 온라인법인설립시스템에 대하여 논하시오.

Chapter

4

상권 및 입지 분석

4 상권 및 입지 분석

창업에 있어 상권분석은 매우 중요하며 입지선정과 관련이 깊다. 상권분석이란 상권 전체의 성쇠를 파악하는 것으로 잠재수요를 반영하는 판매 예측량을 추정하는데 필요하고, 상권분석을 통한 상권에 대한 올바른 인식과 파악은 고객지향적인 마케팅 전략의 수립과 전개에 필수적이다. 정밀한 상권 분석을 생략한 채 창업을 추진하는 것은 실패하는 가장 큰 요인인 만큼 상권 분석의 중요성과 실행을 계속 강조하는 것은 전혀 무리가 아니다. 본 장에서는 특히 소매점에서 중요한 부분을 차지하고 있는 입지 및 상권분석 기법에 대해 살펴본다.

제1절 입지와 상권 개요

1. 입지의 개념과 중요성

소매점은 '입지산업'이라고 할 만큼 입지조건이 중요한 전략적 결정요인이며, 위치에 따라 매출이나 이익이 좌우되기 때문에 점포의 위치는 사업의 성공 여부에 중요한 역할을 한다. 기업이 일단 점포의 입지를 결정하게 되면 변경이 쉽지 않고 부적합한 입지로 인한 불이익을 극복하기 어렵다. 또한 장기적으로 막대한 투자를 하여야 하므로 선정되는 입지는 최대한의 투자수익률과 이익을 보장해 줄 수 있어야 한다.

유통시설의 입지결정은 입지조건에 따라 유통전략 믹스상의 다른 요인들에도 큰 영향을 준다. 예를 들면 업무 중심지와 같이 사무실이 많은 도심지에 입지한 소매점의 경우, 주말에 보행자의 통행량이 줄어들어 부부가 공동으로 결정하여 구매하는 품목, 예컨대 가전제품과 같은 상품은 취급할 수 없게 된다.

Kotler(1994)는 소매업의 세 가지 성공요소는 "첫째도 장소, 둘째도 장소, 셋째도 장소"라고 주장하여 점포입지 문제의 중요성을 강조하고 있다.[1] 이러한 중요성으로 우리나라의 경우 대형 유통업체를 중심으로 최근 들어서 과학적인 방법을 도입하는 경향을 띠고 있다.

그러나 일부 중소 유통업체에서는 아직도 간단한 체크리스트 방식과 현장방문 관찰에 의존하여 입지를 결정하고 있다. 검증할 수 있는 자료나 이론에 근거하지 않기 때문에 점포수가 늘어나도 회사 내에 축적되는 데이터나 지식이 체계적이지 못하여 담당자가 바뀌면 또다시 원점에서 출발해야 하는 시행착오를 반복하고 있다.

소매에 대한 논의를 할 때 신규점포의 입지선택을 강조해 왔지만 그 문제는 훨씬 더 크다. 한 시기에는 좋았던 장소라도 점차 좋지 않게(혹은 오히려 더 좋게) 되는 수가 있다. 입지가 현재의 기대를 만족시키고 있는지, 그리고 미래의 목적에도 부합될 수 있는 것인지 결정하기 위해서는 자주, 그리고 정기적으로 평가되어야 한다.

넬슨(R. L. Nelson)은 입지선정에 있어서 8가지 원칙을 발표하였는데 이를 설명하면 다음과 같다.[2]

먼저, 현재 "상권 잠재력의 타당성"이다. 상권의 잠재력은 두 가지 측면으로 설명되는데, 하나는 자신의 상권 내에서 차지하는 점유율이 향후 확대 가능성이 있느냐는 것인데, 상권내 차지하는 점유율이 50%를 초과하면, 이런 경우 상권의 잠재력보다 상권력을 유지하는 것이 최대 목표가 되어야 한다. 반대로 점유율이 10% 미만이라면 커질 가능성은 있다 하더라도 미래가 불투명하다. 상권의 크기는 네이버후드형(근린형), 커뮤니티형(지역형), 리저널형(광역형), 슈퍼리저널형(초광역형)에 따라 달라진다. 다만 60%이상 80%의 매출이 가능한 지역을 보면 된다.

1) Kotler, Philip(1994), Marketing Management, 8th, Pretice Hall.
2) R. L. Nelson(1959, The Selection of Retail Location, New York, McGrow Hill, pp53-55

〈표 4-1〉 넬슨(R.L Nelson)의 입지선정 8가지 평가방법

구 분	내 용
상권 잠재력의 타당성	하나는 자신의 상권내에서 차지하는 점유율이 향후 확대 가능성이 있느냐는 것인데, 또 하나는 자사의 상권이 경쟁점과의 전체 상권에 차지하는 비중이다. 자사 상권이 지역전체 상권의 차지하는 비중이 작다면, 흡인될 것이고, 크다면 흡인할 것이다. 듯 규모의 경제가 훨씬 유리함을 의미한다.
상권 접근 가능성	자사점에 어느 정도 흡인할 수 있느냐 하는 것은 점포 주변을 통과하는 가능성에 의존하게 되는데, 그에 따라 3가지로 나눌 수 있는데, 입지창출형(혹은 고객창출형), 입지적응형, 입지의존형(혹은 통행량 의종형) 등이 있다.
성장 가능성	입지는 개방형 입지와 폐쇄형 입지가 있다. 개방형 입지는 성장 가능성이 있지만 폐쇄형 입지는 성장 가능성이 낮다. 결론적으로 성장 가능성이 큰 입지(개방형입지)에 위치하는 것이 좋은 입지인 것이다.
중간 저지성	주거지와 상업지의 사이에 점포를 개발하면 고객차단 효과가 크다. 즉, 접근성을 중간에 차단하는 입지라는 뜻이다. 그럼에도 불구하고 중간저지성이 유리한 것만은 아니다.
누적적 흡인력	남대문시장처럼 집객력 있는 전통시장들을 보면 대부분 전문분야 중심의 품목으로 운영되고 있다. 다수의 점포가 모여서 비교 구매를 용이하게 하여 영업을 활성화시키는 것으로 누적적 흡인력이라한다.
양립성	보완관계에 있기 때문에 경쟁하는 동업태끼리 서로 양립하면서 집객력을 극대화시킨다는 논리이다.
경쟁 회피	경쟁이 열세인 소형점은 주변의 경쟁력이 뛰어난 대형점과 동업태일 경우 경쟁에서 뒤처질 수밖에 없다.
입지의 경제성	입지는 유동고객이 많은 곳에 비싼 가격을 주고 토지나 점포를 매입하여 높은 매출을 올려 운영을 하거나 저렴한 비용으로 토지에 건물을 대규모로 지어서 고객을 흡입하는 전략을 쓸 수 있다. 이 두 가지 방법 중 어느 업태를 선택하느냐에 따라서 투자수익율이 달라질 수 있다.

또 하나는 자사의 상권이 경쟁점과의 전체 상권에 차지하는 비중이다. 자사 상권이 지역전체 상권의 차지하는 비중이 작다면, 흡인될 것이고, 크다면 흡인할 것이다. 즉 규모의 경제가 훨씬 유리함을 의미한다.

둘째, "상권 접근 가능성"이다. 상권내의 잠재력을 자사점에 어느 정도 흡인할 수 있느냐 하는 것은 점포 주변을 통과하는 가능성에 의존하게 되는데, 그에 따라 3가지로 나눌 수 있는데, 입지 창출형(혹은 고객창출형), 입지 적응형, 입지 의존형(혹은 통행량 의존형) 등이 있다.

셋째, "성장 가능성"이다. 입지는 개방형 입지와 폐쇄형 입지가 있다. 개방형 입지는 성장 가능성이 있지만 폐쇄형 입지는 성장 가능성이 낮다. 결론적으로 성장 가능성이 큰 입지(개방형입지)에 위치하는 것이 좋은 입지인 것이다.

넷째, "중간 저지성"이다. 보통 배후 고객은 경쟁력이 있는 상업지로 몰리는 현상이 있다. 즉, 주거지와 상업지의 사이에 점포를 개발하면 곡객차단 효과가 크다. 즉, 접근성을 중간에 차단하는 입지라는 뜻이다. 그럼에도 불구하고 중간 저지성이 유리한 것만은 아니다. 오히려 집객력을 저하할 수도 있다.

다섯째, "누적적 흡인력"이다. 남대문시장처럼 집객력 있는 전통시장들을 보면 대부분 전문분야 중심의 품목으로 운영되고 있다. 다수의 점포가 모여서 비교 구매를 용이하게 하여 영업을 활성화시키는 것으로 누적적 흡인력이라 한다. 이것은 식당이 하나만 있는 것보다 여러 개가 존재할 때 매출액이 올라가는 것과 동일한 논리이다.

여섯째, "양립성"이다. 보완관계에 있기 때문에 경쟁하는 동업태끼리 서로 양립하면서 집객력을 극대화시킨다는 논리이다. 명동의 롯데백화점과 신세계백화점이 상호 시너지효과를 가져다주기 때문에 고객이 모이는 곳이 되고 활성화되는 곳이 된다는 의미이다.

일곱째, "경쟁 회피"이다. 경쟁이 열세인 소형점은 주변의 경쟁력이 뛰어난 대형점과 동업태일 경우 경쟁에서 뒤처질 수밖에 없다. 주변에 전통시장이 있다면, 삼품품목이 다른 업태의 입지가 필요하다는 논리이다. 그러나 현실적으로 보면, 대형마트가 전통시장과 연접되어 있다면, 오히려 시너지효과를 기대할 수 있다. 그러나 원스톱 쇼핑이 불가능한, 즉 이격된 상권이라면 심각한 타격을 받을 수밖에 없다. 그래서 이럴 경우는 보완관계가 있는 업종으로 유치하는 전략이 필요하다는 것이다.

마지막으로, "입지의 경제성"이다. 입지는 유동고객이 많은 곳에 비싼 가격을 주고 토지나 점포를 매입하여 높은 매출을 올려 운영을 하거나 저렴한 비용으로 토지에 건물을 대규모로 지어서 고객을 흡입하는 전략을 쓸 수 있다. 이 두 가지 방법 중 어느 업태를 선택하느냐에 따라서 투자수익률이 달라질 수 있다.

이와 같이 넬슨의 입지선정 8 원칙은 다양한 변수가 발생하는 유통환경을 감안한다면 과학적인 분석의 한계가 있다.

소매 점포는 취급하는 상품에 따라 이를 구매하는 사람들의 특성이 상품별로 다르게 나타난다. 가령 음식점이 산속에 있어도 맛과 분위기와 서비스(이를 가리켜 음식점이 고객에게 제공하는 3대 가치라 한다)가 좋으면 사람들은 시간을 들여서라도 찾아간다. 하지만 슈퍼마켓이 산속에 있으면 찾는 사람이 없다. 이는 상품이 갖는 가치가 각기 다르기 때문이다. 슈퍼마켓과 편의점에서 취급하는 상품은 1차 신선상품과 편의상품이 대부분이다. 이런 상품을 구매하는 사람들은 사전에 쇼핑계획을 세우거나 점포 안에서 여러 상표를 비교하지 않고 대체로 습관적인 구매 행동을 보인다. 따라서 구매할 필요가 생기면 빠르고 쉽게 구매를 결정하며, 선호하는 상표가 없더라도 기꺼이 다른 상표의 제품으로 대체한다. 또 이런 상품은 단위당 가격이 저렴하고 유행의 영향을 별로 받지 않으며, 상표명에 대한 선호도가 뚜렷하다.

이와 같이 상품과 구매자의 특성을 고려해 효과적인 판매 활동을 하려면 적합한 장소를 찾아야 한다. 입지의 적합한 정도에 따라 등급을 정할 수 있는데, 이는 슈퍼마켓과 편의점의 입지를 분석하는 기준으로 조사하고 분석해야 한다. 각 입지의 특징을 무시하고 일반적인 상권 조사표에 따라 평가하면 오류를 범할 가능성이 크기 때문이다.

점주들은 입지별 등급의 특징에 따라 약점이 되는 항목을 찾고 이를 보완할 대책을 세워야 한다. 입지의 약점을 보완하고 점포의 고객 가치를 증대시키기 위해 점포를 전체 리뉴얼 할 것인지, 아니면 부분 리뉴얼을 할 것인지 정해야 한다. 리뉴얼을 하지 말아야 할 곳에 리뉴얼을 강행한다든지 잘못 실행하는 경우는 투자금 회수가 어려워져 투자의 효과를 보기가 어렵다. 따라서 입지별 특징을 살펴보고, 현재 자신의 점포 등급을 판정하여 이를 개선 운영 방향의 지표로 삼아야 한다.

2. 상권 개념 및 범위

1) 상권의 개념

상권이란 간단히 말하면 '장사하는 장소'이며 장사를 성립시키는 지역적인 조건을 가진 '공간적인 펴짐'이다. 그것은 생활과 지역에 의해서 만들어 내어지는 지역적인 경제공간이다. 상권은 공간적인 위치로써 지역사회의 거점이 되는 핵심(core)을 가지고 그 거점을 중심으로 하여 지역적인 넓이(areal coverage)를 가진다. 즉, 상권이란 중심이 되는 거점, 기업이 편익을 제공하는 거점인 도시, 번화가, 상점가, 쇼핑센터, 터미널 등과 그 주변 사람들의 생활환경과의 연계로 만들어지는 구조적인 시스템이다.

상권은 생활 수익을 편리하게 손에 넣을 수 있는 소비자들의 생활공간이라 할 수 있다. 그 펴짐 가운데서 사람들은 생활을 하고 편익을 구하며 기업은 거기에 경영상의 여러 활동을 집약하고 집적하여 효과를 구한다. 상권은 사람들의 생활공간을 기초로 하여 도시보다도 훨씬 더 넓은 경제공간, 즉 지역경제를 형성한다. 상권의 개념을 살펴보면,

- ▶ 경제학 : 소매시장의 공간적 범위로서 '시장지역' '시장영역'이다.
- ▶ 지리학 : 중심지의 '배후지역' '보완지역' '보완영역' '세력권' 이라 할 수 있다.
- ▶ 유통학 : 상업지의 세력이 미치는 범위로서 '상세권'이라 한다.

즉, 상권은 잠재적인 고객을 흡인할 가능성이 있는 지역범위 전체를 뜻하며 상세권은 잠재적인, 즉 현실적으로 고객을 흡인하는 범위이며 또한 어느 지역 전체의 상세권을 상권이라 할 수 있다.

한편, 유통업의 경우 영업장소로서 고정적인 입지를 정하고 고객을 유인함으로써 영업이 성립된다. 따라서 유통업을 흔히 입지산업(立地産業)이라고 하며, 한번 결정한 입지는 쉽게 바꿀 수 없기 때문에 유통기업의 매출에 가장 영향을 많이 주는 요소라고 할 수 있다. 한편 이러한 사실은 자금력(資金力)과 직결된다. 따라서 일부 업태에 국한되지만 국내의 유통업의 특성을 자금력이라고도 한다.

2) 소매상권의 개념

소매업의 경우 상권(trading area)이란 경제학적(經濟學的)인 측면에서 볼 때, 생산자와 수요자 내지 소비자 사이에서 상거래가 이루어지는 거래권(去來圈)을 의미한다. 따라서 상권이란 소비자의 생활권(life area)과 기업의 활동권(operational area)이 직·간접적으로 중층화되어 형성된 지역공간이다. 한편 점포가 위치한 지역은 한정된 하나의 공간일 경우가 대부분이다. 이 공간내에는 소규모 슈퍼, 편의점, 재래시장, 대형점 또는 백화점 등 다수의 점포가 혼재하여 있으며, 이 점포들은 각각의 상권을 구성하고 있는 것이다. 한 지역의 상권은 단계적으로 이루어져 있다. 가장 큰 개념은 도시의 행정구역과 거의 일치하는 개념으로 도시 내의 모든 유통기관들의 전체를 합한 것으로 지역상권(General Trading Area)이 있다. 그 다음으로 지역상권내에 후보입지가 속하는 상업 지역이 가지는 상권으로 지구상권(District Trading Area)이 있다. 이는, 대형백화점과 패션전문점 등의 존재여부, 그리고 관련 점포들 간의 집적여부에 따라 상권의 크기가 결정된다. 가장 작은 상권을 구성하는 것이 각각의 개별점포들의 상권인 개별점포상권(Individual Trading Area)이다.

3) 상권의 범위 및 특징

상권의 범위는 점포의 크기, 취급하는 상품의 종류나 상입 집직도, 그에 따르는 교통편의 등에 의해 결정된다. 즉, 대형 상점의 신설, 전철 등의 개설 등에 따라 범위가 크게 바뀐다.

고객의 사회·경제적 수준이 높을수록 유리하며, 교통수단이 편리할수록 유리한 상권이 된다. 그리고 사회·경제적 요인의 변화에 의해 항상 변동하는 것이지만, 반드시 확대된다고 말할 수 없다. 인구밀도가 높아도 고객이 없으면 상권을 형성하기가 힘들므로 고객밀도가 높아야 한다. 상권마다 매매관습과 소비관습의 차이가 있으며, 경쟁자의 출현은 상권을 차단하는 중요한 장애물이다.

상권크기는 입지조건, 상권의 형태, 교통의 편리성, 경쟁업태 상품종류, 구색, 가격, 수송 및 배송, 판촉 및 기타서비스 등 제반요인에 따라 달라진다.

이처럼 상권은 어느 특정의 한정된 지역 범위이기 때문에 지도상으로는 거리로 표현할 수 있다.

그림에서 보는 바와 같이 단순한 형태로는 점포를 중심으로 500m의 범위가 상권의 물리적(지리적)인 표현이 된다. 그러나 만약 500m의 범위 내에 산이나 강이나 철도 같은 장애물이 있으면 상권의 물리적인 크기도 달라진다.

〈그림 4-1〉 상권의 범위

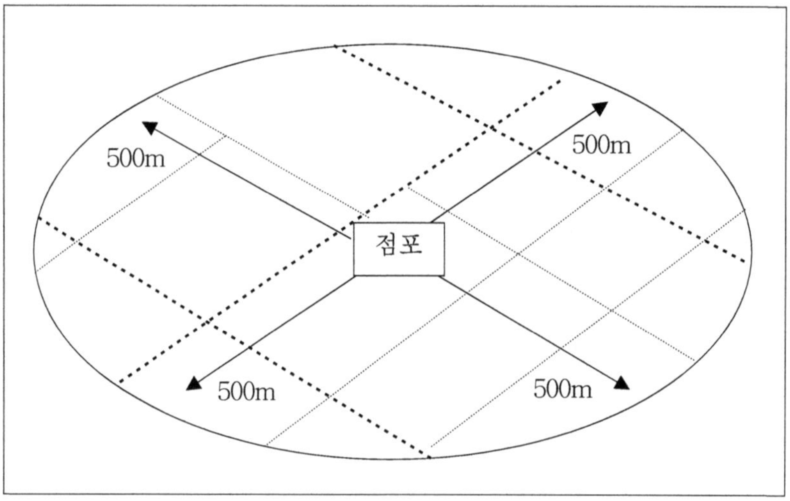

그런데 만약 점포에서부터 300m 지점에 커다란 산이 가로놓여 있다면, 산의 반대쪽 산 너머에 사는 지역에서는 거리가 가까워도 실제로 점포에 가는 이동시간이 상당히 오래 걸려 점포를 이용하기가 어렵다. 그러나 이와는 반대로 거리는 상당히 멀어 점포와 2km이상 떨어져 있는 지역이라도 버스와 같은 대중교통이 발달되어 있을 경우에는 쇼핑을 위한 이동시간은 단축된다. 이러한 측면에서 보게 되면 상권은 시간이라고 하는 심리적인 거리로 환산되고 시간적인 가까움이 상권의 범위에 영향을 미치는 것이 된다.

3. 소매상권의 특성

사람들은 일정한 지역 공간내의 일정한 지점에 생활거점(주거)을 마련하고 이를 기점으로 하여 생활행동을 전개한다. 이와 같은 생활행동이 이루어지는 지역

범위가 바로 생활공간 내지 생활권이며, 그들이 생활을 유지하는데 필요한 생활자원인 상품이나 서비스를 판매하는 행동공간이 판매공간 내지 판매권이다.

이와 같이 상호작용 행동의 일부인 소비자의 판매행동과 기업의 마케팅 활동의 관련에 따라 상거래가 형성되므로 이들의 상호작용이 이루어지는 지역적 범위가 바로 광의의 상거래공간, 즉 상권을 형성하게 된다.

사람들은 습관적으로 동일한 판매를 반복하는 경향이 있다. 새로운 판매 관습이 형성되고 새로운 행동양식이 생겨난다. 이와 같은 판매관습이나 행동의 집합이 생활공간 속에서 시장의 특성을 형성하게 된다. 이처럼 사람들의 행동에 의해 규정되는 공간은 바로 기업의 입장에서 전개되는 마케팅행동의 장으로서의 상권이라 할 수 있다. 상권이란 기업의 활동공간과 소비자의 생활공간에 의해 구성되는 시장의 지역공간이다.

따라서 시장지역과 관련하여 볼 때 상권(trading area)은 다음과 같은 네 가지 측면에서 그 특징을 살펴볼 수 있다.

1) 점(Point)적인 특성

상권은 시장의 지역적 거점으로서의 점적인 특성을 가지고 있는데 이는 시장의 중심성을 반영하는 것이다. 수요(demand)의 지역적 거점은 도시에 있다. 점으로서의 상권이 가지는 시장특성은 시장의 거점이 되는 도시성에 입각하여 형성되는 상점집적이다.

상업의 발달이 도시를 발전시키며 도시는 매매기능의 집적에 의해 사람들을 흡입한다. 이에 따라 도시기능이 발달하고 시장경쟁이 유도된다. 점으로서의 도시성이라는 특성이 상권의 핵심이 된다.

2) 선(Line)적인 특성

상권은 시장이 지역 간의 연속적인 상호의존 관계에 따라 형성되어 서로 선으로 이어지는 선적 특성으로서의 흡인성을 가지고 있다.

예컨대 특정 상권내의 중심지가 되는 여러 도시는 서로 격차가 있기는 하더라도 주변지역의 수요를 흡입하고 있다. 중심지(central place)에 어떻게 의존하고, 그 의존도 여하에 따라 사람들은 주거를 정하게 되고 이에 따라 그 지역에 있어서의 생활 거점성이 형성되는데 이것이 거주집적인 것이다. 상권은 그 배후 생활거점으로서의 주거집적을 가지며, 거주성 그 자체는 중심지에 대해 의존적이고 또한 중심지는 주거집적에 의해 그 기능이 부가된다.

3) 면(Space)적인 특성

상권(trading area)은 시장의 지역적인 넓이인 시장의 지역적 동질성의 넓이 또는 중심지에 대한 흡입력이 미치는 범위로서 면적(面的) 특성인 광역성을 가지고 있다.

동질적인 시장특성이란 판매 패턴이나 소비패턴 또는 상품의 선택패턴 면에서 공통성을 가진 지역임을 나타낸다. 그것은 최종수요를 유발하는 생활양식상 요구나 선택 면에서 지역적 동질성이 소비행동상 비슷한 패턴을 사람들이 가지고 있음을 반영하는 것이다. 그러므로 상권의 면적특성인 광역성은 소비행동유사성에 의해 형성되는 것이다.

4) 유동성(Flow)의 특성

상권(trading area)에 시장이 가진 기능이 어떻게 효율적으로 발휘되느냐에 따라 지역은 시장으로 형성되게 된다. 보다 구체적으로 볼 때 기업의 판매활동과 소비자와 시장의 흐름 내지 유동성을 어떻게 기업이 잘 흡입하여 상권화 하는가에 따라 성패가 좌우되기 마련이다. 이러한 흐름 내지 유동성 특성은 교통조건에 의해 영향을 크게 받는다.

이와 같이 볼 때 상권(trading area)이란 도시성, 도시화, 시장요인의 집중화 및 상업집적을 반영하는 점적 특성이 있다.

또한, 중심성, 연속성, 생활 거점성 및 주거집적을 반영하는 선적특성, 그리고, 흡입성, 동질성, 생활 유형성을 반영하는 면적특성이 있다. 마지막으로 광역성 및 동태적으로 시장에서 기능을 발휘하는 생활 행동을 반영하는 유동성이 있다.

4. 상권의 계층성

1) 상권의 구분

상권을 구분함에 있어서 소매업은 매출액을 기준으로 하는 경우와 소비자의 유출경향을 기준으로 하는 경우가 있다.

(1) 매출액 기준

소매점 매출액을 기준으로 할 때, 상권은 그 규모에 따라 1차, 2차, 3차 상권으로 나눌 수 있다.

먼저, 1차 상권(primary trading area)은 점포고객의 약 60-65%를 포함하고 있는 지역을 말하는데, 거리는 500m 이내이다. 상권 자체가 점포에 가장 근접해 있고 내점 빈도나 매출액에의 비중이 가장 높은 지역이다.

둘째, 2차 상권(secondary trading area)은 점포고객의 약 30%를 포함하고 있는 지역이며, 거리는 1,000m 이내의 지역이다. 이 상권은 1차 상권 외곽에 위치하며 고객 접근성이 다소 떨어진다.

셋째, 3차 상권(Fringe trading area)은 1, 2차 상권이외의 나머지 고객을 포함하고 있는 지역이며, 점포에 미치는 영향은 미미하다. 그러나 상권은 업태의 종류나 점포크기, 상품의 다양성, 경쟁점 현황, 도로상황, 마케팅 활동 등에 영향을 받는다.

(2) 소비자 유출경향기준

한편, 소매점 매출액기준과 다소 다르게, 소비자 유출성향을 기준으로 나누는 방법은 1차 상권을 해당지역의 소비수요 중 80%이상을 흡인할 수 있는 지역으로, 2차 상권은 해당지역 소비수요 중 10% 이상을 흡인할 수 있는 지역으로, 3차 상권을 소비자수요 중 5%이상을 흡인할 수 있는 지역으로 구분하기도 한다.

따라서 상권의 범위란 검토자의 자의적인 해석에 의존할 수밖에 없다. 그 지역 소비자의 특성이나, 점포의 업종·업태 및 규모, 기업의 경영전략 등 무수히 많은 변수에 의해 상권의 범위를 구분하고 규정할 수 있기 때문이다.

2) 상업입지의 형태와 기능

상업입지의 형태를 분류하면, 근린형, 지역형, 광역형, 초광역형으로 구분한다. 혹자는 4가지 유형 외에 거점형과 특화형으로도 추가하여 구분하기도 한다. 또한 근린형도 분산형과 집결형으로 구분하는 경우도 있다. 그러나 일반적인 구분은 4가지로 구분한 근린형, 지역형, 광역형, 초광역형이다. 본 분류는 학자에 따라서 일치된 의견을 보이지 않고, 미국과 일본 , 그리고 국내의 실정이 국가 간에 많은 차이가 나므로 해석도 분분하다. 따라서 본 절에서는 편의상 윤명길(1995)[3]이 종전에 연구한 방식에 의하여 〈표 4-2〉에 따라 정리하였다.

〈표 4-2〉 쇼핑센터 규모에 따른 상권의 4가지 유형

구분	근린형 (Neighborhood)	지역형 (Community)	광역형 (Regional)	초광역형 (Super Regional)
매장(임차)면적	2,000평-3,000평	10,000평이내	30,000평이내	30,000평초과
테넌트수	10-30개	40개 이내	150개 이내	150개 초과
상권범위 (매출60-80%)	3만 명내외	7만 명내외	30만 명내외	50만 명이상
컨셉	편의성	일반상품/ 편리성	패션/구색 상품	상품구색/ 패션/오락
핵 점포	대형슈퍼마켓 (SSM)/슈퍼마켓 (SM)	종합슈퍼마켓 (GSM)/전문점	백화점(DS)/ 종합슈퍼마켓 (GSM)	백화점(DS)/ 서비스 및 오락시설

먼저, 근린형(Neighborhood)은 지역의 소상권을 형성하는 유형으로 편의적 서비스가 주류를 이룬다. 점포가 주택에 근접하여 슈퍼마켓, 편의점 등 편의 및 식품류 등 집객력이 높다.

둘째, 지역형(Community)은 대개는 지방 중소도시규모의 상점가를 형성하고, 실용적 준선매품이나 가족형 음식점 등이 복합된 커뮤니티형 상점가의 유형이다.

3) 윤명길(1995), 소매유통 어떻게 할 것인가?, 서울: 도서출판 동인.

셋째, 광역형(Regional)은 중도시나 지방도시의 중심에 지역상권을 형성한다. 로컬성을 유지하고, 지역주민의 다양한 니즈에 부응하는 유형이다.

넷째, 초광역형(Super Regional)은 도청소재 규모나 대도시의 부도심정도 규모의 상업지로, 모든면에서 대규모 상업집적 시설을 형성한다.

제2절 상권분석 기법 이론적 발전과정

소매점의 상권내 위치선정과 위치변경 등 입지문제에 대하여 관심을 갖고 연구를 진행해온 학문분야는 다양하여 지리학(geography), 마케팅(marketing), 도시계획(town planning), OR(operation research), 경제학(economics) 등에서 연구자의 시각에 따라 상권과 입지결정에 대한 이론이 발전되어 왔다. Craig et al.(1984)은[4] 소매기구의 상권 및 입지에 관한 기존의 이론을 크게 소매점포의 소매입지모델(retail location model)과 소비자의 점포선택모델(store choice model)로 구분하였다. Craig et al.(1984)의 점포선택모델들은 입지수요이론에 해당되며 소매입지모델은 입지공급모델에 해당된다.

본서에서는 소비자의 점포선택 모델, 소매의 입지에 관한 이론, 마지막으로 기타 상권에 관한 이론으로 나눠서 설명한다.

1. 라일리(Reilly)의 소매인력이론

크리스탈러에 의해 1935년에 제시된 중심지이론(central place theory)에 대한 경험적 증거의 부족은 많은 연구자로 하여금 중심지이론의 근거인 최근거리가설(nearest-center hypothesis)의 제반 문제점을 인식하기 시작하였다. 즉, 한 소비자가 두 점포 중에서 하나를 선택하는데 두 점포까지의 거리의 차이가 어떤 식별수준(threshold level) 이상으로 벌어지지 않는 한 거리의 차이는 무시되는 것으로 이해하게 되었으며, 식별수준 이상의 개념은 소비자의 점포 선택

4) Craig, C.S. Ghosh, A. & McLafferty, S. L.(1984), "Models of the retillocation process: a rcvicw," Journal ot Rctailing, 60(1), 5 36.

행위에 있어 거리변수(distance variable)에 대한 관심을 대체 점포까지의 절대거리(absolute distance)에서 상대거리(relative distance)로 전환하게 하였으며,[5] 소비자들은 보다 나은 판매기회를 얻기 위해서는 최근거리의 점포를 우회하게 된다.

예를 들면 운반비, 교통비 등을 고려한 실질가격이 더욱 낮은 수준이라면 시간비용의 희생에 따른 금전비용의 절약을 도모할 것이며 또한 보다 나은 품질이나 상품구색수준과 점포이미지에 의해 보다 먼 점포까지의 구매이동을 기피하지 않을 것이다.

뿐만 아니라 다목적 구매나 비교구매 또는 일괄구매 등을 위해서는 대체적 점포까지의 상대적 거리의 차이가 식별 수준보다 낮은 수준이기만 하다면, 지리적으로 가까운 점포보다는 점포의 밀집도(agglomeration)가 높은 지역으로 이동하게 될 것이다. 따라서 소비자들의 구매이동 행위는 중심지이론(central place theory)에서 말하는 점포까지의 거리보다는 점포가 보유하는 흡인력 (retailing gravity)에 의해 결정된다는 연구가 활발하게 진행되었다.

대표주자인 라일리(Reilly)는 서로 어느 정도 거리가 떨어진 두 도시나 점포 중에서 소비자가 구매를 위해 어느 한 도시를 선택한다면 지리적으로 어느 지점에 있는 소비자가 두 도시에 대해 무차별하게 생각할 것인지를 연구하였으며, 두 도시 사이의 무차별적인 지점(a point of difference)을 분기점(breaking point)으로 보았다. 즉, 분기점에 있는 소비자는 두 도시를 모두 그의 구매 이동행위에 합당한 것으로 보아 무차별하게 생각한다는 것이다.

라일리(Reilly)의 소매인력이론은 양대도시에 접근하는 도로 및 지형이 동일하고 양도시 상인의 능력이 동일하다는 전제하에서 양대도시가 그 중간에 있는 분기점 주변의 소도시의 구매력을 흡인하는 비율은 두 도시 사이의 인구크기에 비례하고 소도시에서 양대도시까지 거리의 제곱에 반비례한다고 하였다.

라일리(Reilly)의 소매인력이론의 근거를 보면 다음과 같다.[6]

---

5) Clark, W. A. V., and Rushton, G. (1970). Models of Intra-Urban Consumer Behavior and their Implications for Central Place Theory. Economic Geography, 46. 486-487.

6) Reilly, W .J. (1929), Methods for study of retail relationships. (University of Texas, Bureau of Business Research Monograph, 4), University of Texas.

[라일리의 소매인력모델 계산식]

$\frac{B_a}{B_b}=\left[\frac{P_a}{P_b}\right]\left[\frac{D_b}{D_a}\right]^2$	B_a : A시가 중간의 마을 C로부터 흡인하는 소매판매액 B_b : B시가 중간의 마을 C로부터 흡인하는 소매판매액 P_a : A시의 인구 P_b : B시의 인구 D_a : A시와 C마을까지의 거리 D_b : B시와 C마을까지의 거리 N: In = 1.5 - 2.5로 나타나나 통상 2로 한다.

이와 같이 중심지이론(central place theory)과는 달리 인구의 크기와 거리라는 두 변수를 고려하여 상권경계를 개념화함으로써 그 이후의 점포의 밀집화(stores agglomeration)나 점포의 규모(store space)를 중심으로 소비자의 공간이동을 흡인한다는 소매인력이론의 효시가 되는 것이다.

소매인력 법칙의 한계점으로는 특정 상업지구까지의 거리는 주요 도로를 사용하여 측정되나, 소비자들이 샛길이나 간선도로를 이용할 경우에 거리는 보다 길지만 여행시간이 짧게 걸릴 수 있으므로 상업지구까지의 거리보다 여행시간이 보다 나은 척도가 될 수 있다. 그리고 실제거리는 소비자가 생각하는 거리와 일치하지 않을 수도 있다. 이는 소비자에게 편의성 및 서비스가 낮고 복도가 혼잡한 점포는 보다 쾌적한 환경의 점포보다 고객에게 생각되는 거리가 더 길 수 있기 때문이다.

2. 콘버스(Converse)의 수정소매인력이론

라일리(Reilly)에 의해 제기되어진 소매인력이론은 양 대도시 사이의 구매력 흡인비율이 아닌 도시 내 쇼핑센터 사이의 구매흡인력 비율을 설명하기 용이하도록 하기 위해 세 가지 방향의 이론적 진전이 이루어졌다.[7)]

첫째, 상권경계를 설정하는 두 가지 기준인 인구의 크기와 거리를 보다 구체적으로 규정하여 양 대도시 인구의 크기를 공간이동을 유인하는 요소(attraction

7) Davies, R. L. (1977). Marketing Geography with special reference to retailing. London, UK: Methuen.

factor)로 보고 양 대도시까지의 거리(distance mileage)를 저항요소로 파악하려고 하였다.

둘째, 거리가 멀어짐에 따라 구매이동(shopping trips)이 줄어드는 현상을 거리–감소함수(distance–decay function)로 파악하여 거리와 구매빈도 사이의 관계를 부의 지수곡선(negative exponential curve)의 관계로 파악하고자 하였다.

셋째, 소비지출과 소매 매출액 사이의 관계의 파악을 위한 진전의 세 가지가 그것이다. 이러한 이론의 진전이 상세하게 규명되고 있는 이론이 콘버스(Converse)의 수정소매인력이론과 허프(Huff)의 확률적 소매인력이론이다.

콘버스는 두 도시사이의 거리가 분기되는 중간지점의 정확한 위치를 결정키 위하여 라일리(Reilly)의 소매인력법칙을 수정하여 다음과 같이 거리–축소함수를 도출하였다.

[콘버스의 수정소매인력모델 계산식]

$D_a = \dfrac{D_{ab}}{1+\sqrt{\dfrac{P_b}{P_a}}}$ 또는 $D_a = \dfrac{D_{ab}}{1+\sqrt{\dfrac{P_a}{P_b}}}$	D_a : A도시로부터의 상권분기점까지의 거리 D_b : B도시로부터의 상권분기점까지의 거리 D_{ab} : A와 B도시간의 거리 P_a : A도시의 인구 P_b : B도시의 인구

위의 공식은 2개의 경합도시 A와 B에 대해서 어느 도시로 소비자가 상품을 구매하는 행위를 하러 가느냐에 대한 무차별적인 경합, 경계지점을 나타낸다. 전체의 상품에 대하여 일괄적으로 적용되는 것이 아니라 선매품과 전문품에 관한 적용으로 이해하는 것이 좋다.

라일리(Reilly)와 콘버스(Converse)[8], 그리고 다음에 고찰할 허프(Huff) 등의 인력이론은 세 가지 차원에서 중심지이론(central place theory)과 큰 차이

8) Converse (1943), "New Laws of Retail Gravitation," Journal of Marketing, Vol.14,No.3, pp.379-384.

를 찾아볼 수 있다.

첫째, 중심지이론은 쇼핑센터 또는 상권의 성장과정을 설명함으로써 최적 입지선정에 기여하려는 이론인데 비해, 소매인력이론은 소비자의 공간이동 및 점포선택에 관한 입지수요에 관한 이론이라는 것이다.

둘째, 소매인력이론은 중심지이론에 비해 개념적 체계가 명확하지 않고 전제 가설의 경직성도 낮은 편이며 단지 일련의 느슨한 수학적 공식으로 연결된 이론 체계라는 것이다.

셋째, 중심지이론이 소매기관의 계층구조 형성이라는 마케팅 행위만을 설명하는 이론인데 비해, 소매인력이론은 소비자의 구매행위, 인구이동, 교통량 예측 등의 여러 분야에 다양하게 적용될 수 있는 이론이라는 점에서 차이를 찾을 수 있다.

한편 라일리(Reilly)와 콘버스(Converse) 등의 소매인력이론에 대한 비판으로서는 다음과 같은 것이 있다.[9)]

첫째, 분기점 내부의 소비자와 외부의 소비자는 거리 등의 차이로 인해 특정 경쟁도시나 경쟁점포에 대해 갖고 있는 구매태도가 상이할 것임에도 불구하고, 무시되고 있어 상품이나 서비스에 대한 수요의 흡입량을 정확히 산출하기 어렵다.

둘째, 어떤 일정한 지역 내에 있는 3개 이상의 점포들에 대해 상권을 설정할 목적으로 분기점 법칙을 사용할 경우 상권의 중복(overlapping)이 발생한다. 분기점이란 상호 경쟁적인 인접도시나 점포에 대해 소비자가 무차별하게 느끼는 점을 의미하므로 개념상 상권의 중복지역이 없어야 한다.

셋째, 라일리(Reilly)가 측정한 모수는 모든 종류의 구매행동에 대해 동일하게 사용되어서는 안 된다. 모수는 구매행동에 따라 변한다고 보는 것이 이론적이며 또한 동일점포라 해도 상품의 종류에 따라 상권의 크기가 다르기 때문이다.

이와 같은 비판을 하면서 레일리와 콘버스의 소매인력이론을 현실적으로 적응이 가능하도록 수정·보완한 이론이 허프(Huff)의 확률 모델이다. 허프의 확률모델은 소매인력이론으로 분류할 수도 있지만, 기본적으로 소비자가 특정점포를 선택하게 되는 것은 거리 때문만이 아니고 총 효용(total utility)에 의해

---

9) Huff, D. L. (1964). Defining and Estimating a Trade Area. Journal of Marking, 28, 34-38.

서라는 가정 하에 전개되고 있으므로 앞의 두 소매인력이론과는 달리 전반적 상호작용이론으로 분류하여야 한다.

〈표 4-3〉 소매인력이론과 중심지이론 비교

항목	소매인력이론	중심지이론
분석방향	• 소비자공간이동과 점포선택입지 수요 설명	• 최적의 입지 선정 및 상권의 성장 과정 설명
개념정립	• 개념적체계 불명확하고, 가설의 경직성 낮음	• 가설의 경직성과 개념적체계 명확
분석적용 범위	• 소비자 구매행위, 인구이동, 교통량예측 등(유통업체 활용도 높음)	• 유통경제측면의 마케팅 행위(지리학 및 도시계획분야에서 많이 활용)

3. 허프(Huff)의 확률적 인력 모델

허프의 확률적 인력 모델(gravity model)[10]은 최근 들어 신규점포의 매출액 및 상권범위를 예측하고, 매출액 등 점포성과와 이에 영향을 미치는 소매환경변수간의 관계를 평가하는 데 있어 이용이 증가하고 있다. 확률적 모델은 목표상권 내에서 구매를 하는 소비자의 공간이용(spatial behavior)패턴을 실증 분석하는 데 이용된다. 즉, 확률적 모델은 해당상권내의 경쟁점포들에 대한 소비자의 지출패턴이나 소비자의 쇼핑패턴을 반영함으로써 특정점포의 매출액과 상권규모에 대해 보다 정확한 예측을 가능하게 한다.

확률적 점포선택 모델에는 허프의 모델을 비롯하여 여러 가지가 있는데, 소비자의 점포선택이 결정적(deterministic)인 것이 아니라 확률적인 현상으로 보고

10) 인력모델은 Reilly(1929)에 의해 발표되어 처음 등장하여 1950년대를 지나면서 Huff, Stouffer 등에 의해 현재의 인력모델의 수식이 등장하고 개념으로 발전하였다. 이후 Wilson(1967)이 '엔트로피' 개념을 인력모델에 첨가하여 도시계획, 교통 부문에 영향을 주었다. 인력모델은 경제학뿐만 아니라 지리학, 도시계획과 인구학에서 인구 이동 및 경제산업과의 연관성, 도시 내 소비자 행동, 구매 형태, 소매업 분포, 배후지 권역 등을 연구하는데 이용된다.
일반적으로 유통량은 두 지역의 인구 규모가 많을수록 커지며, 두 지역간의 거리가 멀수록 적어진다. 즉, 유통량은 인구에 비례하고 거리에 반비례하므로, 인력 법칙과도 같다. 이를 인력 모델 또는 상호작용 모델이라고도 한다.

있는 점이 공통점이다. 즉, 특정점포에 대한 애호도(loyalty)가 높은 고객이라고 하더라도 항상 한 점포만을 이용하는 것은 아니고, 경쟁점포의 마케팅 전략에 영향을 받아 다른 점포를 방문하기도 한다는 사실을 모델에 반영하고 있다.

허프는 도시 내 소비자의 공간적 수요이동과 각 상업중심지가 포괄하는 상권의 크기를 측정하기 위해 라일리(Reilly) 등에 의해 사용된 거리변수(distance variable)대신에 거주지(residential area)에서 점포까지의 교차시간(travel time)을 이용하여 모델을 전개하였다. 라일리의 모델은 도시간의 상권규모의 설정에는 유용한 수단이 되지만 도시 내 상권의 결정에는 잘 쓰이지 않는다.

그것은 도시내부에서는 시가지상에서 분기점(breaking point)을 찾았다 하더라도 그것은 별다른 의미를 갖지 않기 때문이다. 이에 허프는 중력모델(gravity model)을 원용하여 확률의 개념을 도입, 새로운 모델을 만들었다.

허프의 모델을 설명하면 다음과 같다. 허프(Huff)는 소비자의 점포선택 행동을 확률로써 설명했는데, 소비자가 동일지역의 여러 쇼핑센터 중에서 특정 쇼핑센터를 선택할 확률은 그 점포로부터 얻을 수 있는 효용(utility)과 수익(benefit)에 의해 결정되며 이 확률은 특정지역내의 모든 점포가 제공하는 총 효용의 합계 중에서 특정점포에 의해 제공되는 효용의 크기가 차지하는 비율과 같다고 보았다.

허프(Huff)가 제시한 기본 모델은 다음과 같이 유도된다.

$$P_{ij} = \frac{U_{ij}}{\Sigma U_j} \quad \text{------------------------------} \quad ①$$

$$U_{ij} = \frac{S_j}{(T_{ij})\lambda} \quad \text{------------------------------} \quad ②$$

U_{ij} : 상점가(소매시설) j가 i지역에 있는 소비자에 대해 갖는 흡인력 ①식과 ②식에서 다음과 같이 허프의 모델이 성립한다.

[허프의 모델 계산식]

<table>
<tr><td>$p_{ij} = \frac{\frac{S_j}{T_{ij}^{\lambda}}}{\sum_{i=1}^{n} \frac{S_j}{T_{ij}^{\lambda}}}$</td><td>$P_{ij}$: 소비자 구매출향비율(i지점의 소비자가 j상업지에 구매하러 가는 비율)
S_j : 상가 점 j의 매장면적규모 (특정의 상품지역에 해당되는 매장면적)
T_{ij} : 소비자가 주거지역 i로부터 상점가 j에 쇼핑하러 가기 위해 걸리는 시간거리
λ : 매개변수로 소비자가 거주하고 있는 지점i에서 상점가 j까지 가는데 있어서 도로 폭 하천, 폭이 넓은 횡단도로, 경사가 급한 언덕, 위험지대 등 매물을 함에 있어서 장애가 되는 저항요인의 Parameter를 의미한다.</td></tr>
</table>

또한, 허프(Huff)는 그가 제시한 모델을 기반으로 하여 특정점포의 상권을 수학적으로 설명하였는데 수학적 모델은 다음과 같다.

$$T_j = \sum_{j=1}^{n} (P_{ij},\ C_i)$$

여기서 T_j : 점포 j의 상권

P_{ij} : i지역에 있는 소비자가 j점포에서 상품을 구입할 확률

C_i : i지역에 있는 소비자의 수

결론적으로 허프가 제시하는 상권이란 지리적으로 한정될 수 있는 지역으로서 특정업체나 기업집단에서 판매목적으로 제공한 상품이나 서비스를 판매할 확률이 영(zero)보다 큰 잠재적 고객이 있는 지역을 의미한다. 다시 말해 허프 모델은 도시내의 다수의 상업집적 지역간에 대한 소비자의 공간적 선택행동을 모델화한 것이다. 이는 라일리(Reilly)와 콘버스(Converse) 등이 경합도시 상호 관계를 대상으로 한 것과는 다소 차이가 있다.

허프의 모델(Huff's Model)에 의해 상권을 추정할 수 있고, 상권내의 각 입지로부터 구매 출향 확률을 추정할 수 있다. 또한 이를 통하여 판매시설 j를 중심으로 하는 구매 출향 확률의 등고선도를 작성할 수 있다. 그리고 이 모델로

각 경합판매 시설별로 흡인고객수를 추정할 수 있다.

판매시설의 변화에 따라 소비자의 매수행동이 어떻게 변하는가(흡인고객수의 변화)를 예측할 수 있는데 특히, 일본의 경우 대점법에 의한 심사방법으로 허프모델(Huff's Model)의 parameter λ를 2로 추정하여 통산성모델이라 하여 사용하였다.

즉, 통산성 모델이 등장한 배경은 허프모델이 복수의 상업시설의 고객흡인율을 산출할 수 있으므로 실용성이 높다는 점에서 출발한다. 특히 기존의 상가 인근에 대규모 상업시설을 출점하고자 할 때 고객흡인 가능성을 예측하는데 유용하게 활용될 수 있다. 그러나 허프모델은 매우 어려워 그대로 이용하기가 어렵다는 단점을 가지고 있다. 특히 λ는 일일이 시장조사를 하지 않으면 산출할 수 없다. 그래서 실용성 있게 수정한 것이 수정허프모델이다. 이 모델은 일본의 통산성이 고안하여 대규모점포법이라는 법률에 따른 상업조정에 실제로 이용되기도 하였다. 이는 "소비자가 어느 상업지에서 구매하는 확률은 상업집적의 매장면적의 크기에 비례하고 그곳에 도달하는 거리의 제곱에 반비례한다"는 것을 공식화한 것이다.

[통산성 모델 계산식]

$p_{ij} = \dfrac{\dfrac{S_j}{T_{ij}^2}}{\sum_{i=1}^{n} \dfrac{S_j}{T_{ij}^2}}$	P_{ij} : 지역i의 소비자가 소매시설 j에 갈 확률 S_j : 소매시설의 규모 T_{ij} : 지역 i에서 소매시설 j까지 가는데 소요되는 시간 n : 점포 수

4. 중심지이론(Central place theories)

중심지이론은 독일의 크리스탈러(Christaller)가 창시한 이론으로, 그가 1933년에 펴낸 저서 "Die zentalen Orte in Suddeutschland"에서부터 시작된다. 한동안 인정을 못 받다가 그의 이론은 1950년대에 와서야 비로소 학자들의 관심을 끌었고 본격적인 연구가 시도되었다.

크리스탈러는 30년 넘게 지속적으로 중심지이론에 매달려서 일관된 이론의 틀을 완성하였다. 특히, 소비자는 어느 방향에서나 어느 방향으로나 이동이 자유롭다고 가정했지만 교통체계, 행정구역 등이 있을 때는 소비자의 이동은 달라질 것이며 중심지체계도 다를 것이라 생각하여 1950년에 자신의 모델을 수정한 수정이론을 제시하여 보다 더 이론의 완성도를 높였다.

수정이론에서는 시장원리 외에 어떤 보조적인 원리가 있다고 생각하여 연구한 결과 교통원리(transportation principle)와 행정원리(administrative principle)를 제시하였다.

먼저, 교통원리란 큰 도시들을 연결하는 교통 도로상에 가능한 한 주요한 중심지가 많이 놓이도록 배열하는 원리를 말하는데, 이 원리에 따를 경우 가장 효과적으로 교통노선을 건설할 수 있다고 하였다.

둘째, 행정원리란 각 배후지들이 방위나 행정통제의 목적에 따라 용이하도록 분할 배열하는 것을 말한다고 하였다. 그는 이 3가지 원리의 상호작용에 의해서 중심지체계가 결정된다고 하였다. 크리스탈러(Christaller)의 중심지이론을 보다 현실성 있게 하려는 시도는 많은 연구자들에 의하여 시도되어 왔다.

주요 개념을 살펴보면, 먼저 중심지란 주변 지역에 상품과 서비스를 공급하는 기능들이 모여 있는 지역을 의미한다. 둘째, 중심 기능은 도·소매업, 교통, 금융, 교육, 행정, 각종서비스업으로 공장, 주택 등은 제외한다. 셋째, 배후지는 주변지, 영향권, 세력권, 상권, 중심지를 이용하는 주변 지역이다. 넷째, 최소요구치는 중심 기능이 존속하기 위해 필요한 최소한의 수요, 상권을 의미한다. 다섯째, 중심지 성립 조건은 최소요구치를 의미하며, 재화의 도달 범위라고 할 수 있다. 마지막으로 재화의 도달 범위란 판매량이 '0'이 되는 범위를 말한다.

중심지이론의 이론 전개 방법은 다음과 같다. 첫째, 중심지의 형성은 최소 요구치가 재화의 도달 범위 내에 있을 때 형성된다.

둘째, 중심지의 형태는 단일 중심지는 원형이나 여러 개의 중심지는 경쟁을 최소화하기 위해 정육각형구조를 이룬다.

셋째, 중심지 계층은 중심지가 갖는 기능의 보유 정도에 따라 고위 중심지와 저위 중심지로 구분한다.

중심지 이론의 전제 조건을 살펴보면 3가지가 있다. 먼저 대상지역은 동질적인 평야이다. 따라서 이동은 어떤 방향으로든 가능하다. 둘째, 구매력을 의미하는 인구는 연속적으로 균등하게 분포한다. 셋째 소비자는 최소 거리 이동 원칙에 따라 합리적으로 행동한다.

중심지이론의 주요 내용은 다음과 같다.

먼저, 중심지 기능이란 배후지역에 재화와 용역을 제공하는 기능으로 일반적으로 모든 도시는 이 중심지 기능을 수행한다. 중심지 기능이 위치하기 위해서는 최소요구치가 충족되어야 한다. 즉, 재화의 도달범위가 최소요구치보다 커야 한다. 이때 상품의 판매지역(배후지역)은 전제조건에 의해 원형이 된다. 그러나 수많은 중심지가 경쟁하게 되면 육각형이 된다. 중심지 기능은 각 기능별로 그 배후지역이 다르다.

한편, 최소 요구치와 재화의 도달범위가 큰 것을 고차 중심 기능, 작은 것을 저차 중심 기능이라 한다. 크기가 다른 육각형(배후지역)을 중복시켜 보면 차수가 다른 중심지가 서로 겹쳐 나타나게 되는데 이곳이 고차 중심지가 되며 이 고차중심지는 그 아래 차수의 모든 기능도 갖는다. 중심지 계층 구조의 형성에서 단지 저차 중심 기능만을 갖는 중심지를 저차 중심지라고 한다.

또한 도시의 규모, 수, 도시간의 거리에는 일정한 분포법칙(차수에 따라 일정한 비율로 증가 또는 감소)이 존재한다. 즉 도시의 규모가 클수록 그 수는 적고 도시간 거리는 멀어지며 기능의 수도 많아진다. 도시의 규모가 작으면 그 수는 많으며 도시간 거리는 가깝고 기능 수가 적다(배후지역이 좁다).

한편, 중심지이론에서 말하는 범위는 중심지 상점의 도달거리를 말하는데 소비자의 측면에서 보면 그 상품을 판매하기 위해 기꺼이 이동하는 최대거리가 된다. 각 상품은 독특한 범위를 가질 것이며, 같은 상품이라도 중심지가 달라짐에 따라 그 범위도 달라지게 될 것이다. 그리고 범위는 중심지를 기준으로 사방으로 동일거리의 원은 아니지만 중심지이론의 가정에 의해 원을 구성한다. 그리고 중심지에 의해 서비스를 제공받지 못하는 지역은 없어야 하므로 중복되지 않을 수 없게 된다. 이 중복된 부분은 양분되어 육각형 형태의 공간적 배열을 이루게 된다. 크리스탈러는 이와 같이 같은 종류의 중심지는 육각형 영향권을 갖게 되는데 이 영향권을 중심지의 지역범위라고 부르고 있다.

한편, 크리스탈러는 중심지 계층에 관한 포섭원리(nested principle)를 내세웠다. 중심지 계층의 포섭원리란 고차중심지의 영향권(배후지) 내에 차수가 낮은 규모의 중심지들이 어떻게 포섭되어 있는가를 설명하는 원리이다. 이를 설명하기 위해 K-value체계를 이용하였는데 K-value 체계는 최고차 중심지의 영향권(배후지)내에 차수가 낮은 중심지가 몇 개씩 포섭되어 있는가를 차수에 대한 k값의 배수로 설명하는 것이다.

〈그림 4-2〉 지역 단위의 결정

자료: 지리세계 http://geoworld.new21.org를 참조 발췌

① 시장원리(marketing principle : K=3)

시장 원리란 가능한 한 적은 수의 중심지에서 보다 넓은 지역에 재화와 서비스를 공급하기 위해 중심지들은 서로 분리되어야 한다는 원리이다. 하나의 저차 중심지는 이론상 등거리에 위치해 있는 차상(바로 상위 계층)의 3개의 중심지에 영향을 받게 되므로 각각 1/3씩 분할되어 가장 가까운 차상의 고차 중심지에 포섭되는 원리이다. 따라서 고차 중심지의 영향권(배후지) 내에는 완전한 1개의 차하중심지(바로 아래 계층의 중심지)와 배후지가 포함되고 1/3씩 분할된 차하중심지와 배후지가 6개 포함되므로 실제로 3개의 차하중심지가 포섭된다.

$$K = 1 + (1/3 \times 6) = 3$$

이 경우 고차중심지간의 거리는 차하중심지간의 거리의 √3배가 되며, 중심지의 계층이 낮아질수록 중심지의 수는 3배수로 증가한다.

〈그림 4-3〉 지역 단위의 결정

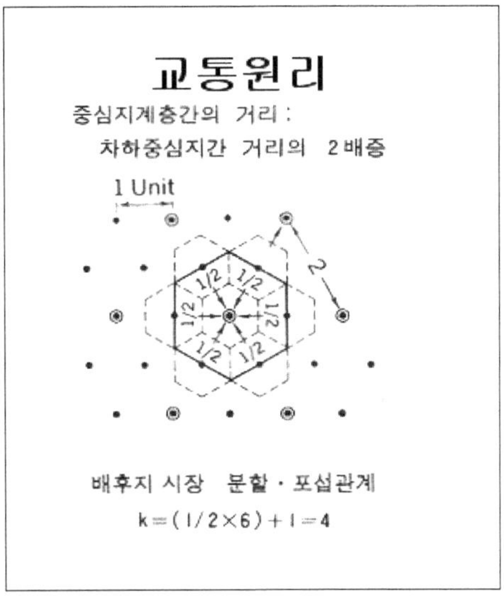

자료: 지리세계 http://geoworld.new21.org를 참조 발췌

② 교통원리(traffic principle : K=4)

교통원리란 큰 도시들(고차중심지)을 연결하는 도로선상에 되도록 저차중심지들이 많이 배열되도록 하여 교통상의 편리를 도모한 원리로서, 효과적인 교통망을 건설할 수 있는 원리이다. 교통원리는 고차중심지의 육각형 선 중앙에 저차 중심지 6개가 분포함으로써, 교통상의 효율성을 극대화한 형태이다. 이 경우 고차중심지의 육각형내에는 1개의 차하중심지와 배후지가 포함되고 1/2로 분할된 차하중심지와 배후지가 6개가 된다.

$$K = 1 + (1/2 \times 6) = 4$$

따라서 교통원리에 따르면 고차중심지 간의 거리는 차하의 저차중심지 간의 거리의 2배이며, 고차중심지로부터 차수가 낮아질수록 중심지의 수는 1 : 4 : 16 …의 기하급수적으로 증가한다.

〈그림 4-4〉 지역 단위의 결정

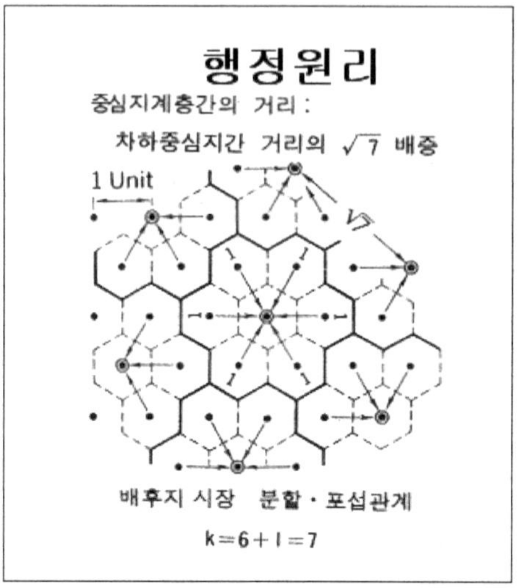

자료: 지리세계 http://geoworld.new21.org를 참조 발췌

③ 행정원리(administrative principle : K=7)

행정원리는 경제적 관점이 아닌 정치적인 관점에서 유도된 공간 배열로서, 행정의 통제상 개개의 중심지의 영향권이 세분될 수 없다는 전제하에서 고차중심지의 세력권내에 6개의 차하중심지가 모두 포섭되게 하는 원리이다.

$$K = 1 + (6) = 7$$

따라서 고차중심지간의 거리는 차하중심지 간의 거리의 √7배가 되며, 중심지의 차수가 낮아질수록 중심지의 수는 1 : 7 : 49 …의 형태로 증가한다.

한편, 이와 관련, 여러 학자들의 논의가 있는데 이를 살펴보면 다음과 같다. 먼저, 고쉬(Ghosh)는 각종 상품에 대해 일정량의 수요가 존재하고 소비자는 구매에 관련된 전체비용을 최소로 하는 구매출향 패턴을 선택한다고 가정하고 있다. 크리스탈러에 있어서는 소비자는 가장 가까운 시설에 출향하고 그곳에서 단일상품을 구입한다고 가정하고 있지만, 고쉬모델에[11] 있어서는 소비자는 다목

11) Ghosh A., and Craig C. S.(1982), "A game theoretic approach to retaillocation strategy," AMA Educators' Proceedings, 48, 212-215.

적구매 기회의 유리성을 갖기 때문에 반드시 최근거리의 시설을 이용한다고 한정하기 위해서는 개개의 소비자의 구매행동에 있어서의 공간적 시간적 측면의 고찰을 요구하고 있다. 고쉬는[12] 시간적 측면으로서 개별소비자의 재고유지 행동에 관심을 갖고 있다. 상품의 구매는 재고를 보충하기 위한 것으로서 이에는 재고의 유지, 저장을 위한 비용을 수반하기 때문에 재고량이 많지 않으면 비용도 비례적으로 증대한다. 한편, 소량 단위의 판매는 재고비용을 감소시키지만 반대로 출향을 위한 비용을 증대시킨다.

따라서 합리적인 소비자는 구매출향의 최적빈도를 결정하기 위한 유지비용과 구매출향의 비용은 각 소비자의 입지조건에 따라 각각 다르기 때문에 구매출향 빈도는 개개의 소비자의 거주 장소와 관계되는 것이다. 또한 다 품목을 고려하면 다양한 상품에 대한 구매출향 빈도는 다른 상품의 구입이 다목적 구입기회의 유리성과 결합시킬 수가 있는 한도를 결정할 수가 있다. 따라서 구매의 시간적 측면과 공간적 측면 양자를 모두 검사하게 되면 소비자의 공간적 행동의 통합적 모델을 가정할 수가 있는 것이다. 이 모델에 있어서는 이동비용, 상품의 가격, 재고유지 비용 등의 세 가지 비용을 고려하여 구매출향의 최적 공간적, 시간적 패턴을 모델화하고 있다.

마지막으로 베리(Berry)와 게리슨(Garrison)은 포괄적인 사례분석을 통하여 그리스탈리에 의해 제안된 중심지 체계의 구조적 규칙성을 실증적으로 검증하는 연구를 수행한 결과, 크리스탈러에서 가정하는 평면공간(isotropic space)의 부재에도 불구하고 그와 같은 규칙성은 실제로 존재함을 발견하였다. 그들은 재화의 도달범주(the range of a good)와 수요별(threshold) 개념으로 중심지 이론을 재편성함으로써 육각형 상권배열의 기본적 전제가 되는 구매력 균일성의 부재하에서도 계층구조가 전개될 수 있음을 보여 주었다. 그 결과로 이전까지의 중심지 이론은 그 연구영역이 도시간 관계(interurban relationship)의 계층구조만 다루었으나, 이들의 연구에 의해 개별도시 내에서의 계층구조(intraurban hierachy)를 설명하게 됨으로써 중심지이론의 연구영역을 확장시키게 되었다. 중심지이론을 이와 같이 상권형성체계(patterns of trade areas)에 관한 이론

12) Ghosh, A. & S.L. McLafferty(1987), Location Strategy for Retail and Service Firm, Lexington, MA:Lexington Books.

으로 보지 않고 상권계층구조(structures of trade areas)에 관한 이론으로 보는 것이 경험적 실증연구의 기본관점이다.

5. 단일점포 입지이론

단일점포의 최적입지 결정을 위한 이론적 경험적 기법이 개발되어 왔지만 그 중에서도 가장 간단하면서도 체계적인 방법인 체크리스트방법, 유추법, 미시분석기법 등이 있는데 이들에 대하여 차례로 살펴보기로 한다.

1) 체크리스트방법(check list method)

체크리스트방법(check list method)은 특정입지의 매출규모와 입지비용에 영향을 줄 여러 가지 요인을 파악하고, 이 요인을 중심으로 각 입지 대체 안(relative value)을 기준목록으로 평가하여 최적입지를 선정하는 방법이다. 이 방법은 입지가능 지역과 이로부터 최적입지를 선정하는 과정을 한 단계로 해석해 주는데 그 이점이 있으나, 최적입지를 선정할 때 대체가능 장소와 관련된 다른 요인들 간의 상호작용 효과를 고려하지 않고 있다. 평가기준이 되는 요인에는 사회경제적 인구 통계적 특성과 함께 경쟁상황, 소비자의 지출패턴 등이 이용되고 있으며, 학자에 따라 여러 가지의 표준화된 체크포인트가 제시되고 있다.

2) 유추법(analog method)

유추법(analog method)은 코헨(Cohen)과 애플바움(Applebaum)에 의해 최초로 개발된 방법으로 체크리스트 방법보다 정교한 기법이라 할 수 있다. 입지시키려는 소매기구와 점포의 형태, 매출성과, 업태, 기타 시장요인 등이 유사한 기존점포를 확인하고 이 유추점포가 각각 상이한 지역으로부터 흡수하는 인력(drawing power)을 조사(survey)를 통해 파악하고 이 인력을 이용하여 각 대체입지의 예상매출과 상권을 추정한다. 그리고 기대성과가 가장 높은 곳을 최적입지로 보는 방법이다.

3) 미시분석기법(microanalytic techniques)

미시분석기법(microanalytic techniques)은 앞의 두 방법보다 정교한 기법으로 넬슨(Nelson)이 말한 미시분석 과정을 살펴보면 다음과 같다.

① 각 세부 상권별로 소득수준, 가구 수, 경쟁패턴을 파악
② 경쟁이 예상되는 타 소매기구의 시설규모, 교통체계, 접근성 등을 고려

이를 통하여 신규점포가 그 입지에 개설되면 소비자의 지출패턴과 공간이동이 어떻게 변화할 것인가를 판단하는 순서로 분석이 이루어져야 한다고 넬슨은 주장했다.

도심입지의 경우 통근교통량, 경제인구 이동까지도 고려하여 상권잠재력을 파악할 수 있으므로 전통적 인력이론을 이용한 상권규모 추정보다도 정확한 결과를 얻을 수 있는 경우가 많다.

또 다른 미시분석기법으로는 멕카이(Mackay)의 시뮬레이션 기법이 있다. 멕카이는 그의 연구 이전의 입지선택 기법들이 모두 소비자의 단일목적 구매라는 위험한 가정하에서 전개되고 있다고 비판하고, 단일목적 구매의 경우에는 주위 소매기구의 존재형태에 영향을 받지 않을 것이므로 소비자의 선호나 쇼핑패턴에 대한 실질적인 가정에 근거하지 않고 기존입지 또는 최신 입지에서의 매출잠재력을 추정한다는 것은 불가하다고 보았다. 그래서 그는 소비자의 구매패턴은 다목적 구매라는 상황에서 판별분석(discriminant analysis)과 몬테칼로 시뮬레이션기법(Monte Carlo simulation techniques)을 이용한 단일입지 선정모델을 제시하였다.

연습문제

1. 입지의 중요성과 입지유형별 특징에 대해 설명하시오.

2. 상권과 상세권의 개념을 설명하시오.

3. 가상의 점포 출점지역을 선정하고 상권입지 분석을 하시오

Chapter 5

사업계획서 작성

5 사업계획서 작성

사업을 시작할 때 사업계획서를 작성한 창업자와 작성하지 않은 창업자가 있다. 이 두 부류가 창업을 할 경우 분명한 사실은 전자가 후자에 비하여 실패의 확률이 줄어들 것이다. 이는 사전에 현실성을 부여하는 작업이 이루어질 수 있기 때문이다. 대부분의 소자본 창업자들은 사업계획서 작성의 필요성을 간과하는 경우가 많다. 그러나 결론적으로 사업계획서는 반드시 필요하다. 아무리 유능한 사람이라도 창업을 준비하다보면 예기치 못한 일들이 발생하기 때문이다. 따라서 사업계획서에 의한 사업추진만이 문제를 해결하는데 일조를 할 것이다.

사업계획서(Business Plan)의 작성은 사업을 시작하기 전에 꼭 거쳐야만 된다. 미리 사업계획서를 작성해 봄으로써 자신의 사업을 조망할 수 있기 때문이다. 물론 현재 창업 이후 사업시행 중이라면 더더욱 필요하다. 이에 본장에서는 사업계획서 작성의 필요성과 중요사항, 그리고 작성요령을 자세히 설명하고자 한다.

제1절 사업계획서 작성

1. 작성의 필요성

먼저 사업계획서(Business Plan)는 왜 작성해야 하고, 어떻게 작성하는지 그리고 사업계획서가 왜 중요한지를 알아야 한다. 중소기업이나 대기업은 물론이거니와 소자본 창업이라 할지라도 사업을 하려면 제일 먼저 필요한 것이 사업계획서다. 사업계획서란 창업자가 기업을 설립하기 위하여 그리고 자신의 사업을 지속적으로 성장시키기 위한 구체화된 의지를 체계적으로 정리한 계획서이다. 그러나 이런 중요성에도 불구하고 기본사업계획서도 없이 사업을 시작하는 창업자들이 의외로 많으며 어렵게 창업한 기업이나 점포가 부실해지고 실패로 끝나는 것도 사업계획서 없이 주먹구구식 창업에 기인하는 바가 크다고 볼 수 있다.

창업을 준비하고 있는 사람뿐만 아니라 현재 사업을 하고 있는 경영자 중에 많은 사람들이 사업계획서를 요식 행위에 불과한 것으로 여긴다. 은행대출이나 벤처캐피탈(Venture Capital)의 투자가 필요할 때 어쩔 수 없이 제출해야 하는 서류라고 생각하고 요구하는 내용을 채우는데 급급해 하고 있다. 벤처캐피탈의 투자를 원하는 많은 창업자들이 엉성한 사업계획서로 인해 투자를 받지 못하는 경우가 대부분임에도 불구하고 자신의 사업이 벤처캐피탈의 무지와 별 의미도 없는 서류 때문에 인정받지 못한다고 생각한다.

이와 같이 단조로운 일과를 탈피하기 위해서 시도해보는 창업은 성공하기 어렵듯이 목적의식을 상실하고 작성하는 사업계획서(Business Plan)에는 아무런 내용을 담을 수 없다. 창업과 사업운영의 어려움은 직접 겪어 보지 않은 사람은 짐작할 수 없다. 창업은 망망대해에 나 혼자의 의지에 의해 배를 띄우고 항해하는 것과 같다. 따라서 목적지로 순항하기 위해서는 배뿐만 아니라 선장과 선원, 충분한 연료, 항해기술 등 출발하기 전에 고려해야 할 모든 요소에 대한 점검이 필요하다. 이러한 사전점검과 목적지에 도달하기 위한 계획의 총체가 바로 사업계획서이다.

창업하기 위해서는 충분한 사업동기와 열정 그리고 특별한 재능이 필요할 뿐만 아니라 지속적인 연구와 체계적인 계획이 필요하다. 바둑에서 초기 행마가 중요하듯이 사업 또한 창업단계에서의 올바른 출발이 향후 진로를 좌우한다. 좋은 사업계획서(Business Plan)는 사업과 관련된 모든 측면에 대해 타당성을 검증하고 장단점을 파악하여 발생 가능한 위험요소를 대비할 수 있게 한다. 사업계획서는 창업자가 미처 고려하지 못한 중요한 문제를 검토할 수 있도록 하여 사업수행 시 발생 가능한 실수를 사전에 제거하고 사업진행 상태를 수시로 점검하여 치열한 경쟁과 환경변화 속에서 성공적인 창업과 성장을 이루기 위해서 필수적이다.

2. 사업계획서 작성 목적

사업계획서(Business Plan)를 작성하는 목적은 크게 내부용으로 작성하는 경우와 외부용으로 작성하는 경우가 있다. 이를 자세히 설명하면 다음과 같다.

첫째는 내부용으로 사업 초기단계에 사업방향을 설정하고 조직이 사업목표를 달성할 수 있도록 이끌며 향후 수 년 동안 회사의 운영전략을 설정하고 수립한 목적을 향하여 모든 의사결정이 이루어지도록 기업을 이끌 수 있는 지침서가 된다. 이때 중요한 것은 창업자 자신의 확신을 위해서도 중요하지만 가족의 동의를 구하는데 필수적으로 사용해야 한다는 점이다.

〈표 5-1〉 제출처에 따른 중점 내용

제출처	목적	중점내용
창업자	내부관리용	자금조달 및 운영계획 등
은행	금융지원용	투자계획, 매출계획, 상환계획 등
보증기금	신용·기술보증용	기술개발계획, 매출계획 등
지방자치단체	인·허가용	사업기대효과, 환경계획 등
창업투자사	금융지원용	사업성분석, 이익계획 등
개인투자자	자금조달용	이익계획, 투자회수계획 등
동업자	사업참여용	지분계획 등

둘째는 외부용으로 회사의 성장에 필요한 자금을 외부에서 조달하기 위한 것

이다. 사업계획서는 외부 자금원에 대하여 회사 사업이 매력적임을 제시하여 필요자금을 유치하기 위한 필수적인 영업수단이다. 이때 사업계획서는 하나의 상품으로 간주된다. 은행이나 벤처캐피탈은 수많은 기업의 사업계획서를 검토하고 그 중에서도 가장 투자가치가 있을 것 같은 사업을 제시한 기업에 자금을 투입한다. 좋은 사업계획서는 짧은 시간 안에 외부기관이 사업성을 인정하여 사업자가 원하는 자금을 조달할 수 있도록 한다. 자금을 필요로 한다면 투자자가 투자를 하지 않으면 손해라는 생각이 들 수 있도록 매력적인 사업계획서를 작성해야 한다.

3. 사업계획서의 형태

사업계획서(Business Plan)의 형태는 크게 요약사업계획서, 본 사업계획서, 운영사업계획서 등 세 가지 형태로 나눌 수 있다.

먼저, 요약사업계획서는 짧은 형태의 사업계획서로서 사업에 가장 중요한 정보만 포함되며, 10-15쪽 분량이다. 이러한 요약사업계획서는 은행대출을 신청할 때, 개발 초기단계의 기업인 경우, 회사 인지도를 높이고자 할 때, 유능한 창업자·투자자의 관심 정도를 파악하고자 할 때, 소규모 투자 유치시 등에 유용하다.

〈표 5-2〉 사업계획서의 형태

구분	분량	용도
요약사업계획서	10-15쪽	짧은 형태로, 홍보나 사업설명회 등
본사업계획서	20-40쪽	자금조달 목적으로 활용
운영사업계획서	40-100쪽	기존기업의 운영을 위한 세부계획서

둘째, 본 사업계획서는 20-40쪽 분량으로 주로 자금조달을 목적으로 작성한다. 이 계획서에는 시장분석, 향후 5개년간의 비용 및 매출 예측, 연구개발 세부정보, 재무자료 및 예측시 가정 등이 포함된다. 일반적으로 사업계획서를 지칭할 때 본 사업계획서를 말한다. 본 사업계획서는 사업의 중요한 문제들을 충분히 설명, 상당한 규모의 투자를 유치할 때, 전략적 파트너를 찾을 때 등에 유효하다.

셋째, 운영사업계획서는 회사를 운영하기 위하여 내부적인 목적으로 작성하며, 분량은 40-100쪽에 이른다. 이는 상대적으로 역사가 길고, 제품수도 많고, 조직구조가 복잡한 기존기업에서 사용하는 사업계획서이지만 신생기업에게 오히려 더욱 필요하다. 운영사업계획서는 유통업체와 같이 성장속도가 빠른 기업, 주기적인 목표평가가 절대적으로 필요할 경우에도 유효하다.

4. 사업계획서 작성시 사전 검토사항

1) 사업규모 결정

먼저 사업을 위한 자금의 규모의 결정이 중요하다. 물론 사업규모는 창업자 자신이 충분히 감당할 수 있는 정도라야 한다. 즉, 자기자금을 2/3규모 이상으로 여유롭게 시작한다면 예상치 않은 자금수요 등에 대처할 수 있을 것이다. 사업장(또는 점포)은 자금규모와 맞물려 있기 때문에 자금결정과 동시에 어느 정도 규모로 할지를 결정되는 게 보통이다. 사업규모는 주변환경에 맞추어야 한다.

사업규모를 결정함에 있어서 중요한 사항으로는 먼저, 창업자의 자금조달 능력이다. 자금조달 규모가 결국은 사업규모를 결정하는 핵심요소이다. 현명한 창업자라면 여기서 한발 더 나아가 자기자금 조달능력이 2/3이상이 안 된다면 사업규모를 축소하여야 향후 발생하는 상황에 유연하게 대처할 수 있다. 차입금이 많으면 그만큼 리스크는 커진다.

둘째, 동종 업종의 사업규모와 동종 업계의 평균자본규모를 파악한다. 창업과 관련된 사업분야는 산업분류표상 크게 나누어 제조업, 광업, 건설·운수·창고·통신업, 도·소매업, 서비스업으로 분류된다. 이들 업종은 일반적으로 제조업이 가장 큰 규모를 요구하고 있기 때문에 소자본으로 창업하는 개인의 경우 거의 현실성이 없다. 반면에 도·소매업과 서비스업은 적은 규모로도 창업하기 용이한 업종이다. 어쨌든 간에 무엇보다도 중요한 것은 사업규모 결정에 있어 경쟁회사를 정확히 분석하여 결정하는 것이다.

셋째, 취급하고자 하는 상품과 서비스를 고려한다. 제조업이라도 많은 시설투자가 필요한 설비산업인 경우와 좁은 공간에 기계 몇 대만 설치하고서도 영위할 수 있는 사업도 있다. 유통업의 경우 취급하는 상품이나 서비스에 따라 창업비용의 규모가 달라진다.

2) 창업멤버와 조직구성

기업을 운영하는 주체는 사람이다. 따라서, 사람의 구성에 의해 기업의 성과는 크게 달라진다. 창업멤버와 회사조직은 간편하게 구성하는 것이 유리하다. 조직구성시 작은 조직이 비용부담이 적고 의사결정 등 추진력이 높다. 또한, 업종에 맞는 조직을 구성하여야 한다. 창업회사의 조직은 일반적인 회사조직을 중심으로 편성하되 해당 업종에 맞는 특색 있는 구성이 필요하다.

또한, 동업할 경우에는 상호간에 동업의 조건을 분명히 하여야 한다. 가급적이면 동업을 피하는 것이 좋고 동업이 꼭 필요한 경우에는 상호조건을 정확히 제시하여 합의가 된 후에 창업 준비에 착수해야 한다. 특히 이러한 합의는 계약서로 작성하는 것이 가장 안전하다. 우리나라의 경우 창업을 할 경우 구두로 합의하고 계약서를 작성하지 않는 경우가 많아서 동업관계가 끝까지 유지되는 경우가 많지 않다는 점에 유의해야 한다. 기업은 영리를 추구하는 사람의 집합체이므로 상호조건을 분명히 하지 않으면 문제가 발생하게 되어 있다. 사업계획서(Business Plan) 작성 시에도 이러한 사항을 명확히 명기하여야 한다.

3) 기업형태의 결정

회사형태를 개인기업으로 할 것이냐, 법인기업으로 할 것이냐의 선택은 생각보다 어려운 일이 아니다. 개인 기업으로 출발하더라도 현실적으로 외형이 커지면 소득세 부담 때문에 법인으로 전환하는 경우가 많다. 벤처기업으로 창업하고자 한다면 주식회사 형태로 하는 것이 유리하다. 세금, 자금조달, 향후 영속성 등에서 유리하기 때문이다.

그러나 창업은 본인이 하는 것이다. 따라서 상기의 장단점을 면밀히 파악해서 결정해야 한다. 특히, 규모가 작다면 굳이 주식회사를 선호할 필요는 없고 개인사업자로 시작하는 것도 좋다.

5. 투자자를 위한 사업계획서 작성시 중요 체크사항

사업계획서(Business Plan)의 공식화된 형식은 없으나 대체로 회사의 현황이나 향후 계획에 대한 일반적인 사항을 두루 포함하고 있다. 일반투자자나 벤처캐피탈 등에 투자를 유치하기 위해서 사업계획서(Business Plan)를 작성할 때는 기업을 경영하는 내부자의 입장에서가 아니라 기업에 투자결정을 내리는 투자자의 입장에서 사업계획서를 작성해야 한다. 아무리 방대한 분량의 사업계획서도 투자자의 궁금증을 풀어주지 못한다면 의미가 없는 것이다.

사업계획서는 투자자에게 처음 선보이는 회사의 얼굴이다. 투자자는 원색으로 꾸며진 멋진 계획서를 원하는 것이 아니라 투자의사결정을 내릴 수 있는 핵심적인 내용이 담긴 사업계획서를 원한다. 멋지게 꾸밀 필요도 없고 장황하게 늘어놓을 필요도 없다. 투자판단의 근거를 확실하게 제공하도록 노력하는 것이 무엇보다도 중요하다.

업종이나 회사의 연혁 등에 따라 사업계획서의 각 요소별 비중은 다소 달라지겠지만 일반적으로 벤처캐피탈 등 투자자들이 중요시하는 투자결정의 요소를 살펴보면 다음과 같다. 이는 유통분야도 포함되는 내용이지만, 유통업보다는 일반적인 벤처기업에 준하여 설명한다.

1) 우수한 경영진의 존재

우수한 경영진은 사업의 핵심요소이다. 주요 기술자를 포함한 기업의 경영진은 기업의 현실을 나타낼 뿐만 아니라 미래를 예측하게 하는 거울이다. 많은 투자자(특히 벤처캐피탈 등)들이 경영진의 자질이나 도덕성에 우선순위를 두고 투자를 결정한다. 경쟁력 있는 제품이나 시장에서의 대응능력은 경영진의 몫이다. 따라서 사업계획서에 주요 경영진의 자세한 경력사항과 사업과 관련된 장점을 기술해야 한다. 또한 면담시 협력 사업을 추진하기 위해 필요한 기본적인 성실성과 정직성을 소유하고 있음을 보여주어야 한다.

2) 경쟁력 있는 제품 및 서비스

창업하고자 하는 아이템이 단순한 아이디어나 용기만 있으면 누구나 만들 수 있는 것이라면 굳이 벤처캐피탈 등 투자자를 찾을 필요가 없다. 벤처캐피탈 등 투자자들은 남들보다 열심히 일해야 성공할 수 있는 사업에는 투자하지 않는다. 자사의 제품이 경쟁제품이나 대체제품에 비해 어떠한 우위를 가지고 있으며 경쟁력을 지속적으로 유지시킬 수 있는 방법은 무엇인지를 설명할 수 있어야 한다. 벤처캐피탈 등 투자자는 단일 제품에 대해 관심을 가지는 것이 아니라 제품에 내재한 핵심적인 요소기술에 관심을 가진다. 요소기술의 확보는 향후 관련성이 있는 제품군을 형성하는 데 필수적이다.

3) 매력적인 시장

가장 이상적인 시장은 급격하게 성장할 뿐만 아니라 충분한 잠재력이 내포되어 있어야 한다. 직접적인 경쟁이 존재하고 있다면, 시장의 규모는 최소한 2~3개의 주요기업이 성공적으로 운영될 수 있을 정도로 커야 한다. 시장진입과 장악을 위한 유통채널의 확보와 시장환경 변화에 영향을 줄 수 있는 정부정책의 변화 등 외부환경에 대한 충분한 설명이 있어야한다. 또한 시장에 대한 주관적이고 애매한 수치가 아닌 외부기관의 객관적인 자료를 제공해야 한다. 기술중심의 벤처기업의 경우 시장이 형성되어 있다는 것을 보여 줄 수 없다면 투자 받기 힘들다. 현재 시장이 형성되어 있지 않다는 것은 투자자가 시장에 대한 제품의 위험 정도를 추정할 수밖에 없도록 만든다. 따라서 이런 경우에는 투자자에게 제품이 시장을 형성할 수 있는 충분한 이유를 설명하는데 많은 노력을 기울여야 한다. 시장규모, 시장세분화 및 시장내의 경쟁력 분석 등은 투자자가 사업계획서를 분석할 때 반드시 포함되는 요소이므로 관련 자료를 제공할 수 있어야 한다.

4) 합리적인 재무계획 수립

기업이 시장규모가 아무리 크고 시장점유율이 높더라도 그에 상응하는 수익성을 확보하지 못하면 아무런 의미가 없다. 특히, 벤처기업인 경우는 재무구조상 높은 위험성을 내포하고 있으므로 수익성과 함께 건전한 현금흐름을 창출할 수 있어야 한다. 목표시장에 접근하기 위해서 필요한 자금의 소요와 조달방법에 대한 철저한 계획이 없을 경우 매출의 신장이 오히려 회사를 위험에 빠트릴 수 있다. 향후 현금흐름에 대한 합리적인 계획을 세울 내부능력이 없다면 외부전문가의 도움을 받는 것이 좋다. 벤처캐피탈은 눈앞의 자금소요만을 보고 운영하려고 하는 회사에는 투자하지 않는다.

제2절 사업계획서 작성요령

사업계획서(Business Plan)를 작성하는 것은 업종이나 개인의 특성에 따라서 작성방법이 달라질 수 있다. 그러나 여기에서는 보편적으로 작성하는 요령을 설명하고자 한다.

1. 사업계획서 작성 항목 및 내용

사업계획의 내용과 용도에 따라 작성이 다르나 금융기관 제출용이나 허가를 위한 관공서 제출용이 아닌 소점포 성공창업을 위한 용도라면 형식이나 절차에 구애받을 필요는 없으며 작성하기 편리한대로 아래의 항목을 참조하여 작성하면 될 것이다.

〈표 5-3〉 사업계획서 작성 시 필요한 주요 항목

창업요소	항 목	주요 내용
창업자	사업개요	• 설립일, 자본금, 상품의 용도 및 특성, 목적, 필요성 등
	창업자	• 지식, 이미지, 화술, 경력, 성격, 건강, 취미, 재산상태 등
아이템	업종 조사	• 환경, 자금규모, 상품성, 사업성, 성장성, 입지성 등
	상품성 조사	• 상품의 특징, 구매, 가격, 품질 및 기술수준, 재고, 물량률, 판매방식 및 경로, 경쟁상품 종류, 대금회수 등
입지	시장성 조사	• 정보입수, 기존업체 탐방, 사업예정지 물색, 투자규모 예측, 시장성 분석, 점포조사표 등
	입지선정과 상권분석	• 입지탐색, 일반적 위치선정, 상권분석, 경쟁점포 설정, 상권분석 및 평가
자금	점포 건설 계획	• 점포면적, 상품구성, 외부장식, 내부장식, 소요인력, 레이아웃 등
	판매 및 운영계획	• 판매가격, 재고계획, 상품매입, 광고선전 판촉계획, 매출계획, 점포컨셉, 종업원 교육, 서비스 등

	비용 계획	• 점포투자비용, 개업투자 비용, 매출원가, 판매비, 일반관리비, 기타비용, 소요자금 및 비용 등
	이익 계획	• 마진율 설정과 목표매출 및 매출증대계획 등
	자본조달 계획	• 총 소요자금의 내역과 자기자본, 차입금 상환계획 등
	사업성 분석	• 추정손익계산서, 현금흐름표, 자금상환계획, 추정대차대조표, 손익분기점, 종합분석 등
	일정 계획	• 전반적인 일정 점포건설, 인허가 사항, 자금투입, 상품구매 일정 등
	위험분석 및 대책	• 사업적 위험요소와 환경적 위험요소 등

2. 사업계획서 구성

사업계획서의 일반적 구성 내용을 살펴보면 다음과 같다.

1) 요약 및 순서

요약은 사업계획서의 가장 중요한 부분이다. 벤처 자본가를 포함한 이해 당사자는 이 요약을 보고 다음을 읽을 것인지 아닌지를 판단한다. 벤처 자본가나 자문에 응하는 사람은 대부분 주어진 모든 서류를 읽을 시간이나 의지가 충분하지 않다. 이 요약부분에서 그들을 끌어당길 포인트를 발견하지 못하면 다음 서류로 손이 간다. 요약에서는 사업의 간략한 스케치가 있어야 하고 계획서의 핵심이 강조되어야 한다. 그리고 목차의 큰 제목에 해당하는 부분을 압축 제시해 주어야 한다. 왜 이 제품은 다른 것과 다르고 성공할 것인지 보여주어야 한다. 요약부분에서 구체적으로 설명할 필요는 없다. 사업계획서를 읽는 사람이 요약에 흥미를 느낀다면 구체적으로 설명된 뒷부분을 읽을 것이기 때문이다. 목차는 한 장 한 장 자세히 살피기보다는 관심 있는 부분을 건너뛰며 읽을 사업계획서의 독자에게 편리를 제공하기 위함이다. 대부분의 투자 예상자들은 창업팀에 관한 부분을 먼저 본다. 창업하는 사람들이 어떤 사람이고 사업하려는 아이템과 관련 어떤 일을 해 왔으며 어떤 자격을 갖추었는지 보고 싶어 하기 때문이다. 그리고 기술에 관한 부분, 시장성, 마케팅 전략, 투자자금의 회수가능성을 중점적으로 본다.

2) 회사의 소개와 조직

회사에 관한 일반적인 사항을 소개하는 부분으로써 다음과 같은 내용이 포함된다.

① 회사개요 (기업명 및 형태, 설립 예정지역, 주요 생산품 등)
② 회사 연혁 (창업 동기 및 사업의 기대효과)
③ 조직 기구도
④ 주주현황
⑤ 경영진 및 기술진
⑥ 금융거래 현황
⑦ 조업현황
⑧ 관련기업현황
⑨ 기타

기타 항목에는 구체적으로 차입금 및 담보 (거래은행, 대출 금리, 담보내용 담보자격 등), 재무상대 (B/S, I/S, F/S 등), 기술보유 현황 (기술 개빌실적, 기술인력, 국내외 기술수준, 기술제휴 현황 등)이 포함된다.

회사의 소개와 조직 항목에서 투자자 및 사업계획서의 독자들은 경영자의 인성 즉 통찰력, 예측능력, 사업 교섭력, 위기 대응력, 조직관리능력 등을 파악하며, 경영자, 경영진의 능력 및 재력에 주목한다. 또한 여기에는 창업자 또는 투자자들의 주식 배분, 지분의 변화과정, 주식의 종류 (보통주, 우선주) 등을 명시하고, 사업 실행 이후의 회사 발전 전망을 소개하면서 지금 추가자본이 필요한 이유를 명시하여 설득하여야 한다.

3) 산업분석

창업팀이 아무리 유능하고 좋은 경험을 가지고 있다고 하더라도 생산하는 제품이나 서비스의 시장 전망이 좋지 않으면 좋은 성과를 얻기 어렵다. 특히 벤처기업을 창업하는 사람이 엔지니어 출신인 경우가 많은데 그러한 창업자들이 시장분석을 어떻게 하고 있느냐 하는 부분은 투자자의 주요 관심대상이다. 사실상 시장분석은 사업계획서에서 창업팀에게 가장 새로운 도전을 요구하는 부분이다. 시장분석을 함에 있어서는 외부에 자문을 구하든, 신문, 잡지, 서적, 인터넷 등을 활용해 구한 자료로 분석을 하든 숫자로 된 구체적 자료를 수집하고 분석해야 한다.

① 도전하고자 하는 사업의 분석

뛰어들고자 하는 산업을 소개하는 부분으로 이런 소개는 주로 다음과 같은 질문에 답하는 형식으로 이루어질 수 있다.

어떤 산업인가? 현재 이 산업의 시장 규모는 얼마인가? 5년 후, 10년 후에는 규모가 얼마나 될까? 이 산업의 가장 중요한 특성은 어떤 것인가? 누가 현재 이 산업에서 가장 중요한 소비자인가? 새로 생산될 제품이나 서비스가 적용되거나 이용될 주요 분야는 어떤 것이 있는가? 산업의 변화추세는 어떤가? 사업에 영향을 줄 산업의 내적 외적인 변화는 어떤 것이 일어나고 있는가?

예를 들어 일반적 항목을 제시하자면, 수요실적 및 현황, 공급실적 및 현황, 제품의 용도와 성격, 시장규모 등을 수치로 제시할 수 있을 것이다.

② 목표시장

일반적으로 사업을 시작할 때는 넓은 소비자 계층을 대상으로 하지 않고 특수하면서도 확실한 소비자들을 대상으로 하는 것이 유리하다. 이를 특정한 Niche Market이라 한다.

새로운 회사가 뚫고 들어가야 할 시장은 어떤 것인가? 즉, 어떤 소비자 그룹을 대상으로 제품을 만들고 마케팅 전략을 세워야 하는가? 이러한 내용은 다음과 같은 질문에 답하는 가운데 정리될 수 있다.

누가 이 제품(서비스)을 살 것인가? 소비자는 왜 다른 것을 사지 않고 이 제품을 살 것인가? 경쟁자들은 어떻게 할 것인가?

즉, 목표시장 항목에서는 계획제품의 시장침투 가능성 및 수요전망을 제시해야 한다.

③ 소비자 분석

사업의 성패는 결국 소비자들의 반응에 달려 있기 때문에 투자자를 포함한 모든 사람들은 소비자들의 반응에 관심이 있을 수밖에 없다. 수요 계층, 소득, 나이 등 소비자에 대한 일반적 분석은 물론 수요예측과 그러한 수요예측의 근거를 제품별로 구체적으로 제시하여 신뢰를 주어야 한다.

④ 경쟁자 분석

경쟁 역시 사업의 성패에 결정적 영향을 미치는 요소이다. 어떤 산업은 경쟁이 이미 치열하거나 경쟁자가 너무 강력해 승산이 없는 분야일 수도 있다. 기본적으로 동업계 현황 및 경쟁제품을 자사와 비교 장 · 단점을 분석해야하고, 진출하고자하는 업계의 경쟁강도를 분석해야 한다. 그리고 다음과 같은 질문에 대한 대답을 생각해 보아야 한다.

창업 후 제품이 히트할 경우 대기업이 뛰어들 가능성은 얼마나 있는가? 기존 경쟁자들 사이에 끼어들기 위해 또는 새로운 경쟁자가 나타났을 때, 경쟁자보다 우위에 서기 위해 가지고 있는 '색다른 무엇'을 가지고 있는가? 등 이다.

시장은 항상 동적인 특성을 가지고 있다. 수많은 경쟁자와 소비자들이 어떻게 움직일지 정확히 예측한다는 것은 사실상 불가능하다. 그러므로 항상 시장 동향과 신기술 동향으로부터 눈을 떼지 않도록 주의해야 한다.

4) 마케팅 계획

마케팅의 4P (Product, Price, Promote, Place)측면에 따른 전략을 제시한다.

① Product ; 제품정책

② Price ; 가격정책

③ Promote ; 촉진정책

④ Place ; 유통정책

마케팅 전략은 사업화하려는 제품이나 서비스가 어떠한 것인가에 따라 달라지므로 여기서 구체적으로 논하기 어려우나 위의 4P의 측면을 모두 고려하여 효과적인 마케팅 전략을 수립 구사하여야 사업의 성공을 이룰 수 있으며 그러한 전략에 대한 설명이 제시되어야한다.

5) 기술 및 연구개발

이 부분에서는 창업 대상 기술의 내용 및 특성(기술의 우위성)을 제시한다. 기술의 핵심내용을 그 분야에 대해 잘 모르는 사람이 읽더라도 이해할 수 있도록 쉽게 설명하고 아이템 선정과정 및 기술현황, 사업화 가능성 및 전망 그리고 향후 R&D 투자계획을 개발목표, 개발인력 구성, 개발소요자금, 개발 일정 등으로 설명한다. 투자자 및 사업계획서의 독자는 이 부분에서 창업자의 제품개발 가능성 및 기술능력 (기술 인력 현황, 핵심 기술내역, 기술 도입 및 협력 가능성)과 제품의 특성 및 경쟁력 (유사품 대비 기술적 우위성, 가격 경쟁력, 대체기술 출현 가능성, 기술 특허현황, 기술도입 가능성, 기술변화 등)을 파악하기를 원한다.

6) 생산과 시설계획

아이템이 제품의 실제생산이 필요한 것인 경우 〈표 5-4〉 같은 형태의 생산계획안이 제시되어야 한다.

〈표 5-4〉 생산과 시설계획안

1. 총괄
2. 년차별 가동 계획
3. 제품별 생산 공정도 및 공정 설명
4. 원·부자재 소요 및 조달계획
   가. 소요량 계획
   나. 주요 원재료 수급 계획 (현황)
5. 생산 및 시설투자 계획
   가. 생산에 필요한 시설 및 설비
   나. 투자계획

이러한 생산과 시설계획은 다음과 같은 요소로 평가된다.

① 생산능력 : 기술 및 생산인력 보유, 시설 확보정도 및 능력, 원부자재 조달 능력, 생산기술 확립, 설계 개발능력, 유지보수 계획 등
② 원가추정 : 원단위 산출, 원가의 유동상태 등
③ 공장건설 : 설비 구입 및 LAYOUT, 공사일정, 설비계약관련 사항
④ 생산형태 : 양산 가능성, 생산규모 등

7) 경영과 소유, 인력계획

여기에서는 창업팀의 구성원을 소개한다. 벤처자본가의 세계에서는 사람에게 투자한다는 것이 정설로 되어 있다. 아무리 사업 아이템이 좋고 시장전망이 좋아도 그 사업을 시작하고 굴러가게 하는 것은 결국 사람이기 때문이다. 그리고 핵심적인 사람이 있는 것도 중요하지만 무엇보다도 창업팀이 좋아야 한다. 당연히 팀은 완벽할수록 좋다. 기술개발자, 재무관리자, 영업담당자, 생산현장에서 감독할 사람 등, 그리고 그런 각 분야에 대해 어떤 경험과 지식을 쌓아왔는지 밝히는 것이 좋다.

대부분의 벤처창업이 그런 것처럼 이런 각 분야의 모든 사람을 확보하고 출발하지 못했다면, 언제 어떤 자격을 가진 사람을 확보할 예정인가에 대해 언급한다. 그리고 누가 가장 중요한 경영자인가? 그들을 어떻게 회사에 붙잡아 둘 것인가? 보수는 어떻게 할 것인가? 그 동안 투자한 사람은 누구이고 얼마씩 몇 차례(라운드) 투자했는가? 그들의 지분은 얼마인가? 발행된 주식은 어떤 종류이며 어떻게 평가되고 있는가? 누가 이사회에서 대표이사가 될 것인가? 이사회의 구성은 어떻게 할 것인가? 등의 질문에 대한 대답이 포함되어야 한다.

그리고 경영진이나 투자자를 제외한 우수인력에 대한 계획도 언급하는 것이 바람직하다. 어떻게 중요한 인력을 찾을 것인가? 어떤 방법으로 그들을 채용하고 붙잡아 둘 것인가? 보상은 어떻게 하는가? 회사의 조직구조 내에서 어떻게 직능을 분리할 것인가? 등이 있다.

8) 자본 및 재무계획, 자본금 회수방안

이 부분에서는 창업자가 필요로 하는 자본에 대해서도 언급한다. 필요한 액수와 시기에 대해서 설명한다. 현재 얼마가 필요한가? 향후 5년간 어느 시점에 얼마가 필요한가? 만약 필요 자본금보다 적은 돈이 투자되면 어떻게 할 것인가? 현재 회사의 가치는 얼마로 평가하고 있으며, 이에 따라서 신규 투자가에게는 주식당 가격을 얼마로 책정할 것인가? 여기서는 회사의 가치를 평가한 방법을 투자자들이 이해할 수 있도록 설명할 필요가 있다. 따라서 매출액, 보유기술의 중요성, 인력의 우수성, 성장 가능성 등을 잘 보여주어야 한다. 신규투자가 이루어지면 기존 투자자의 지분에 어떤 변화가 일어나는가? 물론 이때 기존 투자자의 지분과 주식보유량은 물론이고 간단한 인적사항도 필요하다. 그리고 여기서는 기존의 회사라면 지난 5년간 재무제표, 새로 시작하는 회사라면 향후 3~5년 동안 예상되는 재무제표(추정 대차대조표, 추정 손익계산서 등) 및 예상되는 현금흐름도를 제시해야 한다. 현금흐름도는 매우 중요한 자료다. 서류상의 흑자회사가 부도나는 경우는 현금관리를 못했기 때문이다. 향후 수입에 대한 전망도 필요하다.

또한 조달된 자금을 어떻게 사용할 것인지에 대한 소요자금 명세 및 용도와 차입금 상환계획을 제시해야 한다. 투자자들이 자금을 회수하는 방안은 크게 세 가지로 나눌 수 있는데, 첫째, 주식시장에 상장이다. 둘째, 상장전 주식을 파는 방안으로 회사를 다른 사람에게 파는 방법도 이에 포함된다. 셋째, 기존의 상장회사에 합병시키는 방법이다. 이 중 어떤 방법을 통해 어느 시점에 투자자가 돈을 회수할 수 있도록 해주겠다는 방안이 제시되어야 한다.

3. 사업계획서의 기술 요령

사업계획서(Business Plan)는 누구에게 보여주느냐에 따라 다르지만 보는 사람이 원하는 관점에 맞춰서 제안하는 사업의 내용을 명확히 알리는데 주력해야 한다. 그러기 위해서는 상품 및 서비스의 내용뿐만 아니라 도표, 그림 또는 사진으로 표현할 수 있어야 한다. 또한 제안하는 마케팅기법을 요약하는 것도 중요한데, 목표로 하는 시장(세분화된 하부시장)의 내용, 세분된 시장에 접근하기 위한 유통 경로(도매상, 소매상, 우편주문, 전자상거래 등)의 설명 등이 명확하게 될 수 있도록 해야 한다.

사업목표의 기술 측면에서 볼 때, 제품 또는 서비스가 갖고 있는 장점을 부각시키고, 기존의 제품 또는 서비스의 개선점을 진술한다. 또 제안된 사업의 장기 및 단기목표를 정리하고, 소비자가 보기 원하는 사업이미지의 특성들을 알기 쉽게 제시할 필요가 있다.

제안하는 사업의 배경에 대해서는 진입하려는 사업의 기존의 상태에 관한 요약된 진술이 필요하다. 즉, 현재의 상품 및 서비스가 적정하게 사용되고 있는가, 아니면 현재의 상품 및 서비스가 부적절하게 사용되고 있는가 등이다. 또한, 진입하려는 사업의 공간적인 상태에 관한 상세한 진술이 필요하다. 덧붙여서, 사업 및 산업분야에서의 기대예상과 추세에 관한 진술을 하고, 당면할 경쟁업체나 점포에 대한 기술이 필요하다.

상품 및 서비스의 기술적인 내용은 정확한 기술이 필요하다. 특히, 시도한 실험 및 실험 자료와 결과물의 요약, 시도한 실험 및 실험의 목적에 관한 요약, 차후에 등장하게 될 상품 또는 서비스에 관한 간략한 기술도 필요하다.

마케팅전략 측면에서는 달성하려는 세분화된 시장에 관한 설명과 세분화된 시장에 접근하고자 계획한 유통경로에 관한 설명이 중요하며, 진입, 침투하려는 시장의 경쟁관계와 연관하여 상세한 기술이 필요하다.

판매전술 측면에서는 상품 또는 서비스를 판촉하기 위하여 기대되어지는 판매기법을 기술한다(직접방문, 전화, 광고, 우편, 라디오, TV, 인터넷 등으로). 또한 샘플자료 및 광고물, 홍보 기타 판매촉진 자료들을 포함시킨다. 특히, 판매목표를 달성하기 위하여 능력을 지원하기 위한 자료를 제시하며, 개인적으로 알려진 주요한 판매 채널들과 잠재적인 고객들을 기술한다. 마지막으로 판매예측에 허용되어지는 판매이익을 설명한다.

공정계획 측면에서는 필요한 사업기능과 관계를 설명하는 조직도를 소개한다. 또 채용된 사람들의 주요 직위와 역할을 소개한다. 특히, 주요 경영진의 이력서를 소개한다. 더붙어 요구되는 장비, 시설물, 공간, 입지를 소개하고, 필요로 하는 연구 및 개발시설을 설명한다.

부속자료를 보면 제조업으로 생산될 일련의 제품을 도표화하거나 또는 제공될 서비스를 상세히 설명한다. 또 기기(도구)의 추정비용과 생산이나 판매에 필요한 기기들의 세목을 소개하고, 필요로 하는 자본적인 장비들과 비용을 구분하여 소개한다. 특히, 제안되는 공장의 배치도와 제조공정흐름을 나타낸 차트와 관련된 비용명세서를 소개한다.

이외에 포장 및 운송 분석과 생산라인 또는 서비스를 위한 가격일정표를 소개한다. 상세한 시장조사 자료와 재무제표 자료도 첨부한다. 이때 처음 2년간은 매달, 3년째에는 분기별로 표시된 예상 재무제표와 대차대조표를 소개하고, 2년간의 월별로 표시된 손익계산서를 첨부한다. 또 2년간의 월별로 표시된 현금흐름분석표를 첨부하고, 2년 간 및 3년째의 손익분기차트를 첨부하고, 구매 기대하는 항목들과 비용을 월별로 표시한 고정자산 획득 일정표를 첨부한다.

결론적으로 필요로 하는 총자본과 사용될 안정적인 요인이 무엇인가를 설명한다. 얼마의 이윤이 기대되며, 언제 성취될 것인지에 대하여 기술한다. 또 자신 및 파트너(동업자)가 바라는 소유비율을 기술한다. 또한, 필요로 하는 총 자본액의 크기와 조달방법에 대하여 소개한다. 더불어 창업시 투자에 소요되는 자금 중에서 차지하는 주주들의 지분율을 기술하고, 타인으로부터 필요로 하는 자금의 크기와 필요한 시기에 대하여 기술한다. 추가적인 자본을 조달함에 따라 투자가 또는 자금 대여자에게 지불하여야 할 비중을 사업에서 차지하는 크기로 기술한다.

마지막으로 사업을 창업하는데 따른 계획된 일정표를 작성한다. 사업계획서를 작성할 때 위와 같은 사항들과 함께 계수의 정확성 및 타당성이 있는지, 기대이상의 수익률을 거둘 수 있겠는지, 시장 지향적인지, 자금회수는 용이한지, 등을 살펴보고 유의해야 한다.

이상의 내용을 상세하게 작성하는데 있어서 과장되지 않고 신뢰성이 있는 자료가 되도록 해야 한다. 또한, 화려하기보다는 내실 있는 자료만이 투자자에게 설득력을 갖게 된다. 특히, 투자자가 누구냐에 따라 특성에 맞게 접근하여 투자자가 알고 싶어 하는 정보를 중점적으로 보여줄 수 있어야 우수한 사업계획서가 된다.

4. 사업계획서 작성시 주의사항

1) 사업계획 작성시 유의 사항

① 계획서는 살아있어야 한다. 사업계획서는 한번 만들면 그만인 것이 아니라 (설령 그것이 엄청난 노력을 통해 탄생된 것이라 할지라도) 상황에 따라서 새로운 요소가 발견되면 그때그때 고쳐서 써야 한다. 그리고 계획 사업에 잠재되어 있는 문제점에 대해 항상 열린 마음을 가지고 점검, 수정하여야 한다.

② 사업계획서는 충분하고 정확한 정보와 자신감을 가질 수 있는 확신을 바탕으로 작성되어야 한다. 창업자 자신이 가지고 있는 목표 아이템을 제 3

자에게 설득력 있게 납득시키는 것이 사업계획서의 제 1의 목표이다.

③ 객관성이 결여되어서는 안된다. 자신감이 너무 지나쳐 자만심이 되거나 자신의 의견에 몰입되어 갇혀버린다면 사업계획서의 신뢰성에 큰 타격을 미칠 수 있다. 사업계획서는 정확한 자료에 의거한 객관적인 것이어야 한다.

④ 핵심내용을 강조, 부각시켜야 하며 전문용어의 사용을 피하고 보편적으로 설득력 있게 작성되어야 한다. 남들과는 다른 자신의 아이템의 핵심을 중점 부각시키고 그것이 기술적 내용일 경우라도 투자자 및 관련 당사자가 알기 쉽게 작성되어야 한다.

⑤ 자금조달 운용계획은 정확하고 실현가능성이 있어야 한다. 사업계획서 작성시 가정을 배제해야 한다. '이렇게 되면 자금조달은 순조로울 것이다.'무엇이 어떻게 된다면 판매에는 아무 문제가 없을 것이다'라는 식의 가정을 바탕으로 작성되어서는 안된다. 특히 자금 조달 및 운용 부분에 있어서는 더욱 그 원칙이 중요하다.

2) 사업계획서 작성할 때 주의사항

① 창업의 목적이 개인적인 이익을 추구하는 것이 아니고 공공의 이익을 위한 것이어야 한다.

② 사업 내용이 차별화 되도록 노력한다. 특징이 없으면 성공할 수 없다.

③ 틈새시장을 집중적으로 공략할 전략을 제시한다.

④ 구체적인 숫자의 예측으로부터 사업이 성공할 것이라는 객관적인 자료를 보인다.

⑤ 제품의 가격, 이윤, 판매량, 시장점유율 등을 예측할 때는 지나치게 낙관적인 자세로 임하지 않는다.

⑥ 유능한 사람들이 모여 균형 잡힌 경영진이 되도록 인력을 구성한다.

⑦ 회사의 소요자본이나 운영비를 너무 적게 예측하지 않는다.

⑧ 예상되는 경쟁관계를 과소평가하지 않는다.

⑨ 일회용 히트 기술로는 회사가 지속될 수 없다. 지속적인 기술진보와 제품향상이 이루어질 수 있는 것이어야 한다.

⑩ 투자자를 찾을 때는 어떤 형태(경영에 관여할 사람 또는 단순히 투자에만 관

심이 있는 전문투자자)의 투자를 원하는지 명확히 정의하여야 한다.

제3절 표준 사업계획서 작성 예시

1. 기업체 현황

◆ 회사 개요

<table>
<tr><td colspan="2">업체명</td><td rowspan="2">법인－법인등기부상의 정확한 업체명, 대표자 명칭을 기재 (한자병기)

개인－사업자등록증상의 업체명, 대표자 명칭을 기재 (한자병기)</td><td rowspan="2">업 종</td><td rowspan="2">표준산업 분류표상의 세세분류 (5단위)기재</td><td>조직형태</td><td>법인 또는 개인으로 기재 (법인인 경우 주식, 유한, 합자, 합명회사를 기재)</td></tr>
<tr><td colspan="2">대표자</td><td>상시 종업원수</td><td>최근월분(2개월이내) 근로소득 소득세액징수 명세서상의 종업원수기재(일용근로자 등은 별도표시)</td></tr>
<tr><td colspan="2">설립(예정)일</td><td>법인－법인등기부상의 설립등기일을 기재
개인－사업자등록증상의 개업일기재</td><td>주제품</td><td>생산 또는 판매 제품을 구체적으로 기재</td><td>결산일</td><td>정관(법인)또는 사업자등록증 (개인)상의 결산일을 기재</td></tr>
<tr><td rowspan="3">주소</td><td>본사</td><td colspan="3">법인－법인등기부상의 본점주소
개인－사업자등록증상의 주소기재</td><td>자본금</td><td>납입자본금을 기재. ( )내에 자기자본을 병기</td></tr>
<tr><td>현 사업장</td><td colspan="3">사업장소재지 부동산 등기부 상의 주소를 기재</td><td>자산총액 (부채총액)</td><td></td></tr>
<tr><td>계획 사업장</td><td colspan="3">사업장이전 및 신축계획이 있는 경우 동 예정지 토지 등기부등본상의 주소기재</td><td>연간 매출액 (당기 순이익)</td><td></td></tr>
<tr><td colspan="2">사업장현황</td><td>*용도 지역 구분</td><td>소유 형태</td><td>자가, 임차</td><td>규모(대지, 건물, 기계)</td><td>대지, 건물은 평 또는 ㎡. 기계는 중심기계를 기준으로 수량(대)기재</td></tr>
<tr><td colspan="2">사업자 등록번호</td><td>법인, 개인 모두 사업자등록증상 등록번호 기재</td><td>협회,단체 가입상황</td><td colspan="3">해당업종의 협회, 연합회, 조합, 기타단체 가입일자 및 내용을 기재</td></tr>
<tr><td colspan="2">인허가등록</td><td>정부나 공공단체에서 인허가받은 내용을 기재</td><td>금융기관등 우대사항</td><td colspan="3">정부 또는 금융기관의 우량중소기업, 적격업체, 중견수출기업 선정내용 등을 기재</td></tr>
<tr><td colspan="2">공업소유권등</td><td>특허, 실용신안 등의 취득일 및 내용, KS등규격 표시획득 및 기술집약형업종 등을 기재</td><td>주거래은행</td><td colspan="3">대출액 규모가 많은 금융기관 순으로 금융기관명 및 금융거래 개시 일자를 기재</td></tr>
</table>

◆ 업체 연혁

년 월 일	주요내용
	발생일자별로 핵심내용을 간략하게 기재 회사설립, 자본증감, 상호변경, 대표자변경, 자산재평가, 사채발행, 규격/표시획득, 경영권의 양도 및 승계, 신상품 개발, 기술도입, 업종변경 및 추가, 상훈, 주요시설 증설 및 개축, 우량 중소기업등 선정, 조직변경, 기타 경영 변경내용 등을 기재

◆ 창업동기 및 사업의 기대효과

- 창업동기 : 창업업종과의 관련내용, 창업 업종에 대한 노하우 등을 기재
- 사업의 기대효과
  - 수출 및 수입대체 효과
  - 농어촌 소득 향상 기여도
  - 경제 및 산업에 대한 효과
  - 노동창출 기여도
  - 기술 향상 효과
  - 지방 부존자원 활용효과 등을 기재

◆ 사업전개 방안 및 향후 계획

- 사업전개방안 및 향후 대책

  향후 사업추진상 희망적인 계획을 기술하되, 주로 연도별 투자계획, 마케팅 강화방안으로서 영업조직의 활성화 및 증설 계획, 공장자동화, 사무자동화 계획, 신제품 개발 전략, 조직 및 인력확대 계획을 기재, 창업초기 기업인 경우 창업일정 및 추진계획 등을 포함하여 기재

  (주의) 자금운용, 조달계획이나 시설투자 계획 등 사업계획서 각 항목과 상호 모순되지 않도록 연계성을 유지하여야 한다.

2. 조직 및 인력계획

◆ 조직도 및 인력구성의 특징

- 조직도는 회사의 규모 및 실정에 맞게 부 또는 과 단위까지 작성하되 필요시 계 단위까지 작성, 현재의 조직도는 실선으로, 향후 추가될 부, 과,

계 등은 점선으로 표시.

- 조직 및 인력 구성상의 특징은 동업계 또는 경쟁사와 비교하여 특히 차별화된 인력 조직상의 강점, 기술 및 전문분야 능력 소유자의 보유현황, 체계적인 인력 운영 시스템 등을 기술.

◆ 대표자 및 경영진 현황

직위	현재 회사내의 직책 또는 담당업무를 기재
성명	한글과 한자를 병기
연령	현재연령을 만으로 기재 ( )내에 생년월일기재
학력	교육기간, 학교명, 전공분야, 수학상태 등을 기재
경력	경력기간 및 근무처 내용을 기재 근무처에는 기업체명과 최종직위를 기재
교육훈련	교육훈련기간, 실시기관명, 과정명, 분야 등을 기재
특기사항	자격증, 보유내용, 상훈, 학위취득내용을 기재

◆ 주주 현황

(년월일기준)						총주식수	주
						주식액면가액	원
성명	주민등록번호 또는 사업자 등록번호	보유주식수	금액	지분	주식취득일	대주주와의 관계	특기사항
주주명을 한글과 한문으로 병기	개인-주민등록번호 법인-사업자등록증 번호	작성기준일 현재의 각 주주별 출자내용을 기재			설립시, 1차증자시, 2차증자시 등 출자가 이루어진 시점을 기준으로 취득일별로 취득주식수를 기재	주주와 대주주와의 관계를 기재	주주가 대기업 또는 대기업과 관련되는 경우 대기업 또는 대기업관련으로 기재 기업법인이 출자자인 경우 중소기업이라 기재

◆ 관계회사 내용

업체명	설립 년월일	주생산품	총자산	자본금	전년도 영업실적		당해업체와의 관계
					매출액	단기순이익	
각업체별로업체명 기재	각업체의 설립년월일기재	각업체의 주생산품 기재	직전년도결산대차대조표손익계산서에 의거 정확히 기재	직전년도 결산 대차대조표 손익계산서에 의거 정확히기재	직전년도 결산 대차대조표 손익계산서에 의거 정확히기재	직전년도 결산 대차대조표 손익계산서에 의거 정확히기재	출자지분이나 대주주와의 관계 등을 기재

◆ 종업원 현황 및 충원 계획

구분			종업원 현황 및 충원 계획			
			전년도	당해년도	1차년도	2차년도
생산직	기술계	기술사	국가기술자격법에 의한 기술사 및 기사1,2급 자격취득자와 정규이공계대학 및 전문대 졸업자를 기재			
		기사1,2급				
		기타기술계				
	기능계	기능장	국가기술자격법에 의한 기능장, 기능사1, 2급 및 기능사보의 자격 취득자와 기타 기능직 종업원을 기재			
		기능장1,2급				
		기능사보				
		기타기능사				
	생산직 합계					
사무직	임원					
	일반사무직		총무, 관리, 영업 등 생산직이외의 피고용자를 기재			
	사무직 합계					
기타업종전문직			해당업종에 전문성을 갖고 있는자를 기재			
일용근로자			기업체에 필요에 따라 그날그날 고용된 자로써 1개월이내의 기간을 정하여 고용된 종업원과 3개월평균 45일 미만 근로자를 기재			
종업원 총계						

* 각 연도별 종업원 수는 해당년도 '소득세액 징수액 집계표' 또는 '근로소득 계급별 소득세액 징수 명세서'상에 기재된 월 급여자의 평균을 기재하되, 1차 연도 이후 공장이전, 농공단지 입주 등 특수사정을 고려하여 현 공장에서 이주하는 인원과 현지에서 고용할 인원의 합계를 기재. 기준년도 이후는 충원 인원을 포함한 계획인원을 기재.

◆ 교육훈련 현황 및 계획

구분	교육분야	교육기간	교육내용	참가자수	실시기관	교육효과
전년도 실시현황	교육분야 기재	교육기간 기재	교육내용 기재	참가자수 기재	실지기관기재(자체 교육인 경우 자체로 기재)	교육실시 효과와 기대효과 기재
기준년도 실시계획						
특기사항	교육실시 상황 및 실시계획상 특별한 내용이 있는 경우 기재					

3. 기술현황 및 기술개발 계획

◆ 제품(상품)의 내용

구분	제품명	표준산업 분류번호(5단위)	규격	성능 및 품질
주생산품	매출액 또는 예상매출액을 기재	표준산업 분류표 상세 세분류 번호를 기재	상품, 규격, KS 등을 기재	상품의 성능 및 품질을 기재
부생산품				
제품(상품)의 개요	제품의 용도, 기능, 실용성, 안전성 (부식성, 견고성, 환경성등), 주요고객 및 거래처 등을 기재			
용도 및 특성	해당제품이 어떤 산업과 연계되고, 어떻게 사용되고, 경쟁제품과 비교하여 어떤 특별한 성질을 갖고 있는지 각 제품별로 기재			

◆ 제품(상품) 아이템 선정 과정 및 사업 전망

아이템선정과정	창업자의 과거 경력과 창업 아이템과의 관계, 아이템의 선정동기, 거래처와의 관계 등을 중심으로 기재
사업전망	향후 국내외 시장동향, 국내 수요처 및 수요량, 아이템의 사업성 등을 분석하여 계획사업의 향후 전망을 기재

◆ 기술현황

제조기술내용	동종제품에 대한 국내외 경쟁기술 또는 연관기술 대비 기술수준 및 당해 기술발전 추이, 해외 기술제휴 내용 등을 기재
기술인력 보류현황 및 특징	기술자격증 보유자, 기술분야, 기술등급(기술사, 기사1,2급, 기능장, 기능사1,2급, 기능사보)등 기술인력 보유현황과 기술 인력구성의 특징 등을 기재
공업소유권 등의 등록현황	발명특허권, 실용신안권, 의장권 등의 공업소유권과 산업재산권 및 지적재산권의 종류별로 고안의 명칭, 등록번호, 등록일, 발명자(고안자), 특허 또는 실용신안 등의 권리자, 전용실시권자등을 표시하되, 출원중인 경우에는 등록번호와 등록일란에 신청접수번호와 신청일을 기재
규격표시 획득 현황	KS,수입국 규격(JIS,UL등),공산품 품질관리등급(1,2,3등급),품질인증(검,Q마크 등), 형식승인 등의 규격표시 종류별로 허가(승인)일자, 허가(승인)품목, 허가(승인)번호, 승인기관 등을 표시하며, 증빙자료는 별도로 기재
기술집약형 사업유형 및 신기술 현황	12개 기술집약형 중소기업 업종 해당 여부, 과학기술처 고시 신기술 등의 보유 여부 및 그 내용을 기재

◆ 기술개발 투자 현황 및 계획

	연간매출액(A)	개발투사액(B)	투자비율(%)	투자효율
기술개발 투자현황		손익계산서와 제조원가명세서상의 시험연구비, 기술개발비, 교육훈련비, 견본비 등을 기재	B/A×100= %	
기술개발 투자계획	투자비율 증가계획 및 개발비 투자계획 등을 기재			

4. 생산 및 시설 계획

◆ 생산 및 시설 현황

(1) 보유시설

종별	시설명	규격	수량	내용연수	설치년도	금액	제작년도	제작회사	제작국명
생산설비, 시험검사설비, 공해방지설비, 기타설비 등 기재	시설설비의 이름을 기재	시설의 크기, 중량, 사이즈를 기재	보유하고 있는 시설의 수량을 기재	설비의 사용가능한 수명(감가상각해당년수)를 기재	설비를 구입하여 설치란 연도를 기재	설치된 설비의 구입가격을 기재	설비를 제작한 연도를 기재	설비를 제작한 업체명을 기재	설비를 제작한 국가명을 기재
기본시설현황(대지, 공장)									

(2) 생산 능력, 생산 실적, 가동현황

구분	설비 중설 전 현황			설비 증설 후 예상			생산능력 산출근거
	생산능력	생산실적	가동률	가동률	생산실적	가동률	
제품별							
특기사항							

* 생산능력 : 과거의 일간 최고실적과 경험치를 참고로 하여 생산능력은 =일간(8시간)생산능력×25일×12개월로 산정하되, 창업기업의 경우에는 시설공사가 완료된 후 기술적 제약이 없는 정상가동 상태를 가정하고, 시설의 물리적 능력을 초과하지 않는 범위내에서 생산할 수 있는 최대 생산가능 능력으로 산정하며, 회사실정에 맞는 생산능력 산출근거를 명시한다.
* 생산실적 : 기존기업은 최근 결산 재무제표상의 생산계수를 기입하되 가동기간이 1년 미만인 경우는 ( )내에 1년을 환산한 생산실적을 기재. 창업예정인 경우 실제생산 가능량 산정이 필요한 경우에는 최대 생산가능능력(1년기준)×가동률로 산정.
* 가동률 : 연간생산량/연간생산능력×100%
* 특기사항 : 생산능력, 생산실적, 가동현황 작성시의 제약요인, 해당기업의 특수요인, 생산형태 등을 기재.

◆ 생산 공정

* 생산 공정도 : 회사제품에 따라 큰 차이가 날수 있는바, 당해 기업의 계획제품별로 공정도를 도표로 표시하고 각 공정별 주요과정, 특성, 소요인원, 원재료투입 상황 등을 기재.
* 생산공정상의 제반 문제 및 개선대책 : 현 공정상의 제반 문제, 기계시설 노후로 인한 장애, 종업원의 숙련도 및 미숙정도, 기술제휴처와 협력상 문제, 공정진행 과정상의 문제 등과 그 개선대책을 심층적으로 분석하여 기재.

◆ 원부자재 사용 및 조달 계획

(1) 제품 단위당 소요 원재료

원부자재	단위당 소요 원재료			주요구입처	1회조달규모
	단위	수량	금액		
계					

* 제품단위당 소요 원재료는 제품 1단위를 생산하는데 투입되는 원·부자재의 소요량을 말하며, 통상 금액과 같이 기재. 단위당 소요 원재료는 각 원,부자재 별로 제품1단위에 소요되는 원, 부자재의 기본수량과 이를 금액으로 환산한 소요금액으로 표시하며, 각 원, 부자재의 주요 구입처와 1회 조달규모(수량 및 금액)을 기재.

(2) 원재료 조달 조건, 조달상 문제점 및 대책

원재료 매입조건		원재료 조달상 특징	조달상 문제점 및 대책
현금(%)	외싱(%)		

* 원재료 조달 조건은 현금과 외상 비중을 표시하며, 원재료 조달상 특징은 원재료의 계절성, 원재료 수입 의존도, 원재료의 품질 등을 기재.
* 조달상 문제점 및 대책은 각 소요 원·부자재의 조달과정상 문제점, 애로사항 및 그에 대한대책을 기재.

(3) 원부자재 조달 계획 및 전망

원·부자재명	단위	연간 소요량 및 금액						조달전망
		연간		국산		외산		
		물량	금액	물량	금액	물량	금액	

* 원부자재 조달 계획은 원·부자재 생산업체 및 관련사업의 기업환경을 면밀히 분석하여 원부자재의 연간 소요를 물량과 금액으로 표시(국산, 외산으로 구분기재), 원부자재 조달전망은 원부자재 생산업체 및 관련사업의 기업환경을 면밀히 분석하여 원부자재 조달상 예견되는 어려움, 또는 원부자재의 적기 조달 및 낮은 값으로 구매할 수 있는 방안 등을 기재.

◆ 시설투자 및 생산성 향상 계획

(1) 시설투자 계획

종별	시설명	규격	수량	설치예정연도	설치 및 제작		설치 구분	제작구분
					소요금액	제작회사		
	해당 시설명 기재	해당 시설의 규격을 기재	해당 시설의 수량을 기재	해당시설을 설치한연도 기재			신설, 증설, 개체로 구분기재	국산인지 외산인지를 구분기재

(2) 생산성 향상 계획

구분	기준년도	연차별 목표		
		1차년도	1차년도	3차년도
노동생산성 (천원)				
자본생산성(%)				

◆ 관련산업, 동업계 및 경쟁회사 현황

(1) 관련산업 및 동업계 최근 상황

구분	최 근 상 황
관련산업	표준산업분류표상 중분류가 아닌 소분류 관련산업의 최근 경기동향, 원재료 조달의 용이, 종업원동향, 최근설비증설 현황 등을 해당업종 관련전문잡지, 협회, 협동조합, 산업연구원등 각종기관의 분석자료를 토대로 기재
동업계	표준산업분류표상 중분류가 아닌 소분류중 세세분류 동업계의 최근 경기동향, 원재료 조달의 용이, 종업원동향, 최근설비증설 현황 등을 해당업종 관련전문잡지, 협회, 협동조합, 산업연구원등 각종기관의 분석자료를 토대로 기재

(2) 경쟁회사 현황

업체명	대표자	설립일	자본금	주생산품	최근 결산기 매출액	특기사항

(3) 시장 총규모 및 자사 제품 수요전망

시장총규모	자사 제품 수요 전망
관련산업, 동업계 및 경쟁회사 현황 조사를 토대로 시장성 및 시장 총규모를 추정하여 기재	시장 총규모를 근거로 자사 제품의 수요전망을 수주계약, 납품계약, 대리점 계약 등을 근거에 의거 기재

◆ 판매 실적 및 판매 계획

(1) 생산 및 판매실적

<table>
<tr><th rowspan="3">품목</th><th colspan="4">직전년도</th><th colspan="4">기준년도(년 월 현재)</th><th rowspan="3">특기
사항</th></tr>
<tr><th rowspan="2">생산
실적</th><th colspan="3">판매실적</th><th rowspan="2">생산
실적</th><th colspan="3">판매실적</th></tr>
<tr><th>내수</th><th>수출</th><th>계</th><th>내수</th><th>수출</th><th>계</th></tr>
<tr><td></td><td></td><td></td><td></td><td></td><td></td><td></td><td></td><td></td><td></td></tr>
<tr><td></td><td></td><td></td><td></td><td></td><td></td><td></td><td></td><td></td><td></td></tr>
</table>

(2) 생산 및 판매 계획

<table>
<tr><th rowspan="2">품목</th><th colspan="2">기준년도</th><th colspan="2">1차년도</th><th colspan="2">2차년도</th><th colspan="2">3차년도</th></tr>
<tr><th>생산</th><th>판매</th><th>생산</th><th>판매</th><th>생산</th><th>판매</th><th>생산</th><th>판매</th></tr>
<tr><td></td><td></td><td></td><td></td><td></td><td></td><td></td><td></td><td></td></tr>
<tr><td></td><td></td><td></td><td></td><td></td><td></td><td></td><td></td><td></td></tr>
</table>

◆ 마케팅 전략

영업조직 및 마케팅 전략	마케팅 전략상 제문제 및 해결방안
현 판매처, 판매경로 및 방법, 영업조직, 제품별 수주액과 목표시장의 선정, 국내 및 해외시장 개척 방법, 매스컴을 통한 광고계획 등 구체적인 마케팅전략을 기재	마케팅전략 수행상 예상되는 마케팅의 한계, 목표시장 선정상의 문제, 홍보활동의 제한 등 문제점과 그 해결 방안을 기재

5. 재무 및 수익 계획

1) 재무 현황

(1) 최근 결산기 주요 재무 상태 및 영업실적

(단위:백만원)

구분	최근2기(년)	최근1기(년)	증감요인
자본금 총자산 부채총액 매출액 당기순이익			

(2) 금융기관 차입금 현황

(단위:백만원)

거래은행	대출과목	이율	대출일자	대출액	대출잔액	대출기한	상환조건

◆ 추정 손익계산서 작성

(1) 추정 손익 계산서

(단위: 백만원)

연도항목	실적	추정				
	년	년	년	년	년	년
매출액						
매출원가						
(+)기초제품재고액						
(+)당기제품제조원가						
(−)기말제품재고액						
매출총이익						
판매비와 일반관리비						
영업이익						
영업외수익						
영업외비용						
경상이익						
특별이익						
특별손실						
법인세차감전순이익						
법인세등						
당기순이익						

◆ 추정 대차대조표

항목 \ 연도	실적	추 정				
	년	년	년	년	년	년
유동자산						
당좌자산	현금, 예금=추정총자산 × 현금예금구성비율(신설업체는 동업계평균) 매출채권=추정매출액 / 매출채권회전율(신설업체는 동업계평균)					
재고자산	추정매출액 ×재고자산회전율(신설업체는 동업계평균)					
기타유동자산						
투자와기타자산	투자자산은 투자계획, 처분계획을 감안하여 기준시점 금액으로 고정시켜추정 기타자산은 특정예금에 대한 기일도래여부, 증가여부 등을 고려하여 산출					
고정자산	고정자산추정액 = 전기고정자산 - 추정감가상각비 + 신증설투자계획액 추정감가상각비 = 고정자산(기초 + 기말 / 2) ×상각율					
토지	장부가액을 기재					
건물	장부가액이나 잔존가액에서 감가상각비를 차감한 금액을 기재					
기계	장부가액이나 잔존가액에서 감가상각비를 차감한 금액을 기재					
기타고정자산	장부가액이나 잔존가액에서 감가상각비를 차감한 금액을 기재					
이연자산	전기이연자산 + 증가예상액 - 이연자산상각액에 의해 산출					
자산 총계	유동자산, 투자와기타자산, 고정자산, 이연자산의 합계액을 기재					
유동 부채	차입금 잔액이 유동부채와 고정부채로 나누어 표시. 차입금잔액은 전기말 잔액에서 당기차입액을 가산하고, 당기 상환한 차입금은 차감한 잔액을 기재					
매입 채무	거래조건에 큰 변화가 없다는 전제하에 추정매출액 / 매입채무회전율(신설업체는 동업계 평균적용)의 산식을 적용하여 산출					
단기차입금	사업년도 종료후 1년이내에 상환해야하는 차입금이지만 영업규모의 신장과 더불어 운전자금규모가 증가하면 운전자금차입도 증가하게 되므로 실무에서는 전액 회전사용되는 것으로 보고 추정					
기타유동부채	추정매출액 / 기타 부채회전율(신설업체는 동업계평균)또는 추정총자산 ×기타부채구성비율에 의해 산출					
고정 부채	차입금 잔액이 유동부채와 고정부채로 나누어 표시. 차입금잔액은 전기말 잔액에서 당기차입액을 가산하고, 당기 상환한 차입금은 차감한 잔액을 기재					
장기차입금	신규차입 및 상환계획 등을 감안하여 추정, 유동성 장기부채는 단기차입금에 대체					
기타고정부채	추정매출액 / 기타 부채회전율 (신설업체는 동업계평균)또는 추정총자산 ×기타부채구성비율에 의해 산출					
부채 총계	고정부채와 고정부채의 합계액을 기재					
자 본 금	전기말 자본금에서 당기 증자분을 가산하여 기재					
잉 여 금	자본잉여금 - 주식발행초과금, 자산재평가계획 등을 감안하여 추정					
(당기순이익)	손익계산서상의 당기순이익을 기재					
자본 합계	자본금과 잉여금의 합계액을 기재					
부채와 자본총계	부채총계와 자본합계액의 합계액을 기재					

◆ 손익분기 분석 및 수익성 향상계획

구분	분석 및 계획내용
손익분기 매출액	• 우선 비용을 고정비와 변동비로 분해. 예)재료비-변동비100% • 노무비-고정비50%, 변동비50% 판매비와 일반관리비-고정비100% • 영업외비용-고정비100% 등으로 분해한 후 공식에 의해 산출 • 손익분기매출액 = 고정비 / 1-변동비율 = 고정비 / 판매단가-1단위당변동비
연도별 이익계획 (필요시 부진원인 및 대책)	• 추정 손익계산서상의 매출액, 매출총이익, 경상이익, 세전순이익, 당기순이익으로 구분 표시하되 동업계와 대비하여 표시하는 것이 좋음. • 경쟁사와 대비하여 특히 부진한 사항 등은 원인 및 대책 등을 언급하여 기재.
손익분기 전략 및 수익성 향상 계획	• 손익분기점 매출액의 조기 달성을 위한 마케팅 계획 및 관련 비용절감 등 경영 합리화 방안을 제시하고, 수익성이 저조한 기업의 경우에는 수익성 향상계획 및 재무구조 개선 계획을 언급할 필요가 있음.

◆ 소요자금 및 조달계획

(단기 총괄 자금 계획) (단위:백만원)

소 요 자 금			조 달 계 획		
내 용		금 액	내 용		금 액
사업장	대지매입 공장건축 부대설비		자기자본	발기인 벤처캐피탈회사	
	소계			소계	
생산설비	기계시설 부대시설		차 입 금 및 특수 금융	회사채발행 (사채, 전환사채) 은행차입 제2금융권차입 시설대여 공단지원 주주일시차입	
	소계				
유 형 고 정 자산	차량운반구 기구비품기타				
	소계				
운전자금	원부자재구입비 기타운전자금		B/S가용자금 기타		
	소 계				
예 비 비			합 계		
합 계					

제4절 사업계획서 작성 사례

발효 찹쌀풀을 이용한 김치부각의 사업화를 통한 사회적 일자리창출 및 지역사회 기반 활성화

INDEX

1. 창업자의 의지 및 역량
2. 창업아이템의 기술성
3. 창업아이템의 사업성

1. 창업자의 의지 및 역량

창업배경 (정관 제2조 목적)	참여와 나눔의 가치아래 경제적으로 취약하고 지역사회로부터 소외된 사회적기업, 중소기업, 소상공인, 장애인기업등 취약계층에서 지속적인 경영개선 및 경영역량 제고를 도모하기 위해 사회서비스를 지원하고 고령자 및 저소득층의 일자리를 제공함으로써 취약계층의 삶의 질 향상에 기여함을 목적으로 한다.

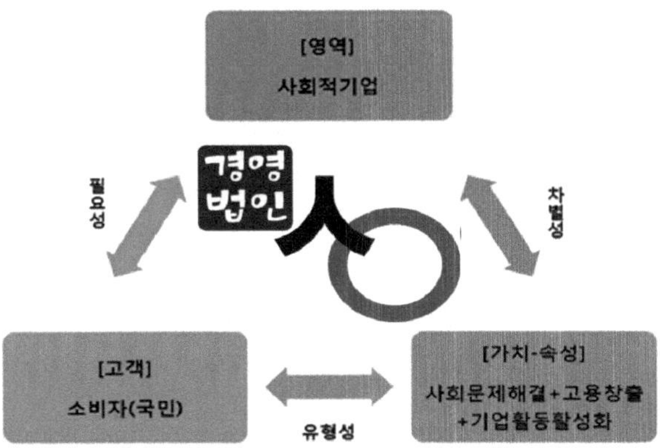

경영이념의 설정

"새로운 가치창조로 고객의 맛과 건강을 지키는 식품 전문회사" 을 경영이념으로 설정하고 이념 실천 및 경영방침으로 3가지를 설정 추진 함.

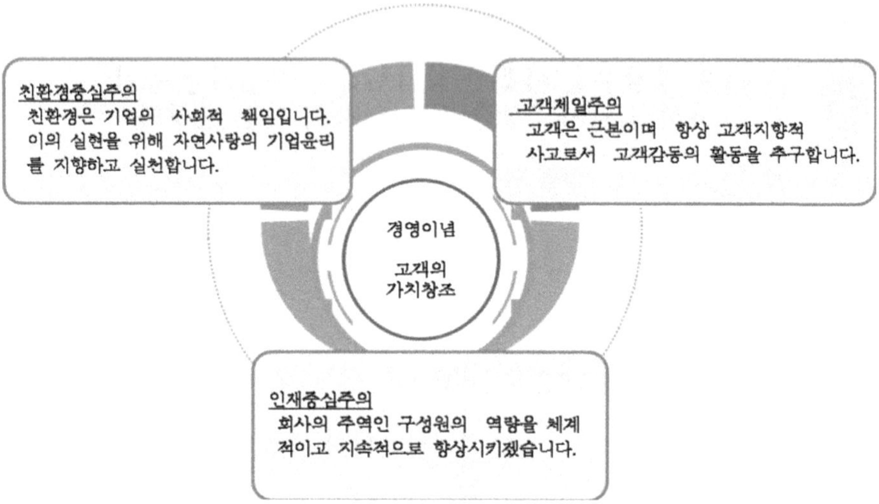

2. 창업아이템의 기술성

창업아이템 요약

- 부각은 튀김식품이 많지 않은 우리나라의 전통음식 가운데 독특하게도 마른것을 튀긴 음식이다. 예로부터 사찰에서 주로 만들어 먹었다고 하며, 신선한 재료의 맛과 영양을 자연 그대로 저장하여 건강한 식단을 꾸미는 지혜로 한국의 궁중이나 사대부 집안에서 즐겨먹던 전통음식
- 저장성과 휴대성이 좋고 칼로리가 적은 대신 영양소가 많고, 기름에 튀긴 음식이 그다지 발달하지 않은 한국 전통음식 중 부각은 기름기를 보충할 수 있는 중요한 음식
- 부각은 신선한 재료에 삭힌 찹쌀풀을 고루 바르고 정성들여 말리는 번거로움을 거치는 음식이여서 옛날부터 귀한 손님상에나 올리는 음식중의 하나임
- 섬유질, 요오드, 칼륨 등 필수 영양요소를 함유하고 있어 미용 및 건강관리에 유용
- 또한 《삼국사기》에 보면 신문왕 3년에 왕이 왕비를 맞이할 때 폐백품목으로 여러 가지 식품과 기름 등이 봉해졌다는 기록으로 보아 튀김이나 부각은 이 때부터 만들어지기 시작한 것으로 추측할 수 있음.

" 발효 찹쌀풀을 이용한 김치부각의 사업화를 통한 사회적 일자리 창출 및 지역사회 기반 활성화 "

- 웰빙 소재인 김치, 녹차부각, 미역, 다시마 등 해조류와 잣, 견과류를 소재로 유탕류(불포화지방 사용)의 제조를 통한 부가가치 창출 및 경제적 성과 제고
- 전통식품 제조공정 메뉴얼화를 통해 사업화 추진 / 소비자의 웰빙라이프 충족 및 친환경 식생활 유도
- 지역 사회적기업으로의 진입을 통한 더불어 사는 기업문화 및 풍토 조성

기술의 차별성

발효 찹쌀 풀을 이용한 김치부각의 제조방법
Process for manufacturing kimchi-boogak using fermented glutinous rice paste

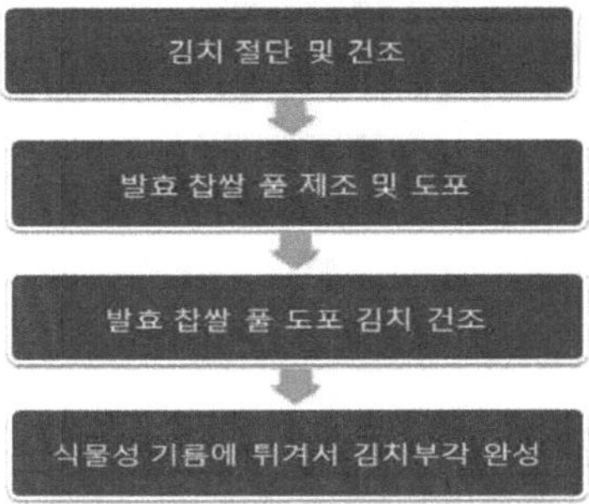

(a) 김치의 줄기부분과 잎부분을 분리하여 가로 1 내지 5cm, 세로 5 내지 15cm 로 각각 길게 절단하고 그물망이나 김발에 상기 절단된 줄기부분과 잎부분의 일측 또는 양측이 겹칠 수 있도록 1장씩 교대로 배열한 후 전체 수분함량이 10 내지 30%가 될 때까지 건조하는 단계

(b) 찹쌀을 물에 수침하여 발효시킨 후 탈수·분쇄하여 제조된 발효 찹쌀분말에 물을 첨가하여 찹쌀 풀을 쑤어 식힌 다음 (a)단계에서 건조된 김치 일면 또는 양면에 도포하는 단계

(c) 상기 (b)단계의 발효 찹쌀 풀이 도포된 김치를 수분 함량이 10 내지 20%가 되도록 건조하는 단계 및 상기 (c) 단계 후 160 내지 180℃의 식물성 기름에서 3 내지 10초 동안 튀기는 단계를 포함하는 것을 특징으로 하는 김치부각의 제조방법.

기대 효과

- 김치부각의 제조방법은 발효 찹쌀 풀을 이용함으로써 김치표면에 찹쌀 풀을 얇고 고르게 도포할 수 있을 뿐만 아니라 김치 고유의 식감은 그대로 유지
- 제조 시 기름의 산패로 인한 유해성분 발생 및 이취를 최소화하여 보존성을 향상 (튀김 조리 후에는 바삭한 식감을 가지게 되어 기호도가 향상되는 효과, 선도유지)
- 서구화된 식생활에도 적합하여 한식의 세계화에 기여할 수 있는 효과 창출 가능

경쟁사의 모방가능성 및 모방에 대한 대처방안

■ 5 Force 분석

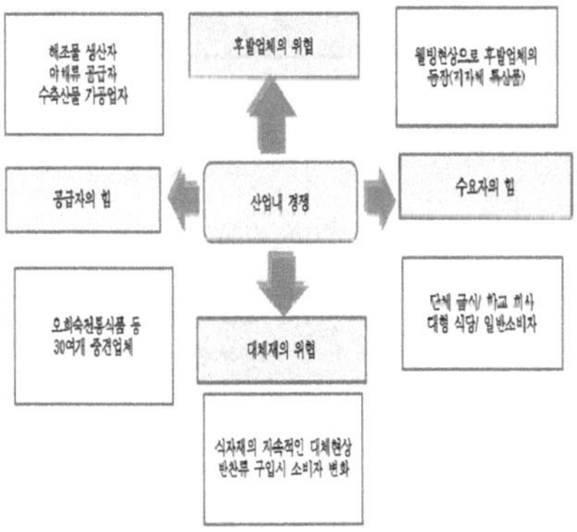

■ 튀각류 시장 3C분석

구분	내용
고 객 (시장)	고성장 (부각류, 튀각류 10~15% 성장 추정) 정책 변화에 따른 대형마트 등 경로 확산 친환경 제품의 선호 증가 복합제품의 다양한 제품의 출시
경 쟁	천연소재의 차별화 시장경쟁 품목별 판촉강화 (온라인 판매 등 확대) 반찬류 시장에 적극 도입 추진 전통식품으로 명품 명인 인지도 제고
유 통	중, 고등학교의 직영화 확대에 따른 부식류 추진 급식/특판 유통의 증대 (기업체, 카테링, 프랜차이즈) 물류시스템의 지역 확대 (경쟁사 거점영업) 전통식품 및 지자체의 우수 농산물 거점화 등

- **일부 중소기업 및 명인들의 소규모 제품들이 위주를 이루고 있으며 제한된 소비자를 가지고 있어 제품류의 광고 홍보를 통한 전체시장의 육성이 필요.**

SWOT Matrix		기회요인(O)	위협요인(T)
		▪ 웰빙트렌드의 확산으로 건강 소재 식품 확대 지원 ▪ 유탕류의 기본 소재의 확대 (불포화 오일 사용) ▪ 친환경 및 웰빙 상품의 선호로 인한 고급화 시장형성	▪ 대기업의 시장 참여 확대 ▪ GAP/ 유기농 등의 인증 강화로 간접비용의 증대 ▪ 경로의 확대로 기회 축소
강점 (S)	▪ 관련산업 종사경험 ▪ 회사운영 지식보유 ▪ 창업관련 지식 함유 ▪ 사회문제 인식 / 대안제시	SO 전략 관련 경험을 이용한 단체급식시장에의 참여	ST 전략 식자재 업체와 Net Work 구축을 통한 거래선의 조기 확보
약점 (W)	▪ 식품제조 경험취약 ▪ 필요자금 보유 小 ▪ 관련 품목 지식미흡 ▪ 네트워크 취약	WO 전략 차별화 식자재의 개발로 웰빙시대의 정보제공으로 고객만족 확대	WT 전략 필요자금의 지속적 유치

Key Point!
각종 천연 식자재를 이용한 신선 제품의 제조 및 유통 차별화를 통한 사업기반 확보

경쟁 차별화

- 건강한 먹거리인 친환경 천연소재의 선정 및 가공
- 해조물 중심의 영양 및 친환경 제품의 개발 / 중가대의 고급화 추진
- 튀각류 대중화를 위한 컨셉의 도입 및 적용관련제품의 대표적 상품판매 원칙

제품 구성	기본 전략	비 고
해조류	- 미역, 다시마, 김 등 소비가 가장 많은 소재를 선택하여 추진. - 건강 및 미용/ 영양공급 등을 소구점으로 추진 - 견과류 및 멸치류 등 혼합물로 구성	미역 및 다시마 중심의 제품 구성
야채류	- 비타민, 무기류가 다수 포함된 소재를 활용 - 유탕류, 냉동건조 등 소재의 특성을 활용 - 신선소재를 중점으로 추진 - 기본 소재와의 차별화 제조법을 개발	비타민 및 섬유질이 풍부한 원재료 중심
기타	- 유탕류 가능한 소재의 지속적 개발 - 경쟁 및 성공회사의 벤치마킹을 통한 차별화 상품의 개발 - 필요 시 매장 내 즉석코너의 입주 및 활용 - 육포 등 유사 형태의 상품 도입 등 검토	차별화 소재 및 제품 기준 관련 추진

시제품 제작 계획

▶ 식품제조 특성상 사업의 정착에 필요한 항목을 설정하고 기본전략과 방향을 설정 후 세부추진계획 수립

구 분	방 향	세부 추진 내용
제조 레시피	품목 별 표준 레시피	- 품목별 맛, 형태 표준화 확립 - 업계 특성을 고려한 차별화 방식
제조 원가	표준 제조원가	- 제조원가상의 항목설정 - 생산량에 따른 제조원가 구분 (원재료, 부재료, 제조경비)
품질 우위	품질 차별화, 핵심역량강화	- 소비자의 선호 조사 및 반영 - 필요 교육의 확대 및 이수기회의 부여 - 품질차별화 품목 개발/출시 등 의 Co- Working
판매 전략	흑자 창출을 위한 판매 전략의 수립	- 차별화 상품의 유통 별 차별화 추진 및 확대 - Ready – Made(반조리) 식자재의 공급 체계확보

시제품 제작계획	M1	M2	M3	M4	M5	M6	M7	M8	M9	M10	비 고
제조방법 설계 및 디자인	■	■									제조공정 디자인
표준제조 방법 확보			■								표준화
테스트 및 시험분석(인증)				■	■						시험분석, 인증
시장반응평가						■	■				소비자 평가
마케팅 등 홍보								■	■	■	매출볼륨 확대

3. 창업아이템의 사업성

예상 시장수요조사 결과

■ 산업환경 분석 (PEST분석)

구분	환 경 요 소	중요도	의 견
사회문화적 환경	인구통계학적, 사회문화적	대	천연소재의 가공식품 증가 추세임. 외식산업의 증가
경제적 환경	경기순환, 소득수준	중	파생수요의 축소 및 구매력의 감소
정치법률적 환경	활동에 제한을 가하는 법률, 정부의 정책 및 규제, 각종 정부기관의 방침 그리고 기타 압력체들을 포함	중	정부의 적극적인 부양책으로 장애요인이 아님
기술적 환경	기술환경의 변화는 소비자의 라이프스타일, 가치관, 경제적 복지 등에 영향을 주지만 자연 환경오염, 문화적 공해,등 사회문제의 부정적인 측면을 야기	중	제품의 특성 강화
경쟁적 환경	자사기업과 유사한 고객들을 표적시장으로 하는 조직들로 구성되며 경쟁업체의 수, 경쟁업체의 상대적 규모, 산업 내에서의 상호의존도 정도에 따라 좌우	대	원재료비의 구입가에 따른 원가경쟁력 심화

- 반찬류를 중심으로 시장을 추정하였으며 해조류원료의 반찬은 전체 시장에서 15~20%로 추정되며 튀각류는 1차로 해조류를 이용한 시장을 추정
- 튀각류는 해조류 시장 중 20%로 추정 성장률은 25%시장을 반영하여 평균 15~20%를 적용
  → 맞벌이의 증가 및 핵가족/ 독신자의 증가로 시장은 계속 성장 예상

(단위:억원)

구 분	2012		2013		2014		2015		2016	
전체시장	5,000	100.0	6,000	100.0	6,900	100.0	7,940	100.0	9,130	100.0
해조류	750	20.0	1,200	20.0	1,380	20.0	1,590	20.0	1,830	20.0
튀각시장 (부각)	150	3.0	180	3.0	210	3.0	240	3.0	270	3.0
신장율	25%	-	20%	-	15%	-	15%	-	15%	-

■ 튀각류 제조업체 현황

업체 명	주요 제품	특 징	비 고
새청뜰 식품	김부각, 고추부각, 감자부각	세트 류 판매 다양한 제품구색	다양한 반찬류 중심
오희숙 전통부각	다시마튀각, 미역부각, 참김볶음, 고추부각	25~30g 1,200~1,500원	2004년 전통식품 명인 25호 지정
뽕사랑 식품	마이산 뽕잎튀각 오디튀각	지방특산물의 이용 및 차별화 추구	건강기능 식품화
호정식품	창평김부각	48장 / 28,000원 대량 소비 중심	부각중심 생산

❖ 플라스틱류, 질소 진공포장 등의 포장방법을 이용 / 시각적인 효과 및 간편성을 부여
❖ 세트류의 경우 1~6품목을 적정하게 구성하여 20,000~30,000원 대로 구성.

■ 매출 및 손익계획

- 창업 초기 도전적인 목표의 설정과 함께 필요 조직의 구성을 원칙 / 필요 역량 강화

(단위:백만원)

항목	1차년도		2차년도		3차년도		4차년도		5차년도	
	금액	구성비	금액	구성비	금액	구성비	금액	구성비	금액	구성비
매출액	2,000	100.0	4,000	100.0	6,000	100.0	8,320	100.0	10,400	100.0
매출원가	1,100	55.0	2,200	55.0	3,300	55.0	4,576	55.0	5,720	55.0
매출총이익	900	45.0	1,800	45.0	2,700	45.0	3,744	45.0	4,680	45.0
판매관리비	475	28.3	909	27.2	1,308	26.3	1,790	26.0	2,229	25.9
인건비	65	3.3	89	2.2	138	2.3	168	2.0	201	1.9
판매수수료	300	15.0	600	15.0	840	14.0	1,165	14.0	1,456	14.0
기타	110	10.0	220	10.0	330	10.0	458	10.0	572	10.0
영업이익	425	21.3	891	22.3	1,392	23.2	1,954	23.5	2,451	23.6
영업외 비용	200	1.0	400	1.0	600	1.0	832	1.0	1,040	1.0
경상이익	225	11.3	491	12.3	792	13.2	1,122	13.5	1,411	13.6
세전이익	225	11.3	491	12.3	792	13.2	1,122	13.5	1,411	13.6
세후 순이익	191	9.6	417	10.4	673	11.2	953	11.5	1200	11.5

특별이익 미 반영(사회적 기업전환에 따른 국가지원금 등)

■ 손익분기점(BEP) 추정

(단위:백만원)

구 분	기호	산 식	1차년도	2차년도
매출액	SA		2,000	4,000
변동비	V		1,257	2,500
고정비	F		318	609
한계이익	M	SA-V	743	1,500
변동비율	U	V/SA	62.8%	62.5%
한계이익율	m	1-U	37.2%	37.5%
BEP매출액	SB	F/m	854	1,624
BEP율		SB/SA	42.7%	40.6%

• BEP율 평가기준

90%이상	도산위험
80%~90%	위험
70%~80%	요주의
60%~70%	건전
50%~60%	안전
50%이하	초 안전

▶ 민감도 분석
사례 1. 시장점유율 하락, 경쟁사의 출현 등으로 매출액이 10% 정도 감소된 경우
사례 2. 물가상승의 제 요인으로 인하여 계획보다 재료비가 10% 정도 증가되었을 경우
이를 판매가격에 반영시키지 않은 경우
사례 3. 사례1과 사례2가 동시에 발생하는 경우

(단위:백만원)

구 분		1차년도	2차년도	비 고
원안	매 출 액	2,000	4,000	회사의 연구개발을 위한 국가 지원비를 포함한 영업외 이익 또는 특별 이익 반영
	총 원 가	1,110	2,200	
	세전순이익	225	491	
사례1	매 출 액	1,800	3,600	
	총 원 가	1,359	4,077	
	세전순이익	196	433	
사례2	매 출 액	2,000	4,000	
	총 원 가	1,180	2,360	
	세전순이익	137	315	
사례3	매 출 액	1,800	3,600	
	총 원 가	1,062	2,124	
	세전순이익	117	274	

■ 추정재무제표

(단위:백만원)

항 목	1차년도	2차년도	3차년도	4차년도	5차년도	비 고
유동자산	300	900	1,200	1,800	2,000	재고, 매출채권
고정자산	860	1,340	2,090	2,220	2,580	건물, 기계장치
자산총계	1,160	2,240	3,290	4,020	4,580	
유동부채	280	360	910	1,360	1,200	매입채무
고정부채	450	960	740	1,020	1,370	차입금 등
부채총계	730	1,320	1,650	2,380	2,570	
자 본 금	50	200	300	300	500	매년 증자
자본잉여금	150	300	500	700	800	투자유치에 따른 잉여금
이익잉여금	130	420	840	640	710	순이익의 적치
자본총계	430	920	1,640	1,640	2,010	
부채와 자본총계	1,160	2,240	3,290	4,020	4,580	

창업 및 생산 계획

■ 조직계획

경영법인세움의 초기 시장정착을 위한 조직은 최정예화를 목표로 구성하며 매출의 확대 및 출시품목을 증대에 따라 유연한 조직을 갖춘다

경영지원	경영지원, 전략수립 실행, 구매 및 협력, 인사총무 등
생 산	제품의 제조, 포장, 설비 운영, 보수,품질관리 등
영 업	상품기획, 영업기획, 영업지원 , 영업구축, 계약 등

시설내역	금 액			비 고
	1차년도	2차년도	3-5차년도	
1. 건물시설 가. 사무실 나. 비품 등	 30 30	 -	 150 20	 60M² 기준으로 향후 확대
소 계	60	60	170	
2. 제조 설비 가. 제조시설 임대 나. 건조실 및 냉장/냉동 다. 상온(랙+골조 등) 라. 기타 세척 설비 등	 30 30 10 30	 30 20	 200 150 20 50	 초기 기존의임차공간 이용 3차년 이전확장 (150M² 기준으로 확대) 기계장치에 실험 장비 포함 임
소 계	100	50	420	
3. 기타시설 및 설비 가. 집기비품 나. 차량운반구 다. 간이실험설비	 30 40 30	 20 200	 40 100 30	 지사 및 영업소 운영 PH meter, 당도계 등
소 계	100	220	170	
합 계	245	270	760	
누 계	245	515	1,275	5년차 누적 투자비

김치, 다시마 부각류 중심으로 건강식품, 가공품을 중심으로 점차적 세트로 확산하며, 지역판매, 인터넷 판매에서 전국 및 급식 납품용으로 점차 확산 함.

품 명	재 료	제조 방법	특 징
김치부각 쇠미역 튀각	쇠미역/ 설탕	• 3Cm로 절단 • 120~130도의 낮은 온도에서 튀겨 낸 다음 설탕 무침 (뜨거울 때 설탕무침)	• 사찰음식으로 영양과 열량보충 • 강원도 중심 • 미역, 다시마, 파래, 호두
다시마 튀각	다시마	• 건면 수분제거 후 그대로 튀김 • 사각형이나 잘라서 사용 • 140도에서 튀김	• 양념을 하지 않음
가죽잎, 고추잎, 산동백잎(생강), 우엉잎	반찬류 선호 야채류	• 적정크기의 소재 선택 • 밀가루, 튀김가루 등을 이용한 유탕 • 계절 야채를 이용한 차별화 상품	• 계절적 중요한 농산물 사용

추진내용	'17. 1분기	'17. 2분기	'17. 3분기	'17. 4분기	'18. 1분기	'18. 2분기	비 고
투자유치	■	■					자본증자
생산(양산)시설 구축		■	■				시설투자
연구, 생산인력		■		■			인력충원
신상품 개발, 출시	■		■		■		신상품
공장등록/ 부설연구소			■	■			연구소

홍보 및 판매 전략

- 마케팅전략의 기본 수립 방안

4P's를 중심으로 전략과 B2B 거래의 성공률을 높이기 위해서는 협상력에 관한 전략의 구체화를 Power의 개념으로 추가하여 5P's 전략을 수립
항목별 기본 전략을 수립하고 향후 필요한 단기 또는 중장기적으로 필요한 전략의 구체화

상 품
가 격
유 통
판 촉

\+ 협 상 = 전략의 수립 및 실행방안 구체화

■ 상품 (Product)
- 전통방식에 의한 수제품 중심으로 생산 (향후 설비 투자를 통한 자동화 추진)

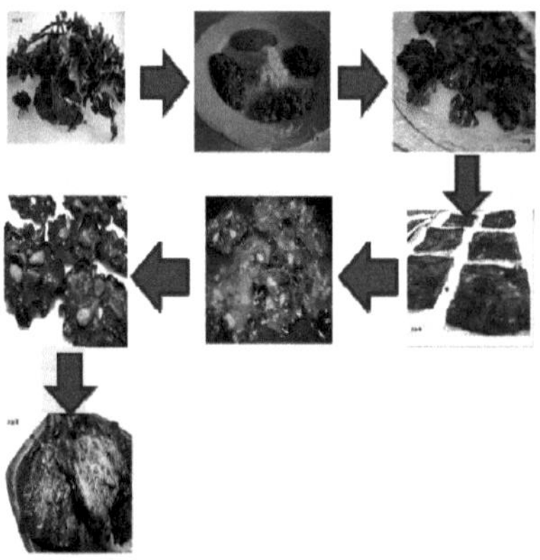

구성 요소	차별화 전략
핵심 기술	해조류 등 원재료의 영양 및 풍미 유지
제조 기술	사업 초기 수작업으로 고유 기술 확보 및 점차 자동화 추진
효능 효과	맛과 영양의 이중효과
제품 취급의 용이성	소재, 용도 별 포장 차별화 등

■ 가 격 (Price)

- 가격전략은 원칙을 설정하고 이에 즉 대응할 수 있는 체제를 확립 함.
- 신제품의 경우 해당 제품의 기술성, 난이도, 사업성, 차별성, 신규성을 항목으로 평가하고 이에 적절한 가격구조를 구성
- 국내시장규모나 실수요업체의 거래량에 따라 경쟁사 가격의 85~90%를 원칙으로 하되 거래선의 물량, 거래조건, 상대와의 거래 기간 등을 고려하여 가격을 추가 인하시키는 것을 원칙으로 함.
  # 가격연동제: 변동요인(원료가, 환율 등) 이 10% 이상의 인상 및 인하에 따라 연동가격을 적용

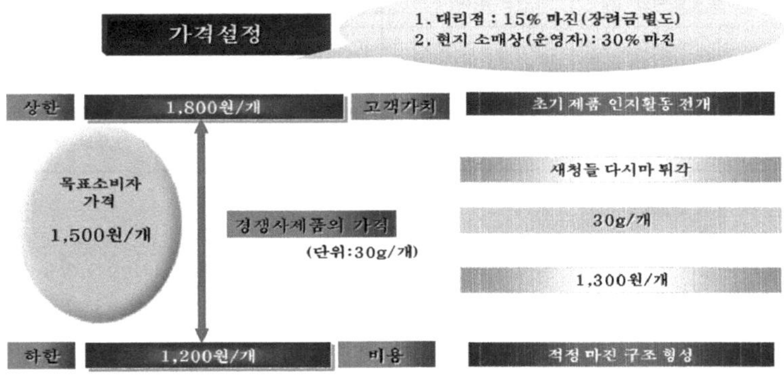

■ 유통(Place)

- 회사의 자립도, 제품의 종류, 제품의 판매규모, 제품의 취급 방법, 제품의 적정재고량, 제품의 유통기간 등을 고려하여 유통경로를 구축
- 회사의 매출 및 이익발생을 극대화하기 위하여 직거래를 원칙으로 추진하되 거래상 Vendor가 필요한 경우 상호 Win-Win의 유통전략을 수립
- 적정재고 및 납기가 유통의 중요한 요소인바 제품별 적정재고량을 산출하여 고객만족에 최선을 다하는 환경을 조성
- 신제품의 경우 제품 확산을 목표로 대리점을 확보하는 데 주력하여 점차적으로 유통망을 확보
- 차별화 신제품의 경우 지역별 판매 거점을 확보하는 전략을 수립하고 장기적인 전략 과제로 설정하고 이를 구체화할 수 있는 실행 안을 수립하여 추진(지역 테스트 후 확산방법 도입검토)

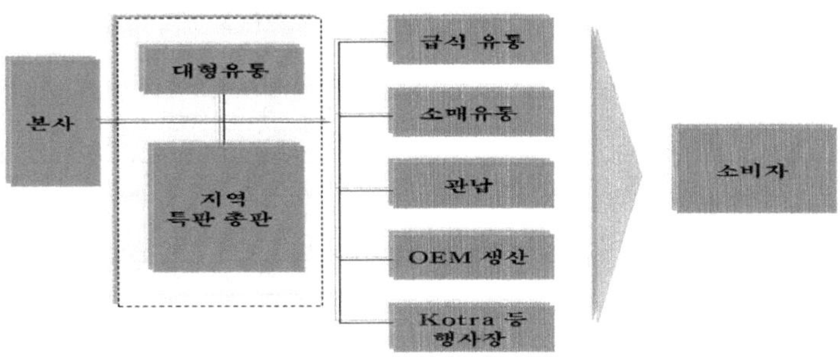

■ 판촉(Promotion)

- 촉진은 제품의 우수성과 차별성을 근간으로 하고 있어 이에 적합한 전략의 수립을 원칙
- 신제품의 경우 직접영업 및 유통영업을 통한 직접방문으로 제품 소개와 촉진을 원칙으로 추진
- 회사의 정책을 관련유통의 판촉지원에 주력하고 향후 개발되는 자사브랜드 제품의 경우 별도 전략을 수립하여 추진 함 .(PB브랜드 및 NPB브랜드 활용)
- 인지제고를 통해 " 0000제품 Leading Company 를 부각시키는 활동을 추진
- 프랜차이즈 확산을 위해 유통 관련 전문지에 제품 및 회사 소개를 통해 인지도 제고를 추진 함

세일즈 프로모션	인적 판매	광 고	교 육
POP 전략 (진열대, 전시장) 이벤트 (덤량제공, 가격할인) 경품 행사 (퀴즈, 엽서) - 유통경로사 공동 실시	매장 A/S 지원(밀착행사) 판매교육 및 홍보 지원 독판 제품의 방문 판매 차별화 제품의 샘플 배포	유통전문 광고 (인식제고) 통합적 POP(자연의 산물) 친환경 컨셉 Publicity 활용 입소문 마케팅	친환경소재, 자연교육 인식 주부교실, 학생 / 환경강연 친환경 생산 및 재배체험 관련 책자 발행 홍보 등

■ 협상(Power:Negotiation)

- 5P는 4P + POWER(힘) = 5P 의 관점에서 필요한 협상력과 로비력을 들 수 있는데 특히 유통 경로상의 사업에서의 협상력은 중요한 요소인바 이를 마케팅믹스 전략의 하나의 전략 방향 설정
- 협상력은 마케팅 전략과 이를 집행하기 위한 영업의 전략과 스킬로서 현황을 조사 하고 이를 개선하고 효율적인 결과를 도출하기 위한 현지 원료의 가공업체, 유통업체와의 협조체제를 구성하고 이를 실천
- 조직원들의 교육과 훈련을 통해 협상 역량을 강화

경쟁력 및 파급효과

기술파급효과	✓ 우리 먹거리문화에 긍정적인 변화 / 전통식품의 계승, 발전에 기여 ✓ 원천기술 사업화를 통하여 시장 선점 (웰빙소재 식품) 특허출원 : 10-2013-0036668 - 발효 찹쌀풀을 이용한 김치부각의 제조방법 특허출원 : 10-2013-0034002 - 녹차의 유효성분을 함유하는 김부각의 제조방법
사회적 효과	✓ 경력단절여성, 고령자 등 지역사회 취약계층의 고용창출 효과 ✓ 웰빙식문화 트렌드 선도사업화 진행 후 6개월 이내에 경기도예비사회적기업으로, 2년 내 고용노동부사회적기업을 목표로 착한기업, 사회적목적기업으로의 역할 수행

- 고용효과 : ➡ 향후 5차년도 고용계획

(단위 : 백만원)

구 분		1차년도		2차년도		3차년도		4차년도		5차년도		기준 인건비
		인원	금액	인원	금액	인원	금액	인원	금액	인원	금액	
관리직	대표	1	300	1	315	1	331	1	347	1	365	300
	임원	-	-	1	263	1	276	1	289	2	608	250
	관리,영업	3	600	3	630	5	1,103	9	2,084	13	3,160	200
	연구	1	200	1	210	2	441	2	463	3	729	200
	소계	5	1,100	6	1,418	9	2,150	13	4,180	19	4,400	-
생산직	관리직	1	200	2	420	3	662	3	695	3	729	200
	생산직	9	1,260	20	2,940	26	4,013	34	5,510	38	6,466	140
	소계	10	1,460	22	3,360	29	4,675	37	6,205	41	7,196	-

연습문제

1. 사업계획서의 종류에 대하여 설명하라.

2. 창업할 때 필히 사업계획서를 작성해야 하는데 그 이유는?

3. 가상의 창업 사업계획서를 작성해보시오.

Chapter

6

유통업의 창업

6 유통업의 창업

창업을 하고자 한다면 기본적인 실무절차에 대하여 사전에 파악할 필요가 있다. 본 장에서의 유통업이라 함은 일반적인 유통업으로 물류업을 제외한 도매업과 소매업에 대한 것이다. 도·소매업의 창업절차는 일반제조업의 창업절차에 비하여 공장설립 및 기계장치의 설치 등을 필요로 하지 않아 간단하다. 특히 도, 소매업의 창업은 법인형태보다는 개인기업의 형태로 경영하기 때문에 창업절차가 비교적 간단하다고 볼 수 있으나 창업을 준비하는 초보경영자에게는 반드시 쉬운 일만은 아니며 여러 가지 시행착오를 거치게 된다. 본 장에서는 유통창업을 위한 준비에서 창업에 이르기까지의 과정을 살펴본다.

제1절 유통업 개관

1. 유통 창업의 필요성

유통업의 범위를 광의의 측면에서 창업과 연계하여 설명한다면, 거의 모든 분야를 포함한다. 상품 또는 서비스와 관련된 모든 분야에 걸쳐서 이루어지는 것이 유통이다. 최근에 인터넷의 활용도 증대에 따라 급성장하는 전자상거래의 성장을 볼 때 유통창업의 영역이 더욱 커진다.

한편, 협의의 측면에서 볼 때, 유통 창업은 물류분야를 제외한 도·소매분야를 얘기할 수 있고 세분하자면 두 가지로 구별하여 설명할 수 있다.

먼저, 상품 및 운영시스템측면에서 볼 때, 업종과 업태로 나눠서 살펴볼 수 있고, 규모 측면으로 소자본 창업과 대자본 창업으로 나눌 수 있다. 특히 대자본창업이라 함은 유통 창업분야에서 대개 대형 유통업체의 점포출점에 대한 논의가 주류를 이룬다.

따라서 본서에서도 유통업 창업중에서, 규모로 구분은 안했지만, 일반적인 프랜차이즈 창업은 소자본 창업에 포커스를 맞추고, 유통업 창업은 대자본, 즉, 대형점 출점을 중심으로 논의한다. 다시 말해서, 2개 분야로 대분류하여 창업에 대한 논의가 이루어야 효과적인 창업에 대한 논의가 될 것이다.

2. 유통업의 개념

1) 유통산업이란

유통산업은 재화나 서비스가 생산자로부터 소비자 또는 최종 사용자에게 이전되어 가는 과정에서 나타나는 산업 활동으로 정의할 수 있다. 좁은 의미의 유통산업이란 상적유통을 영업으로 삼는 기업집단을 의미하고 보다 확장된 의미로는 통상 도·소매업(상적유통)과 운수·창고업(물적유통)을 지칭한다.

광의의 유통산업은 위의 2분류법에 덧붙여서 정보처리업 및 광고통신업(정보유통)과 각종 금융업(금융유통)을 포함한다. 본문에서는 유통업이라 함은 좁은 의미로의 도·소매업을 의미한다.

유통산업에 있어서 도매와 소매의 개념상의 기본적 차이는 판매대상이 누군가 하는 데 있다. 상품 조달처가 어디인가는 도매와 소매 구분의 결정요인이 되지 못한다. 판매대상자가 사업자인가 소비자인가에 따라 도·소매업이 구별되는데, 판매대상자가 사업자이면 도매업, 소비자이면 소매업이 된다. 판매상대방의 구매동기를 보면 소매의 구매자인 소비자는 개인적 필요나 효용을 위해서 상품을 구입하며, 도매의 구매자는 이윤 혹은 업무상 이용을 위해 상품을 구입한다. 거래량의 크기는 도·소매의 구별 기준은 아니지만, 일반적으로 도매는 1회의 거래량이 많고, 소매는 적다. 산업용 혹은 업무용 사용자에의 판매는 설령 그것이 소량이더라도 도매로 분류된다.

2) 업종과 업태 비교

유통업에 있어서 영업 형태를 세분하면 업종(types of business)과 업태(types of operation)로 나눌 수 있다.

업종이란 소매업에서 비즈니스의 타입 내지는 소매업의 종류라는 의미로 '무엇을 판매하고 있는가(What to sell)'를 의미한다. 즉 휴대폰판매점, 가전판매점, 채소가게, 생선가게, 정육점, 의류점, 가구점, 완구점등 상품의 종류에 의한 분류 방법이다. 그래서 업종은 생산과 밀접한 관련을 맺고 있다.

반면에 업태는 상기에서 말한 바와 같이 "소매업의 형태"라는 의미로 '어떠한 방법으로 판매하나(How to sell)'를 의미한다. 즉 백화점, 편의점, 전문점, 슈퍼마켓, 드럭스토어 등 상품의 종류보다는 소비자의 구매행동과 관련된 판매시스템과 밀접한 관계를 맺고 있다.

〈표 6-1〉 업종과 업태 비교

구분	업종(types of business)	업태(types of operation)
의미	무엇을 판매하고 있는가 (What to sell)	어떠한 방법으로 판매하나 (How to sell)
종류	휴대폰판매점, 가전판매점, 채소가게, 생선가게, 정육점, 의류점, 가구점, 완구점 등	백화점, 편의점, 전문점, 슈퍼마켓, 드럭스토어 등
관점	생산자적인 측면의 관점	소비자구매행동과 관련된 판매시스템

3) 업종점에서 업태점으로 진화

처음 전통적인 업종점(業種店)의 형태가 근대화됨에 따라 전략적으로 접근하면서 업태점(業態店)이 출현한 것이다. 따라서 업태는 소매점의 근대화와 더불어 시작된다 해도 과언이 아니다. 즉, 국내에서도 업태라는 용어가 근대적인 슈퍼마켓이나 백화점이 등장하면서 종종 사용되었으나, 본격적인 업태라는 용어의 사용은 1990년대 초반부터이다. 법에 등장한 것은 유통산업발전법을 제정하면서 1997년부터 처음 업태라는 용어를 사용하였다. 종전법인 도·소매업진흥법상에는 업태라는 용어의 사용이 없었다. 다만, 업태라는 용어 대신 대규모소매점의 종류로 표기하였다.

일본의 경우도 1960년대 이전에는 업태를 업종에 포함된 개념으로 해석했었다. 그러나 이후에 업태라는 개념을 사용하기 시작했고, 소매환경이 급변하면서 1970년대부터 1980년대에 걸쳐서 그 개념이 분화, 발전하여 지금에 이른 것이다. 일본의 공정거래 위원회의 정의를 보면 "업태란 영업 형태화로 지적하고 점포의 형태, 거래상품의 종류, 판매정책, 일반소비자의 구매의식의 차이"라고 정의하고 있다. 또한 일본 소매업협회의 정의에 의하면 "업태란 소비자의 구매관습의 변화에 대응한 소매업자의 영업형태이고, 업종과는 다르게 소비자 지향적인 분류"라고 했다.

결국 근대화된 소매업의 등장이 업태라는 용어의 출현을 가져오게 된 동기라 볼 수 있다. 근대화 이전에는 업태라는 용어가 중요하지 않았다. 업종점으로 소매업이 구성되었기 때문이다. 그러나 근대화 되면서 체계화된 업태점이 등장하게 된다. 이를 통하여 업태의 전략이 중요성을 더해지고 있다. 소매 업태는 소매환경에 크게 의존하기 때문에 그 환경이 어떠한 방향으로 흘러가느냐에 따라 계속적으로 소매 업태의 다양화는 이루어진다. 또한 소비자행동의 변화, 특히 소비자 구매행동의 변화에 의해서 소매 업태의 변화가 심화될 것이다.

결국, 시대의 변화에 따라 변화하고, 계속 진화하는 유통업의 특징을 살펴볼 때, 새로운 업태의 등장과 더불어 살아남기 위한 기존업태의 진화는 계속될 수 밖에 없을 것이다.

4) 관점에 따른 소매 업태 유형

소매 업태(業態)의 유형은 상기에서도 언급했듯이 보는 관점에 따라 많은 차이를 보이고 있다. 일반적으로 상품 계열별, 취급상품의 가격대별, 판매방법별, 시스템 통제 방법별로 구분할 수 있다. 이를 구체적으로 살펴보면 아래와 같다.

첫째, 상품 계열별로 보면 다수의 상품을 종합적으로 취급하는 백화점, 종합 슈퍼마켓, 하나의 상품계열을 특화시킨 전문점, 셀프서비스 방식에 의한 식품이나 잡화류의 상품을 취급하는 슈퍼마켓, 장시간에 걸쳐서 인근고객의 편의성을 최대한 살린 편의점 및 드럭스토어(Drug store), 마지막으로 은행, 항공회사, 극장, 병원 등 상품이 아닌 용역을 판매하는 서비스 판매점 등으로 나눌 수 있다.

둘째, 취급상품의 가격대별로 보면 박리다매를 원칙으로 일반 소매 업태에 비하여 저가격 전략으로 상품을 취급하는 카테고리킬러 등 할인 업태 등과 중가격대의 슈퍼마켓 등과 마지막으로 고 가격대의 편의점(CVS), 고급백화점 등으로 구분할 수 있다.

셋째, 판매방법에 의한 분류 방법으로는 고객과 직접 대면해서 매장에서 판매하는 대면 판매(Face to Face Sale)방식과 고객이 직접 상품을 선택하고 구매하는 셀프판매(Self Sale)방식이 대표적이다.

〈표 6-2〉 소매 업태 분류 유형

<table>
<tr><th colspan="2">구 분</th><th>분류 내용</th></tr>
<tr><td colspan="2">상품의 계열별</td><td>• 종합소매점, 한정구색소매점, 식생활용품소매점, 일상편의소매점, 서비스소매점</td></tr>
<tr><td colspan="2">가 격 대 별</td><td>• 저가소매점, 중가소매점, 고가소매점</td></tr>
<tr><td rowspan="2">점포 유무별</td><td>무점포판매</td><td>• 주문판매업(홈쇼핑, 인터넷 쇼핑몰, 카탈로그), 자동판매기, 방문판매업</td></tr>
<tr><td>유점포판매</td><td>• 백화점 등 전통적인 점포형 판매 방식</td></tr>
<tr><td colspan="2">판 매 방 법 별</td><td>• 대면판매(Face to Face Sale), 셀프판매(Self Sale)</td></tr>
<tr><td colspan="2">시스템 통제 방법별</td><td>• 레귤러 체인(Regular Chain), 볼런터리 체인(Voluntary Chain), 프랜차이즈 체인(Franchise Chain)</td></tr>
</table>

넷째, 시스템 통제 방법에 의한 분류 방법으로는 체인스토어 형태로 볼런터리체인(Voluntary Chain), 레귤러체인(Regular Chain), 프랜차이즈체인(Franchise Chain) 등이 있다.

5) 국내 소매 업태 분류

국내의 주요 소매 업태를 구분한다면, 업태를 어떻게 구분하느냐에 따라 분류된 내용이 달라질 것이다. 아직 제대로 분류방식이 정립되어 있지 않기 때문에 애매한 부분이 없지 않아 있다. 특히, 외국과 달리 국내의 소매 업태는 외국의 소매 업태가 그대로 들어오는 것이 아니라, 국내 실정에 맞게 변형되어 들어와서 성장하였기 때문에 외국의 소매 업태와는 용어가 같아도 실제로 내용은 다른 경우가 많다.

따라서 국내 실정에 맞게 〈표 6-3〉과 같이 분류하고자 한다. 즉, 국내의 주요 소매 업태 중에서도 국내에서 운영중인 업태를 중심으로 서술하고자 한다. 단, 쇼핑센터, 상점가 대형마트 등은 업태와 다르거나 광범위한 개념이지만 중요한 개념이므로 별도로 추가하여 설명하고자 한다.

〈표 6-3〉 국내 주요 소매 업태의 분류

<table>
<tr><th colspan="3">구 분</th><th>국내 주요 소매업태</th></tr>
<tr><td rowspan="7">유점포소매업</td><td colspan="2">백 화 점</td><td>• 가격, 입지, 상품으로 백화점을 구분
• 고급백화점 롯데, 신세계와 현대 등</td></tr>
<tr><td rowspan="3">슈퍼마켓</td><td>슈퍼마켓
(super market)</td><td>• 체인스토어형, 독립점포형 구분
• 나들가게, 일반 재래슈퍼점</td></tr>
<tr><td>대형슈퍼마켓(Super Super market)</td><td>• 슈퍼마켓의 대형화
• 롯데 마켓 999, GS수퍼, 이마트 에브리데이</td></tr>
<tr><td>종합슈퍼마켓(General Super market)</td><td>• 슈퍼센터(하이퍼마켓)형, MWC형
• 이마트, 홈플러스, 코스트코 등</td></tr>
<tr><td rowspan="3">전문점</td><td>의류</td><td>• 패션매장형과 아울렛매장형 주류로 가격, 상품으로 구분
• 패션백화점 NC와 2001아울렛 등</td></tr>
<tr><td>가전</td><td>• 가전제품 종합매장으로 전자랜드, 하이마트 등</td></tr>
<tr><td>생활문화</td><td>• 문구센터, 기타 카테고리킬러형 매장</td></tr>
</table>

구 분		국내 주요 소매업태
유점포소매업	편 의 점	• 편의품 중심 주거 밀착형 매장 • 세븐일레븐, CU 등 및 독립편의점
	드럭스토어	• 주거 밀착으로 편의품과 의약품을 취급하는 매장 • CJ올리브영, GS왓슨즈 등
무점포소매업	인터넷쇼핑몰	• 인터파크, 11번가, 티몬, 쿠팡 등
	TV홈쇼핑	• CJ홈쇼핑, GS홈쇼핑, 롯데홈쇼핑, 농수산홈쇼핑, 현대홈쇼핑
	기타	• 카탈로그판매업, 자동판매기, 방문판매업

〈표 6-4〉 업종점 등 기타소매 시설 종류

구 분	주요 소매시설 현황
쇼핑센터	• 여러 업태점과 업종점(상점)이 집합해 있는 단순 건물집합체 • 쇼핑센터 유형을 근린(Neighborhood)형, 지역(Community)형, 광역(Regional)형, 초광역(Super Regional)형 등 4가지로 분류
상점가	• 여러 업종점(상점)이 밀집한 상가 또는 쇼핑몰 • 지하상가, 도로변상가, 동대문의류상가, 쇼핑센터내의 쇼핑몰 등
할인점or 대형마트	• 광의의 해석으로 기존 소매업태보다 상시 할인된 가격으로 판매하는 소매점 • 할인백화점(세이브존 등), 대형슈퍼마켓(SSM), 종합슈퍼마켓(이마트 등), 할인전문점(카테고리킬러 포함) 등
시장	• 상품 및 서비스를 판매하는 다양한 업종점의 집합체 • 현대식 또는 재래시장(상설시장, 정기시장) 등

제2절 유통업 창업 절차

1. 사업규모 및 업종의 선정

초기 창업시 업종선정이 창업의 성패에 많은 영향을 준다. 업종선정은 서두르지 말고 신중한 자세로 다양한 정보와 자료를 분석하고, 시장조사 과정을 거쳐 결정하여야 한다. 가능하다면 해외시장까지 살펴보는 것이 좋다.

사업규모는 사업업종 및 사업유형에 따라 결정하되 자기자금 조달능력의 범위 내에서 소요자금의 용도 및 필요시기 등을 고려하여야 한다. 창업 초기의 소요자금은 주로 점포구입비(또는 임대료), 점포권리금, 시설비(필요시), 내·외부장식 및 레이아웃, 상품구입비, 상품 또는 대리점 보증금 등에 차질 없이 지출되어야 하고 직원임금, 점포유지비, 물류비, 각종 공과세금, 조달자금이자 등 6개월 내지 1년까지의 씨앗자금(seed money) 즉, 운영자금을 확보하고 있어야 한다. 성공적인 창업을 위해서는 동종업종의 점포를 지속적으로 방문하여 벤치마킹(benchmarking)할 필요가 있다.

2. 인·허가 등 법적 요인 검토

유통업에 있어서도 창업 업종의 인 · 허가가 매우 중요하다. 따라서 인 · 허가를 받아야 하는 업종은 인·허가 처리기관 및 처리절차, 소요기간 및 경비, 시설기준 및 자격요건과 구비서류를 정확히 파악하여 소정의 절차에 따라 취득하여야 한다.

창업자는 점포입지를 선정하는데 있어서 점포용도를 확인하여 창업업종의 영업활동이 가능한 점포를 선정하여야 한다. 유통업은 업종의 특성상 인·허가사항이 적고, 창업절차가 간단하기 때문에 일반적으로 점포를 확보하고 사업자등록을 하면 영업을 할 수 있지만 담배, 양곡과 같이 유통질서 확립이 필요한 제품과 의약품과 같이 전문지식을 필요로 하는 업종 등에 대하여는 개별법에서 시설기준 및 자격요건 등을 규정하고 있다. 따라서 창업자는 업종을 선정하고자 할 때 자신이 창업하려는 업종이 관련법에 의해 허가, 등록 또는 신고가 필요한 업종인지 여부를 파악하여 창업준비를 하여야 한다.

3. 상권 및 시장분석

유통업의 창업자는 자신에게 적합한 업종을 선정할 때 그 업종에 맞는 상권을 설정하여야 한다. 상권이란 상점 또는 집단에 관계된 고객이 분포하고 있는 지리적 범위로서 구체적으로는 당해 상점가 고객 흡인력이 있고, 취급하는 상품에 대해 상시로 당해 상점가에서 구입하는 고객이 분포하고 있는 지역을 말한다. 창업자는 신설점포의 입지 선정시 기존 상권을 선택할 것인가 아니면 스스로 독자적인 상권을 개발할 것인가의 문제에 봉착하는데 그 결심 여하에 따라 경영전략이 근본적으로 달라진다.

상권의 차별성에 따른 경영전략을 수립하는데, 독자적 상권을 개척하기로 결심하게 되면 점포 신설지역에서 창업하고자 하는 품목이나 업종에 대해 새로운 경영환경을 창조하고, 고객층을 새로 형성하기 위한 마케팅 전략을 수립하여 확장위주의 경영계획을 추진하여야 한다.

기존상권에 진입하는 경우는 이미 형성되어 있는 상권의 분위기에 적절히 대응하고 고객의 기호와 요구에 적응하기 위한 마케팅을 통해 기존 고객을 신설점포로 유인할 수 있는 전략이 중심이 되어야 하므로 신설 점포의 차별성을 부각시키기 위한 점포의 면적, 점포간 거리는 물론, 광고, 홍보 전략도 다른 각도에서 설정하여야 한다.

4. 입지선정

1) 점포의 입지선정

유통업의 기본적인 특성은 고객과 직접적으로 대면하여 판매한다는 것이므로 입지선정이 사업성공의 대부분을 점한다고 해도 과언이 아니다. 점포의 입지는 상권내에 소비 대상인구가 많고 장래에도 인구가 증가할 것이 예상되며 소득수준 및 소비성향이 높고 구매력이 왕성한 연령층의 거주자, 즉 계획업종 및 업태에 적합한 소비자가 다수 존재하는 곳을 선택하여야 한다.

또한 도로, 지하철, 버스, 노선 등 교통체계를 비롯하여 다수의 소비자를 유인할 수 있는 시설이 주변에 존재하고 기존 상권이 형성되어 있는 곳이 경험이 적은 창업자에게는 유리하다. 소매업도 업종에 따라 차이가 나지만, 특히 도매업인 경우 유사업종 상권이 형성된 곳을 선정하는 것이 바람직하다.

2) 입지 선정시 고려할 사항

점포의 입지를 선정할 때는 계획하고 있는 입지와 창업할 업종 및 업태와의 적합성 여부를 먼저 확인하고 다음의 내용을 충분히 검토하여야 한다.

먼저, 후보지의 환경에 대한 조사가 필요하다. 즉 해당 상권의 인구수, 인구구성, 세대수 소비수준, 목표소비자의 수 등을 전문기관에 의뢰하거나(프랜차이즈 창업은 본부에서 대행), 창업자가 직접 현장에서 반복적으로 관찰함으로써 심층적으로 조사한다.

둘째, 점포 후보지의 장래성에 대한 조사가 필요하다. 즉, 시가지 형성상황, 주변도시의 인구증가 속도, 신도시 계획 및 도시개발 계획의 유무, 도로의 신설, 변경 등과 함께 강력한 경쟁업체 또는 대형판매점의 출점계획이 있는지에 대해서도 확실히 알아두지 않으면 안 된다.

셋째, 새로운 점포가 창업자 자신의 능력에 적합한가를 사전에 확인하여야 한다. 점포 보증금 및 권리금, 점포 임대기간 연장 가능성과 임대료 인상률, 창업자의 거주지와의 통근거리 등이 확인의 대상이다.

넷째, 점포규모의 적정성과 기존 점포들과의 경쟁요소를 면밀히 조사한다. 일반적으로 인접한 경쟁업체보다는 규모가 조금이라도 큰 것이 신설점포에 대한 소비자의 관심을 끌기에 유리하고, 취급 상품을 눈에 잘 보이는 곳에 보기 좋게 진열하여, 판매할 수 있는 정도의 적정규모로서, 주변의 여타 점포에 비해 규모면에서 경쟁력이 있어야 한다.

3) 점포 계약시 유의할 사항

대형유통업 뿐만 아니라 중소유통업에 있어서도, 창업하고자 하는 사람은 점포 임대차 계약을 위해서 주변 후보지에 대한 모든 정보를 활용하여야 한다. 즉 신문, 잡지, 방송매체, 주위의 경험자 등으로부터 가능한 모든 정보를 수집하여 점포를 구하고 자신이 직접 꼼꼼하게 권리금 문제, 점포의 하자여부, 임대차 계약의 조건, 점포의 소유권 등 법률상 문제, 임차인의 의무사항 등을 살펴보고 난 후 계약을 하여야 한다.

특히, 계약할 점포의 등기부 등본, 토지대장, 건축물 대장 등 법률관계를 확인한다. 그리고 도시개발 계획을 확인하고, 계약은 실제 소유주인가 확인하고 계약을 체결한다. 임대 기간은 여건에 따라 결정하며, 계약서상에 반드시 기재해야 한다.

기존점포의 경우는 기존의 점포를 인수하여 새로 개업할 경우 신규 창업(개업)에서 오는 시행착오를 줄일 수 있겠지만, 권리금 문제가 발생하고, 투자자금에 비해 경제성이 떨어질 우려가 있으므로 다음 사항을 유의해야 한다.

- ▸ 기존점포의 경영상태가 어떠하였는가?
- ▸ 인근의 경쟁업체의 상태는 어떠한가?
- ▸ 개축이나 신축 계획은 없는 건물인가?
- ▸ 권리금이 적정하고, 안전장치를 만들 수 있나?

마지막으로 상기에서도 언급했지만, 권리금 문제에 유의해야 한다. 권리금이란 점포 영업권의 포괄적인 개념으로 하나는 주로 시설 개선비, 인테리어 설치비에 대한 보상액을 의미하고, 다른 하나는 일정기간동안 한 장소와 점포에서 특정 간판 상호 등으로 영업을 해온 덕택에 발생한 고정적인 수입 보장에 대한 금전적 보상이다. 따라서 권리금은 법적으로 확실히 보장받을 수 있는 것은 아니다. 그러나 대개의 건물 주인은 권리금을 묵시적으로 인정하는 것이 보통이다. 만약 건물 주인이 직접 점포를 운영하려 할 때 또는 새로 건물을 짓기 위해 세든 사람을 내보내려 할 때 권리금 분쟁이 발생하게 된다. 법원의 판례 경향은 주인이 동종 업종을 하려고 내쫓을 때를 제외하고는 세입자가 승소하는 경우는 거의 없다. 따라서 권리금을 주고 인수할 경우는 권리금 규모를 건물주에게 알리고 가능한 한 인간적인 좋은 관계를 유지하는 것이 중요하다. 그리고 점포를 넘길 때를 대비하여 생길 수 있는 권리금 양도차익에 대해서 과세가 되기 때문에 점포 권리금 수수증서를 꼭 챙겨야 하며, 이는 필요시 제시될 수 있도록 보관해야 한다.

〈표 6-5〉 점포 계약시 유의사항

항 목	주요 유의사항
점포계약 (신규 및 기존)	• 건물의 법적인 문제는 없는가? • 도시계획을 확인하였나? • 실제 건물주와 계약하는가? • 기존 점포(종전)의 경영상태가 어떠하였는가? • 인근의 경쟁업체의 상태는 어떠한가? • 개축이나 신축 계획은 없는 건물인가? • 권리금이 적정하고, 안전장치를 만들 수 있는가?

5. 개업 준비 절차

1) 직원채용

유통업은 특성상 고용의 정착성이 낮아 직원의 이직률이 매우 높다. 그러나, 시간제근무가 가능하고, 행사 기간중에는 임시직을 파트타임으로 활용할 수 있다는 장점도 있다. 따라서 소규모 창업점포는 가급적 직원의 수를 최소화하고 경우에 따라 가족경영형태를 취한다. 한편 시간제 파트타임 직원을 최대한 활용하는 것도 경비절감에 매우 중요하다. 그리고 특별히 경험이 있는 종업원이 필요하다고 판단될 때는 사전에 채용조건을 결정하여 확보하는 것이 중요하다.

유통업에서는 특히 종업원의 의식구조와 능력은 판매액에 직접적인 영향을 끼치므로 신뢰를 바탕으로 인간적인 유대관계가 형성, 유지되도록 해야 한다.

2) 상품 조달

상품을 거래처(또는 브랜드)에서 약정된 품질수준으로 적정가격에 안정적인 공급을 받으려면, 다수의 거래처를 물색하여 볼 필요가 있다. 이 중에 선택된 거래처가 있다면 거래하기 전에 문서화가 매우 필요하다. 계약사항에는 납품방법, 가격, 발주 후 입고까지의 시간, 하차 및 진열유무, 선수금, 하자 반품조건, 결제방법, 재고품의 반품방법, 유사상품을 취급할 때의 계약조건, 계약기간, 해약조건, 위약금 등을 계약서에 명시하여 책임소재를 명확히 하여야 한다. 또한 자금조달 범위내에서 적정한 상품종류와 적정구매량을 발주한다.

또한, 판매계획을 수립하여 이에 따라 투자액과 예상목표 이익액을 비교하여 판매목표액을 결정하고 판매액 달성을 위한 상품구색 또는 상품구성을 결정한다. 특히 상품구색에 힘써야 한다. 상품의 계열구성, 상품의 품목구성 등에 주력해야 한다.

3) 매장 인테리어공사 및 내부장식

창업을 통하여 매장을 개점하기에 앞서, 매장 시설공사와 실내 인테리어 및 내부장식은 투자계획에 따라 예상투자비가 초과하지 않는 범위 내에서 추진하여야 한다. 또 매장시설은 사전에 복수의 여러 업체를 조사할 필요가 있으며, 동업종에 관한 인테리어 전문업체와 일괄계약이 유리(허가관련 처리가 용이)하다. 그리고 체인점이나 대리점인 경우는 본사에 직접 의뢰하거나 본사에서 제공하는 설계에 따라 진행하면 된다. 점포의 외관 디자인은 고객이 노력하지 않고도 쉽게 발견할 수 있게 구성하고, 충동구매가 필요한 업종의 점포는 고객이 외부에서 점포내의 분위기를 느낄 수 있도록 설계하여 고객흡인기능을 강화하여야 한다. 반면에 목적구매가 필요한 업종인 점포는 목표고객만이 점포 내로 들어오도록 점포 성격을 알릴 수 있는 외관설계에 치중하여야 한다.

점포의 내부디자인은 고객의 구매욕구를 높이기 위해 점포내의 분위기를 상품의 특성에 맞추어야 한다. 또한 밝고 즐겁게, 상품을 보다 매력적으로 느낄 수 있도록 설계하며, 내부면적의 배분은 매장 및 후방시설(비매장) 면적의 비율과 매장면적을 상품구색별로 구분하여 가장 효율적인 비율로 구성하는 것에 신경 써야 한다. 이를 위해서는 신중한 동선계획이 필요하다.

점포의 바깥조명은 고객을 흡인하고 인도하며 영업시간외에도 점포의 존재를 기억시키는 역할을 할 수 있도록 하는게 매우 중요하다. 또한 점포 안의 조명은 고객으로 하여금 상품에 시선을 끌게 하여 품질과 가격 검토에 도움을 주어 구매욕구를 불러일으키게 설계하는 등 상품을 돋보이게 하는 색채 배합과 상품의 분위기에 맞는 상점 색채를 선정하여 고객의 구매심리를 적극적으로 유발시키는 것이 중요하다.

4) 상품 매입과 진열

초도상품의 매입은 매출계획에 따라 진행되어야 한다. 또한 고객을 만족시킬 수 있는 상품과 고객이 원하는 상품을 위주로 하는 상품구색과 재고수량을 감안하여 상품매입을 결정하여야 한다. 또한 관련품목을 중점 취급하는 상품 거래선(매입처)을 다수 확보하되, 상품 매입처는 상품과 판매자세 및 기업자체의 경영적 배경을 검토하여 평가한다.

첫째, 상품의 레이아웃(layout)을 할 경우 점포를 하나의 종합시스템으로 보고 모든 기능이 매끄럽게 연결되도록 배치하여야 한다. 특히 동선과의 연계성을 중요시해야 한다.

둘째, 상품의 디스플레이(display)는 고객의 눈에 구매하고자 하는 상품이 가장 잘 보이도록 진열하는 것이 원칙이다. 따라서 상품진열의 구성요소인 상품(무엇을), 진열량과 수(얼마만큼), 진열면, 진열의 위치, 진열의 형태를 신중히 검토하여 선택하여야 한다.

셋째, 재고관리는 고객이 원하는 상품의 구색을 충분히 갖추고 적정 수준의 재고를 유지하기 위해서는 꼭 필요하다. 특히 기초재고, 상품구색재고, 신규재고를 적정선에서 유지하려면 매장과 창고에 있는 상품수량, 상품별 판매빈도, 주문해야 할 상품의 유형과 수량에 대한 정확한 데이터가 확보되어야 한다. 또한 재고부족의 원인이 되는 부정확한 판매예측, 거래선(매입처)로부터의 상품공급 지연, 매입자금의 부족, 예상치 못한 고객수요 등에 대한 대응책도 아울러 마련되어야 한다. 특히 체화재고가 발생치 않도록 신경을 써야 한다.

5) 판촉 · 홍보전략

점포의 성공적인 창업을 위하여 개업을 전후하여 다음과 같이 광고, 홍보, 인적판매 등 판매 및 홍보활동을 추진하여야 할 필요가 있다.

첫째, 홍보활동은 비교적 손쉽고 비용이 저렴하고, 꾸준한 효과를 볼 수 있는 전단을 활용하는 것이 좋다. 또한 적절한 시기에 소비자를 직접 관리하는 DM(개인에게 직접우편물 발송하는 방식)에 의한 광고를 하고, 지역잡지광고(지역성, 한정된 소비층, 단기적인 광고효과) 및 월간잡지, 전문지 광고(기록성, 동종업계 홍보효과, 장기적인 전달효과), 대중성, 기록성, 신문의 권위에 의한 설득력 있는 신문광고, 체인점이나 대리점 본사 차원에서의 TV광고에 참여하는 것이 필요하다.

둘째, 광고마케팅전략을 실행한다. 즉, 광고매체를 이용하고, 전화광고, 정리, 정돈, 청소, 청결, 종업원의 마음가짐(친절, 예절)의 영업전략, 스마일 접객, 소문난 영업방식 등의 전략을 실행한다.

셋째, 소비자에 의한 구전광고(입소문)가 매우 중요하다. 개점초기의 소비자 입을 통한 소문광고는 매우 중요하므로 오피니언 리더계층을 확보하여 지속적인 홍보가 필요하다.

넷째, 개업판촉과 지속적인 프리미엄 판촉활동이 매우 필요하다. 즉, 개업축하 판촉물 증정에 의한 광고, 고객사은 행사광고, 끊임없는 아이디어 창출에 의한 이벤트 행사형 광고활동 등이 필요하다.

6) 개업준비 최종검토

개업전 인·허가는 잘 되어 있는지, 개업시 제대로 상품진열이나 시설 집기류는 갖추어져 있는지 등 여러 가지 준비사항에 대해 체크 리스트를 만들어서 최종적으로 체크한다. 개점 전에 최종검토를 해도 체크사항에서 빠지기 쉽다.

예를 들어, 음식점을 창업한다면 꼭 알아둬야 할 사업자등록 및 인허가 절차를 알아보도록 한다.

우선, 영업 허가를 신청하기 위해서는 수돗물의 사용 여부, 주차장 점유, 도시가스 여부, 소방시설, 정화조 등을 사전에 점검해야 한다. 또 음식점 허가 사항 중 기본 시설들이 예정 후보지에 없을 경우에는 추가 비용을 확보해야만 한다. 영업 허가를 신청하면 관할 행정부서에서는 점포의 현장 점검을 통해 영업 허가증을 발부한다.

시설 인허가 절차로는 점포 인테리어 공사가 완료되면 시설 인허가는 인테리어 업체에서 대부분 대행한다. 이때 소방, 가스 설비, 수도 배관, 외부 간판, 조명 등 창업 시 필요한 인허가 절차를 진행한다. 창업자는 시공이 마무리되는 시점에 음식업중앙회의 위생 교육 및 관할 보건소의 위생 검사를 받아둔다. 소방 및 가스 설비에 대한 허가증과 위생 교육을 수료하면 관할 위생과에 영업허가증을 신청하도록 한다.

〈표 6-6〉 창업시 인허가절차(음식점 기준)

항목	주요내용	비고
1. 영업허가	• 식품접객업소 : 일반음식점, 휴게음식점,(빵, 떡 등 제조, 판매하는 과자점), 단란주점, 유흥주점 등 4부문으로 구분 • 영업허가 : 식품영업허가신청서, 영업설비개요, 건축물관리대장등본, 위생교육필증, 건강진단증(대표자), 도시계획확인원	
2. 소방검열	• 일정규모 이상의 식당 소화기 설치	
3. 사업자등록	• 점포 관할세무서에 신청 및 허가 • 구비서류 : 사업자등록허가신청서, 영업허가증 사본, 주민등록등본, 임대차계약서사본, 주민등록증사본, 도장 등	
4. 보건증	• 식품위생법에서 영업자와 종사자에게 보건증(건강진단수첩) 요구 • 보건증은 점포 관할 보건소에서 사진2매와 주민등록증을 제시하여 발급	
5. 금전등록기 설치허가	• 해당세무서에 신고 • 간이과세자와 과세특례자는 설치안해도 무방	
6. 신용카드	• 신용카드 사용신청 및 카드조회기 신청 • 카드회사에 문의 안내 및 대행	
7. 간판허가	• 돌출간판은 점포관할 건축과, 벽면간판은 동사무소 소관 • 간판설치 허가시 영업허가증사본 제출	
8. 기타	• 인테리어 공사 및 평면확대시 필요 가건물사용신청을 받아야 함	

사업자등록은 세금 징수나 사업장 파악 등의 자료로 이용되고 사업자에게 부여된 등록번호는 모든 상거래에 있어 사업체를 표시하는 일종의 주민등록과 같은 역할을 한다. 사업자등록증은 영업 허가증을 발부받은 후 관할 세무서에 신청하면 된다. 행정부서에서는 정해진 기한 내에 민원 처리를 하므로 점포 오픈 일정을 고려해 영업 허가 및 사업자등록 문제를 해결해야 한다. 대부분이 개인기업 형태로 운영되는 음식점은 사업장을 갖춘 후 임대차계약서와 영업허가증을 가지고 관할 세무서에 사업자등록을 신청하면 된다. 이는 사업을 시작한 날로부터 20일 이내에 신청하면 되고, 사업 개시 전에도 신청 가능하다. 이때 필요한 서류는 사업자등록

신청서(개인사업자용), 사업허가증 사본, 사업등록증 또는 신고필증 사본, 임대차 계약서 사본, 사업장 도면 등이다.

제3절 유통업 창업가이드(로드비즈니스 중심)

1. 업태의 개요

1) 업태의 개념

로드비즈니스란 상품의 상거래가 일정한 형태의 점포가 아닌 길거리에서 이루어지는 사업을 말한다. 역세권 인근 및 재래시장, 유원지, 학교 앞 등 도로가 형성된 곳이면 어느 곳에서나 로드비즈니스가 존재한다. 로드비즈니스에서 유통되는 아이템은 최근의 아메리카노 커피에서부터 뽑기 인형에 이르기까지 수백 종류에 이르고 있다.

2) 길거리사업의 종류와 형태

(1) 가로노점상

부피가 작은 액세서리, 생활용품 같은 품목을 가방이나 휴대용 깔개, 진열대와 함께 갖고 다니면서 판매를 한다. 차량이 없고 소량이므로 개설과 철수가 간편하여 장소 이전에 유리하다.

(2) 가판대형

공식형(키오스크형) 사업으로서 과거 관할 관청의 허가를 득하고 영업을 하는 형태이다. 1989년도까지 신규허가가 있었으나, 그 이후로는 일체의 신규허가를 허용하지 않고 있는 상황이며, 2007년 1912개에 달했던 가로판매대(이하 가판대)가 2016년 1016개로 줄어들었다. 서울시가 2007년부터 보다 엄격한 관리 기준을 적용하면서 9년 새 가판대가 무려 47%가 감소한 것이다. 서울시는 2007년 10월 '보도상 영업시설물 관리 등에 관한 조례'를 개정해 배우자 포함 재산이 일정정도(2007년 10월~2015년 4월 2억원, 2015년 5월 이후부터는 3억원) 이상인 사업자 또는 허가를 받지 않고 운영권을 타인에게 넘긴 사업자의 가판대 허가를 취소하는 등 관리 기준을 대폭 강화했다. 대로변의 가판대, 구두 수선소, 공원에 위치한 판매소 등이 이 형태에 포함된다.

(3) 이동식조리대를 사용하는 형

손수레에 조리대 등을 부착하여 단거리를 이동하면서 판매하는 형태로서, 한 곳에 자리를 잡아 영업을 한다. 오뎅이나 붕어빵, 포장마차 등 고전적인 업종이 이에 속한다. 이 형태는 단골 고객을 확보할 수 있고 품목을 바꾸어 가면서 1년 내내 동일한 장소에서 영업을 할 수 있다는 장점이 있다.

(4) 보따리이동형

대중교통인 버스 또는 지하철 내에서 조그마한 손수레 등을 이용하여 영업을 하는 형태를 말한다. 부피가 작고 가격이 저렴한 상품이 강점이며, 고객의 입장에서는 보고 만져보면서 상품을 구입할 수 있다. 이 형태는 무엇보다도 판매자의 말솜씨가 판매량을 좌우한다. 똑같은 상품이라도 판매자의 말솜씨로 인해 매출에 큰 차이를 가져온다.

(5) 차량이동형

차량이동형은 1~1.5톤 차량을 가지고 기동성을 살려 매출이 높은 곳으로 이동하며 장사하는 형태이다. 그 방법도 단순히 짐만 나르는 것에서부터, 차에 전시공간을 꾸며, 어디서든 펼치면 바로 영업할 수 있는 것 등 다양한 모습으로 나타난다. 먹는장사의 경우 차량을 개조하여 차량에서 직접 조리하여 판매하는 형태가 많다. 특히 분식류, 토스트, 원두커피 등을 판매하는 비중이 높다.

2. 업태의 일반 현황

1) 로드 비즈니스의 현황 및 운영실태

조선시대 말 종로 저잣거리에는 임시로 집을 짓고 물건을 파는 '가가(假家)'라는 상점들이 있었다. 나무 기둥 위에 천막을 치고 바닥에 멍석을 깐 이 가가에서 곡물과 소금, 짚신, 포목, 잡화들의 물물 교환 거래가 이뤄졌다. 이 가가들은 구한말 소매상으로 변했고, 추후 각종 일용 잡화를 파는 만물상으로 발전하면서 지금의 종로 상가의 원조가 됐다. 그 후 명동 남대문 동대문 등 4대문 부근 교통 요지를 중심으로 근대적인 형태의 상점들이 모이면서 시장이 형성됐다. 시장에는 정식 점포를 가진 상인 외에 임시로 물건을 파는 영세상인들이 있었다. 지금의 노점상이 바로 이들이다. 이들 중 일부는 길가에 터를 잡고 정기적으로 장사를 하기도 했다. 또한 1960년대 이후 수출주도형 공업화가 본격적으로 전개되면서 값싼 임금으로 장시간 노동을 시킬 수 있는 대규모의 노동인력이 필요하였다. 그 결과 저임금 장시간 노동에 기초한 노동력이 도시로 유입되었고 이것이 최근의 로드 비즈니스 발생의 원인이 되었다. 도시 유입 인구는 대부분 무자본, 무학력, 무기술의 장년층과 부녀층 이었으며, 이들이 산동네, 도시 변두리, 판자촌 등에 정착하면서 생활수단으로 노점상을 하기 시작했다. 이런 로드비즈니스의 형성경로는 80년대 중반이후부터 더욱 구체화 되고 복잡해지기 시작했다. '거리의 백화점'이었던 노점상은 우리의 사회, 경제 상황과 산업화, 도시화 시대를 거치면서 점점 증가추세에 있다.

2) 합법적 로드 비즈니스

최근 활성화되고 있는 합법적 로드비지니스인 푸드 트럭의 정의를 살펴보면 「식품위생법」에 따라 지자체장에게 식품접객업 영업신고 승인을 받은 음식판매자동차(「자동차관리법」 상 특수자동차)로 정의하고 있다. 영업신고는 구비서류를 갖춰 휴게음식점영업(음료, 아이스크림, 분식 등) 및 제과점영업(빵, 떡, 과자 등) 으로 사전에 시·군·구 위생담당 부서의 승인을 받아야 한다. 그리고 푸드트럭 기준을 살펴보면, 「식품위생법」 및 「자동차관리법」 상 설치기준 명시로 차 량 은 경·소형 화물자동차이며 조리장 높이는 1.5m, 면적은0.5㎡ 이상이고 액화석유가스 완성검사를 받은 차량이어야 하며 장소는 유원·관광시설, 체육시설, 도시공원, 하천, 학교, 고속국도졸음쉼터, 국유·공유재산 및 '지자체 조례로 정하는 시설' 지자체 조례에 따라 국가·지자체·공공기관이 주최하는 행사에서 일시운영 가능하다고 되어있다(국조실 조례표준안 배포, '15.11월 → 대전, 공주 조례 시행,' 16.4월).

〈표 6-7〉 푸드트럭 영업절차

업무절차	관련기관 및 역할	영업자
1. 영업자 모집 공고	(국가 및 지자체 / 민간) 영업관련 내용 공고 영업자수, 장소, 영업시간, 업종 등 사업계획서(안) 제출	모집공고에 따라 관련서류 제출 사업계획서에 식수 조달방안 등 기본적인 사항은 의무적으로 기재
2. 사업자선정 (계약체결)	(국가 및 지자체 / 민간) 사업계획서를 검토하여 사업자 선정	사업자 선정 계약서를 영업신고 시 지자체 위생담당 부서 제출
3. 자동차 구조변경	사업자 선정 계약서를 영업신고 시 지자체 위생담당 부서 제출	자동차 구조변경 신청 승인을 받아 자동차 정비사업자에게 시공. 시공 후, 교통안전공단에 검사
4. 액화석유가스 안전검사	(한국가스안전공사) 완성검사 승인	액화석유가스시설 시공 후 완성검사 신청 –승인신청 서류(3종) 제출
5. 위생교육	(위생교육기관) 제과점영업: 제과협회(1회/월) 휴게음식점: 휴게업중앙회(2회/월)	영업종류에 따른 위생교육 수료 신규교육: 6시간(영업전) 신규교육: 6시간(영업전)
6. 건강진단	(보건소/병원/의원) 식품을 직접 제조·가공·조리·판매하는 영업자/종업원 건강진단 실시	영업시작 전 건강진단을 받아야 함. 장티푸스, 폐결핵, 전염성 피부질환(한센병 등)
7. 영업신고	(시·군·구 위생담당 부서) 식품 영업신고 승인	(시·군·구 위생담당 부서) 식품 영업신고 승인
8. 영업신고변경, 폐업	(시·군·구 위생담당 부서) 영업신고 변경 및 폐업신고 승인	(시·군·구 위생담당 부서) 영업신고 변경 및 폐업신고 승인

3) 그 외의 로드 비즈니스

정부에서 지원책이 나오는 키오스크, 푸드트럭의 경우를 제외하고 모든 노점상은 불법이다. 거리 환경미화와 시민의 통행불편, 위생상태 등의 문제로 단속이 되고 있다. 생계형 노점상에 대해서는 단속을 자제한다는 정부와 자치단체의 시책이 있지만, 국제 행사 등이 있을 때는 전부 단속대상이다.

3. 창업절차

1) 창업예비절차

사업을 구상하는 단계로서 창업의 방법 및 자금소요계획 등을 결정하는 단계이다. 이와 동시에 사업아이템에 대한 구체적인 정보 수집도 이루어져야 한다.

2) 아이템 선택

노점형태는 크게 차량형, 리어카형, 좌판형으로 구분할 수 있다. 차량형은 중고트럭을 이용, 매출이 높은 곳으로 기동성 있게 움직일 수 있다는 것이 최대 강점이다. 차를 적당히 꾸미면 웬만한 점포도 부럽지 않다. 야채, 과일, 생선, 반찬거리등을 대형도매상가에서 구입하여 동네 골목을 누비며 판다. 주로 주부상대 품목이 많다. 리어카형은 단거리 이동용으로 대부분 동일한 장소에서 붙박이식으로 장사를 한다. 주로 오뎅, 붕어빵, 포장마차 등 전통적인 노점상이 많다. 좌판형은 규모가 작은 노점상들, 주로 덤핑처리용 생활잡화나 의류, 장난감, 문구, 액세서리, 주방용품 등을 판다. 따라서 개인의 자금여력 및 생활환경, 적성 등을 고려하여 아이템을 결정해야 한다.

3) 입지선정

길거리 사업은 대부분이 무허가 사업으로 단속이 가장 문제이다. 따라서 일단 초보자는 노점을 허용하는 시장에 참가하는 것이 좋다. 서울 용산 '열정도' 야시장, 동대문 밤도깨비 야시장, 한강야시장처럼 합법적인 곳을 이용하고, 자투리 땅이나 주차장을 이용하는 처마 밑 상가도 좋다.

4) 사업타당성 검토

사업의 수익성 및 향후 성장성을 검토하는 단계로서, 외부환경 및 내부환경에 대한 SWOT 분석을 통하여 적정한 수익이 장기적으로 발생될 수 있는지를 점검하여야 한다.

5) 현장수업

현사업의 경험이 없는 초보자인 경우에는 가능하다면 동 업종에서 견습기회를 얻어 실제 감각을 익히는 것도 매우 유익하다.

6) 홍보계획

홍보판촉 방법을 기획 및 견적하는 단계이다. 정형화된 POP 등은 사전 간판 제조업자에게 시공을 의뢰한다.

4. 상권 및 입지분석

1) 로드비즈니스의 적합입지

가. 유동인구 밀집지역

길거리사업에서 취급하는 아이템 역시 적합입지에 위치해야만 장사가 잘된다. 그러나 취급아이템이 박리다매형 상품이 대다수이기 때문에 꾸준한 판매가 이루어져야 한다. 따라서 유동인구의 흐름이 많으며, 끊임이 없는 입지가 상대적으로 유리하다.

나. 배후세력의 적합성 여부

사업 입지를 선정할 때 확인해야 할 사항 중 배후지역의 세력이라는 것이 있다. 배후지역이라는 것은 한마디로 점포의 상권 안에 거주하고 있는 영업 대상층의 범위이다. 배후지역의 세력을 평가하기 위해서 조사하는 항목은 지역 주민의 소득수준, 인구수 및 세대수, 주거형태, 연령별 인구수, 소비 형태, 직업분포, 교육정도 등이다. 길거리 사업도 배후지역의 특성을 고려하여 사업입지를 고려해야한다. 종로3가에 위치한 탑골공원상권은 배후지역 특성을 고려할 시 장년층 내지 노인층을 대상으로 한 업종이 타당하다. 반면에 홍대 정문 앞 지역은 젊은 층을 대상으로 한 아이템이 적합할 수 있다.

다. 버스터미널 등 역세권

대중교통밀집지역은 점포사업에 지대한 영향을 끼치는데 이를 역세권이라고 한다. 역세권은 지하철역이나 버스정류장, 시외버스터미널과 같은 대중교통 수단이 상권에 큰 영향을 미치는 지역을 말한다. 역세권은 일반적으로 그 지역의 교통요지이기 때문에 통행 인구수가 많고 그렇다 보니 대부분 성공한다. 역세권 주위에서 입지를 고를 때 유의해야 할 점은 무엇보다도 교통수단의 이용계층이 주로 움직이는 방향을 파악해서 고객이 이동하는 동선을 고려하여 사업 후보지를 구해야 한다는 것이다.

라. 경쟁 상대자가 적은 지역

아무리 상권이 뛰어나고 아무리 좋은 입지를 선정했다고 해도 이미 그 상권에 자신이 하려는 업종이 포화상태라면 그 지역에서의 장사는 매우 어려울 수 있다. 따라서 경쟁점 조사를 통하여 상권 내에 출점이 가능한지, 불가능한지를 평가하며, 출점이 가능하다면 경쟁점과의 차별화 할 수 있는 방법을 모색해야 한다.

5. 광고 및 판촉계획

로드비지니스 특성상 특별한 광고 내지 판촉행사를 진행하기에는 장소적, 비용적으로 많은 제한요소가 뒤따른다. 이러한 상황을 고려해 볼 때 판촉에 대한 세밀한 기법은 여러 가지가 있겠지만 적용해 볼만한 판촉 방법은 현수막, 웰컴 폴 깃발, POP 광고 등이 있다.

6. 창업시 유의사항 및 사업 전략 포인트

길거리 경제로 통하는 로드비즈니스 창업이 결코 쉬운 것만은 아니다. 전국의 알뜰장터는 초보노점창업자들이 경험축적과 함께 정보 수집을 위해 많이 찾는 곳이다. 예전에는 노점상하면 일종의 사회 낙오자로 생각하는 경우가 적지 않았다. 그러나 노점 창업은 새로운 소자본 창업문화를 형성하고 있으며 유지비와 임대료가 없는 사업희망자의 소자본 창업의 출발점이다. 로드비즈니스는 최소의 창업자금, 쉬운 품목전환, 빠른 현금회전, 기동성 등 많은 장점을 지니고 있는 반면 노점상에 대한 단속과 부족한 경험으로 운영이 쉬운 것만은 아니다. 그럼에도 불구하고 최근 장사경험이 없는 퇴직자들이 길거리 경제에 많은 관심을 보이고 있는 실정이다.

합법적이지는 않지만 주요지역에서는 관할 관청과 노점상연합회 협의하에 노점 자리 배정에서 업종 조정까지 연합회가 전권을 갖고 있다. 또한 관할 구청이나 경찰 같은 단속기관과 잠정 협의를 통해 노점상들의 질서를 자율 통제한다. 영업 시작과 마감 시간도 구청 측과의 협의를 통해 결정하는 경우도 있으므로 협회 회원으로 가입하여 활동하는 것도 원활한 장사를 할 수 있는 방법이다. 다만 일정액의 보증금과 월 회비를 협회에 납부해야 하는 것이 부담이 될 수는 있다.

연습문제

1. 유통업의 종류에 대해 설명하시오.

2. 유통업 창업절차에 대하여 개략적으로 설명하시오.

3. 가상의 점포 출점지역을 선정하고 전체 비용과 수입을 산출해보자.

Chapter

7

프랜차이즈 창업

7 프랜차이즈 창업

우리나라 프랜차이즈 산업은 그동안 fast food, coffee, 분식, 한식류, 새로운 유통 매장, 서비스 등 다양한 업종에서 계속 발전을 하여 오늘날 산업의 규모나 고용창출 효과의 측면에서 새로운 경제성장의 동력으로서 주목을 받고 있다. 본 장에서는 프랜차이즈 창업시 기본적으로 알아야 할 프랜차이즈의 개념과 특성, 프랜차이즈 시스템의 장·단점, 프랜차이즈 사례 등을 살펴본다.

제1절 프랜차이즈 개념과 특성

1. 프랜차이즈 개념

프랜차이즈(franchise)라는 말은 프랑스어의 franc와 francher로 '자유를 준다'는 의미로 중세 가톨릭교회가 세금을 징수하는 관리에게 일정한 몫은 관리 자신이 갖고 나머지를 교황에게 납부했던 것에서 기인한 것으로 보는 것이 일반적이다.

원래, 중세기 경에 프랜차이즈(Franchise)라는 단어는 특권 또는 단순히 권리를 뜻하는 단어였다. 그 당시에는 그 지역의 군주 또는 성주가 시장이 서도록 허락하거나, 그 지역의 나루터 운영, 또는 자신들의 땅에서 사냥을 할 수 있도록 허락해 주는 것이 프랜차이즈라는 단어로 설명될 수 있었다.

프랜차이즈(Franchise)의 개념이 조금 더 넓어지면서 길을 새로 닦는 일이나 술을 만들 수 있는 일과 같은 사업들은 국왕에 의해 그 권리가 주어졌으며, 이것이 프랜차이즈(Franchise)의 시작이라 할 수 있다. 즉, 국왕이 누군가에게 어떠한 사업을 독점할 수 있는 권리를 부여하는 것이었다. 그래서 이러한 프랜차이즈(Franchise)를 관리하는 법 조항들은 모두 유럽일반법(European Common Law)에 채택되었다.

몇 세기가 지나면서 유럽 각국의 경제발전과 함께 프랜차이즈(Franchise)의 개념도 바뀌었다. 1840년 독일에서 유명한 양조장들은 몇몇 술집들만이 자신들의 술을 팔 수 있도록 권리를 주었다. 이것이 바로 우리가 알고 있는 현재 프랜차이즈(Franchise)의 시작이라 할 수 있다.

프랜차이즈 비즈니스 개념을 최초로 도입한 기업은 1860년대 미국의 싱거 재봉틀 회사(Singer Sewing Machine Co.)이며, 후에 1898년에는 자동차회사인 제너널 모터스(General Motors)등이 탄생하게 되었다. 이러한 프랜차이즈 형태는 그 효율성이 인정받기 시작하면서 급성장을 거듭해서 여러 종류의 상품 및 서비스 분야에까지 파급되기 시작했다.

우리나라에서는 1979년 햄버거 전문점인 롯데리아가 가맹점 형태로 1호점을 개점한 것이 프랜차이즈 비즈니스의 시작이며, 본격적으로 성장을 시작한 것은 1988년 올림픽 이후 1989년 편의점 체인인 세븐일레븐이 1호점을 개점하면서 현대적인 프랜차이즈 사업이 본격화하게 되는 계기가 되었다고 볼 수 있다. 이는 미국의 singer사가 프랜차이즈 비즈니스 개념을 도입한 시기와 비교해 보면 약 130여 년이 늦은 것이고, 프랜차이즈 비즈니스가 본격화되기 시작한 20세기 초와 비교해 보아도 대략 100년 늦게 우리나라에 도입되었다고 볼 수 있다.

국제 프랜차이즈 협회(The International Franchise Association)에 의하면 프랜차이즈(franchise, 가맹사업)란 어느 한 조직(franchisor, 가맹본부)이 일정 지역의 다른 조직(franchisee, 가맹점, 가맹점사업자)에 대하여 자기의 상호, 상표 등 영업을 상징하는 표지를 사용하여 제품 또는 서비스를 판매하거나 기타 영업을 할 수 있는 권리를 부여함과 동시에 영업에 대한 일정한 지시, 통제를 하는 한편, 선택적으로 그 영업에 대한 노하우를 제공하거나 상품을 공급하고, 이에 대하여 프랜차이즈는 프랜차이저(franchisor)에게 대가로서 가맹비,

보증금 또는 로열티나 제품대금 등을 지급하는 지속적인 계약을 체결하는 것을 말한다.

정리하면, 프랜차이즈(franchise)란 상호, 특허상품, 노하우(know-how)를 소유한 자가 계약을 통해 다른 사람에게 상표의 사용권과 제품의 판매권, 기술 등을 제공하고 그 대가로 가맹비, 보증금, 로열티 등을 받는 시스템을 말한다. 여기서 상호·상표·노하우 등을 소유한 자를 프랜차이저(franchisor)라 하고, 프랜차이저로부터 상호의 사용권, 제품의 판매권, 기술, 상권 분석, 점포 디스플레이, 관계자 훈련 및 교육지도 등을 제공받는 자를 프랜차이지(franchisee)라고 한다.

이상의 내용을 요약을 해 보면 프랜차이즈는 아래의 모형으로 요약할 수 있다.

〈그림 7-1〉 프랜차이즈 시스템 모형[1]

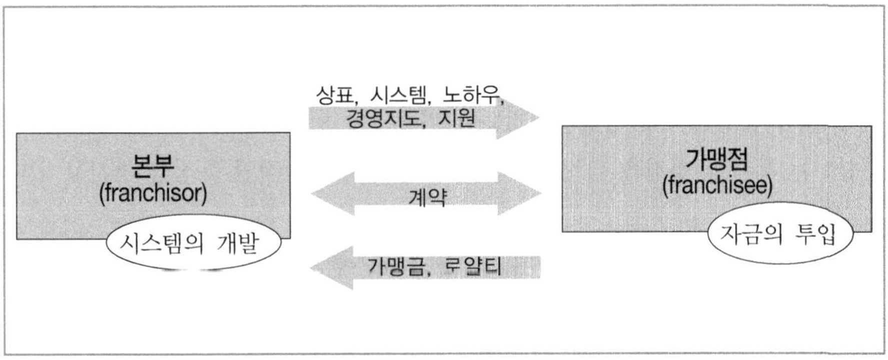

2. 프랜차이즈 시스템의 특성

프랜차이즈 시스템의 특징은 가맹본부와 자본을 달리하는 독립사업자인 가맹점이 서로 협력하는 형태로서 본부와 가맹점간에는 계약된 범위 내에서만 서로 통제하거나 특정한 요구를 수행한다는 것이다. 프랜차이즈 시스템의 특성을 살펴보면 다음과 같다.

첫째, 본사의 관리통제와 가맹점의 독립성이다. 프랜차이즈 시스템의 각 가맹

1) 한규철(2013), 프랜차이즈 시스템, 서울: 도서출판 범한.

점은 본사의 통일적 경영 방침에 따라 관리·운영된다. 이와 같이 통일된 경영방침에 따라 판매기능을 분산하는 관리 기능은 프랜차이즈(Franchise) 본사에 집중되어 있으며, 각 가맹점은 판매기능을 주요기능으로 하고 있다. 또한 가맹본부와 가맹점의 자율성이 인정되고 각자는 독립된 이윤의 흐름을 보장받는다는 점에서 일반적인 제품이나 용역의 거래와는 다른 특징을 보인다. 거래의 빈도가 일반적으로 낮다는 점도 특징의 하나로서 가맹본부가 가맹점에게 허가하는 상호나 기술전수, 경영기법은 계약기간동안 언제든지 사용할 수 있다.

둘째, 다점포 운영을 원칙으로 한다. 프랜차이즈(Franchise)사업으로서의 역할을 다하기 위해서는 최소한의 점포수가 확보되어야 한다. 종전에는 점포수 6개 이상을 국제기준으로 정한 때도 있었으나 지금은 최저 11개 이상의 점포가 있어야 국제기준에 합당한 프랜차이즈 시스템이 가동될 수 있다. 따라서 프랜차이즈사업을 한마디로 정의하면 동일 상품을 취급하며, 11개 이상의 점포를 본사가 통제하는 고도의 획일화, 표준화를 달성한 시스템을 가지고 전체의 판매력과 시장점유율을 강화해 나가는 소매조직이라고 할 수 있다. 결국 프랜차이즈사업은 프랜차이즈 본사에 경영관리기능이 집중되어 있고, 판매기능은 가맹점으로 분산되는 특수한 성격을 가진 조직이라는 점에서 독창적인 특징을 가지고 있다고 할 수 있다.

셋째, 협동성과 공동성이다. 프랜차이즈 시스템은 거래 쌍방이 상호 조정과 환경 적응을 필요로 하기 때문에 본사는 항상 변화하는 환경에 알맞은 교육 프로그램이나 마케팅 프로그램 개발에 노력을 기울여야 한다.

넷째, 불확실성의 감소이다. 본사에서 영업을 지속적으로 확장하고자 할 때, 해당 지역의 시장성 및 문화적 특성 등을 정확하게 예측할 수가 없다. 이러한 경우 해당지역의 가맹점들을 모집하여 영업활동을 허가해 줌으로서 정보의 부족에서 생기는 전반적인 불확실성을 감소시킬 수 있다.

다섯째, 상품매입의 통일성이다. 가맹점에 제공되고 있는 상품은 정형화, 표준화되어 있는 상품이기 때문에 제공 방법도 획일화, 표준화되어 있어야 한다. 또한 상품에 있어서 매입의 집중화와 동질화를 전제로 하기 때문에 각 가맹점에서 제공되는 상품은 각 가맹점에서 기획한 것이 아니라 프랜차이즈(Franchise) 본사에서 통일적, 정형적으로 기획된 것이어야 한다.

마지막으로, 표준화가 사업의 원천이다. 프랜차이즈 사업의 성공은 코스트 다운을 위한 매뉴얼화에 있다. 가맹점이 많이 확보되어 프랜차이즈 사업의 매력을 느꼈다 하더라도 비용절감이 이루어지지 않은 상태에서 무계획적으로 참여한다는 것은 문제가 있다. 계획도 없이, 표준화되지도 않은 상태에서 가맹점만 개설하게 되면 본사로서는 그 기능을 제대로 발휘될 수가 없으며, 오히려 인원과 경비만 늘어 결국 다점포의 장점은 없어지고, 본래의 프랜차이즈 사업 지속자체도 곤란해진다.

〈표 7-1〉 프랜차이즈산업의 성장요인[2)]

구 분	성 장 요 인
경제적	• 국민소득 2만 달러 시대의 도래 • 식문화의 질적 향상과 외식욕구 증가 • 가처분 소득의 증가와 외식비 지출 • 시장개방에 따른 해외업체 진출 가속화 • 세계화의 진전
사회적	• 도시화와 레저 지향 추세 • 여성의 사회진출 확대와 맞벌이 부부의 증가 • 핵가족화와 자가용의 증가 • 신소비층 확대 및 사회여건의 변화 • 소비자 편의주의 확산
문화적	• 문학생활과 외식가치관의 변화 • 식생활 패턴의 서구화 • 여가문화 향유와 외식의 장소적 매력 • 진통 메뉴의 개발과 현대화(퓨전화)
정보·기술	• IT산업과 기술의 진보 • 인터넷 보급과 디지털화 • 첨단 주방설비 및 기기 자동화 • 셀프 시스템 도입 • 선진경영기법의 도입

소비자의 기호변화에 대한 대응 및 다점포 운영으로 인하여 경쟁력 확보를 취할 수 있는 프랜차이즈산업이 단시간 내에 급성장, 발전하게 된 요인은 경제, 사회, 문화, 정보·기술 부분으로 요약하여 〈표 7-1〉과 같이 설명할 수 있다.

2) 한국프랜차이즈협회(2004), 프랜차이즈 경영원론

제2절 프랜차이즈 종류와 장·단점

1. 프랜차이즈 종류

프랜차이즈(Franchise)는 원래 체인 및 가맹사업을 말한다. 그러나 엄격한 의미로는 체인점이란 두 곳 이상의 장소에서 똑같은 브랜드와 상품과 이미지를 파는 점포형태, 즉 연쇄점(連鎖店)을 포괄적으로 이야기하는 것으로서 다음과 같이 세 종류로 나눌 수 있다.

1) 레귤러 체인(Regular Chain)

가맹본부가 직접 점포마다 투자를 하고 직원들을 파견하여 관리해 나감으로써 브랜드의 이미지를 보다 강력하고 일관되게 통제하여 소비자에게 좋은 이미지를 심어주면서 경영하는 점포방식이다. 자본이 너무 많이 든다는 단점이 있으나, 전국 어디서나 같은 색깔을 확실하게 낼 수 있다는 장점을 가지고 있다.

이러한 형태는 주로 외국의 기업과 체인 계약을 맺은 국내의 대기업이 패스트푸드, 패밀리 레스토랑에 많이 적용하고 있다. 예를 들자면 피자헛, 버거킹, 맥도널드, KFC 등이 있다. 이런 브랜드의 경우 개인이 자기만의 경영을 해볼 수 있는 기회는 주어지지 않는다.

2) 프랜차이즈 체인(Franchise Chain)

일반적인 프랜차이즈 체인점이다. 프랜차이즈란, 특허, 특권을 지칭하는 말로서 우리나라와 일본은 가맹사업이라고 풀이하고 있다. 이 형태는 개인에게 사업의 기회를 주는 방식을 채용하는 것으로 정확히 정의하자면 사업 지원형 가맹사업이다. 이 프랜차이즈 가맹사업은 가맹본부가 우선 개점 및 경영에 관한 노하우를 구축해 놓고 계약을 맺은 가맹점 사업자에게 여러 가지 노하우와 상호, 상품 공급권, 지역 독점권 등을 주고 영업을 지원하는 시스템으로 운영된다. 그러므로 개인은 가맹본부와 가맹계약을 맺음으로써 여러 가지 지원을 받아 손쉽게 사업을 시작할 수 있다.

가맹 본부는 가맹점사업자를 지원한다는 명분으로 개점 시에 대가를 받으며 개점 이후에는 로열티 등을 받아 수입을 올린다. 또한 최종적으로는 자기자본을 들이지 않은 타 점포에서 상품을 대량 소비하여 점주는 소매 마진을, 본부는 도매 마진을 지속적으로 확보한다. 즉, 획기적인 본부투자 절약형 유통사업 전개 방식이라 할 수 있다.

그러나 이 프랜차이즈 체인 방식은 계약에 따라 개인을 교육시킴으로써 전국적으로 통일화 작업을 해야 한다는 단점이 있다. 다시 말해, 한 점포에서 실수를 하게 되면 한순간에 같은 브랜드를 사용하고 있는 점포들 전체의 이미지가 흔들릴 수도 있는 것이다. 때문에 가맹 본부에서는 보다 강력한 통제와 관리를 해야하고, 점주는 본부의 지침에 순응하는 것이 중요하다. 반면, 이 방식은 개인이 직접 투자하여 자기만의 사업을 하는 것이므로 점주들이 자신의 역량을 150-160% 이상 발휘 할 수 있다는 장점을 갖고 있다. 그래서 선진외국에서는 프랜차이즈 사업이 유통의 꽃으로서 소매업 매출액의 반 이상을 점유하고 있을 만큼 주요한 사업으로 급속히 발전하고 있다.

3) 볼런터리 체인(voluntary chain)

볼런터리 체인은 독립자본에 의한 같은 업종의 소매점이 모여서 공동으로 매입하는 등의 형태로 생겨난 체인조직이며 기능의 일부를 체인본사에 위탁하여 프랜차이즈 시스템을 갖추고 영업을 하는 방식이다. 공동브랜드에 가깝다고 볼 수 있다. 임의연쇄점이라고도 불리는 볼런터리체인은 경영의 독립성과 체인화로 얻는 이득을 동시에 충족하고자 하는 체인 조직이며 하나의 점포가 복수의 체인에 속하는 경우도 있다. 각 점포가 각각 독립한 회사라는 점에서는 프랜차이즈 체인방식과 같지만 본부의 지시에 가맹점이 따르지 않고 조직의 주체는 어디까지나 가맹점이며, 전가맹점이 경영의 의사결정에 참여하는 등 가맹점간의 수평적 관계가 중시된다. 사실 이러한 임의적 체인점은 출발 자체가 쉽지 않지만 저렴한 가격정책을 무기로 하는 연쇄점이나 슈퍼 등의 업종에 적합하다.

〈표 7-2〉 체인사업의 형태

구분	체인(Chain)사업의 형태
직영점형 체인사업	• 체인본부가 주로 소매점포를 직영하되 가맹계약을 체결한 일부 소매점포(가맹점)에 대하여 계속적으로 상품을 공급하며 경영을 지도하는 형태의 체인사업
프랜차이즈형 체인사업	• 독자적인 상품 또는 판매, 경영기법을 개발한 체인본부가 상호 판매방법, 매장운영 및 광고방법 등을 결정하고 가맹점으로 하여금 그 결정과 지도에 따라 운영하도록 하는 형태의 체인사업
임의가맹점형 체인사업	• 체인본부의 계속적인 경영지도 및 체인본부와 가맹점간 협업에 의하여 가맹점의 취급품목, 영업방식 등의 표준화사업과 공동구매, 공동판매, 공동시설활용 등 공동사업을 수행하는 형태의 체인사업
조합형 체인사업	• 동일업종의 소매점들이 중소기업협동조합법 규정에 의한 중소기업협동조합을 설립하여 공동구매, 공동판매, 공동시설활용 등 사업을 수행하는 형태의 체인사업

볼런터리 체인이 프랜차이즈체인과 다른 점은 가맹비 수입 등으로 본부의 수익을 올리기 위한 것이 아닌 체인화에 의해서 가맹점의 매출을 신장시키는 것을 목적으로 한다. 따라서 회비는 실비 또는 무료인 경우도 있다. 이러한 점이 프랜차이즈 체인과 구별된다.

결론적으로 볼런터리 체인(voluntary chain)은 도매업자가 중심이 되어서 소매점을 조직화하는 것과 소매점이 중심이 되어서 집단화해 가는 두 가지 방법이 있는데, 현재로서는 소매점 중심의 조직이 많은 것이 특징이다. 본부가 행하는 주요사업으로서는 판매촉진활동, 가맹점에 대한 지도교육 사업이 있다.

2. 프랜차이즈 장·단점

1) 프랜차이즈 장점

먼저, 초보자도 노하우를 전수 받을 수 있으므로 손쉽게 창업할 수 있다. 점포 입지선정에서부터 인테리어, 품목선택, 상품공급은 물론 홍보전략, 점포운영전략에 대한 지도 및 지원을 해주기 때문에 장사를 처음 시작하는 초보자들도 창업하기가 쉽다.

둘째, 단독 점포에 비해 실패 확률이 적다. 프랜차이즈(Franchise)의 경우 본사에서 사업가능성을 다각도로 검토하여 사업을 시작하기 때문에 개인이 주먹구구식으로 시작하는 것보다 비교적 성공률이 높다.

셋째, 비교적 적은 비용으로 창업이 가능하다. 본사 차원의 정형화된 상품구성과 통일된 인테리어 및 홍보 전략으로 창업비용을 최소화할 수 있어 단독점포에 비해 투자비용이 적게 들어간다.

넷째, 본사의 브랜드인지도 효과를 볼 수 있으며 홍보하기가 쉽다. 체인 본사의 브랜드 인지도가 높은 경우, 높은 인지도를 바탕으로 고객의 확보가 쉬워서 초기에 사업이 안정될 수 있다. 또한 인지도가 낮더라도 본사 차원의 전국적인 홍보가 가능해 조기에 시장진입을 할 수 있으며, 지속적인 정보입수로 경영전략 수립이 용이하다. 본사를 통해 시장현황과 신상품에 대한 정보를 지속적으로 받아볼 수 있기 때문에 주변의 경쟁점포를 앞서 나갈 수 있는 차별화된 마케팅 전략을 세워서 실행할 수 있다.

2) 프랜차이즈 시스템의 단점

먼저, 부실 체인본사를 선택할 경우 큰 손해를 볼 수 있다. 프랜차이즈 사업이 날로 확대되면서 노하우도 없이 가맹비(Franchise Fee)와 시설비를 노리고 생겨나는 부실 체인본사들이 있다. 이런 부실 체인본사의 과대선전에 현혹되어 가맹점 계약을 하게 되면 장사도 제대로 하지 못하고 큰 손해를 볼 수 있다.

둘째, 본사와 가맹점간 계약이 기본적으로 가맹점에게 불리하게 맺어져 있다. 프랜차이즈 가맹점 계약은 대체로 본사의 의무는 축소시키며 개별 가맹점의 권리를 제한하고 종속화시키는 경우가 많다.

셋째, 가맹비(Franchise Fee)와 로열티 지불에 따른 경제적 부담이 생긴다. 프랜차이즈의 가맹점에 가입하기 위해서는 가맹비(Franchise Fee)와 보증금을 내야하며 업체에 따라서는 매출액에서 일정한 로열티를 지불하는 곳도 있다.

넷째, 본사의 이미지가 나쁘면 가맹점 매출도 떨어질 수 있다. 아무리 가맹점이 노력해도 본사의 이미지가 나빠지거나 본사가 파산하게 되면 가맹점도 동반 부실화되기 쉽다. 이것은 본사의 이미지가 좋을 때는 장점이지만 잘못되었을 때는 오히려 짐이 된다.

다섯째, 시장변화나 소비자의 기호변화에 탄력적으로 대응할 수 없다. 프랜차이즈의 경우 본사에서 매뉴얼에 의해 각 지역의 평균적인 제품이나 서비스를 각 가맹점에게 제공하기 때문에 개별 가맹점의 지역적 특성이 고려되지 않는다. 그러므로 지역과 상황의 변화에 따라서 상품이나 포장, 인테리어 등을 신속하게 바꾸기가 힘들다.

마지막으로, 프랜차이즈 가맹점은 본부에서 제품개발 및 제반활동에 대한 지원을 하게 되므로 본부에 대한 의타심이 생겨 문제해결이나 경영개선의 노력을 게을리 할 가능성이 있다. 또한 구입제품의 원재료, 판매방법, 가격, 점포장식들이 표준화되어 있고 통일적인 경영을 원칙으로 하므로 바람직한 개선 방법이 있어도 적용하지 못하고 사장되는 경우가 있어 지역 및 상권 특성과 맞지 않을 경우도 있다.

〈표 7-3〉 프랜차이즈 시스템의 장단점 비교

장점	단점
• 초보자도 노하우 전수가 쉬워 손쉽게 창업가능 • 단독 점포에 비해 실패 확률 적음 • 비교적 적은 비용으로 창업 가능 • 본사 브랜드인지도 효과 및 홍보의 용이성	• 부실 체인본사 선택시 손실우려 • 본사와 계약상 종속화 우려 • 가맹비와 로열티 지불의 부담 • 본사 이미지 저하시 동반 매출 저하 • 시장변화, 고객 변화에 탄력적인 대응 어려움

제3절 프랜차이즈 연구(외식업을 중심으로)

1. 외식 프랜차이즈의 핵심 역량과 마케팅원리

흔히들 외식 프랜차이즈를 포함한 외식업에서의 주요성공요인으로 QCS+M, 즉 quality, cleanliness, service 그리고 management(경영)을 들고 있다. 성공요인인 만큼, 프랜차이즈 기업이 이에 대한 역량을 지속적으로 제고시켜 나아가는 것은 경쟁력 관점에서도 매우 중요하다.

- ▶ 메뉴 concept, 신메뉴의 지속적 개발
- ▶ 가맹점 모집 및 확대
- ▶ 가맹점 관리(supervisor)
- ▶ 상품 공급 시스템: 식자재 등 물류시스템

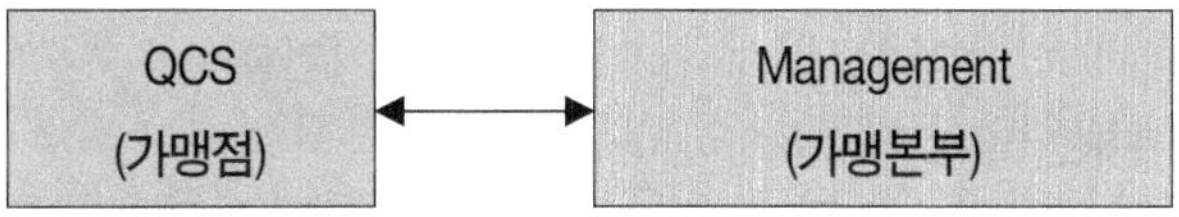

외식마케팅은 첫째, 과연 고객은 어느 음식점을 선택할 것인가? 이다. 선택의 기준은 바로 고객가치이며 아래의 고객가치 방정식에서 나타나고 있는 것처럼 고객이 투자한 가격과 비용보다 이에 대한 대가로 받게 되는 효익(benefit)이 커야하고 이 고객가치 값이 경쟁자의 것보다 항상 커야 고객이 우리 프랜차이즈 시스템 안으로 들어온다는 논리인 것이다.

$$\text{고객가치방정식} = \frac{\text{맛} + \text{서비스} + \text{브랜드메뉴}}{\text{가격} + \text{획득 비용}}$$

외식 마케팅 기본원리의 두 번째는 우리 가맹점에 한 번 온 고객을 어떻게 다시 방문하도록 할 것인가이다. 그렇게 하려면 다른 가맹점 보다 높은 고객가치를 계속 유지하거나 그 이상의 고객가치를 제공하도록 지속적으로 노력해야 함과 동시에, 이 고객을 단골, 즉 충성고객으로 고객의 충성도를 끌어 올리는 노력을 해야 하는 것이다. 여기서 21세기 마케팅의 두 번째 키워드인 고객관계관리(CRM : customer relationship management)가 필요한 것이다. 마케팅 전략은 이론적으로 시장세분화(segmentation) → 목표 고객 설정(targeting) → 경쟁자와의 차별화(positioning)이라는 STP의 전략 단계를 거쳐, 이를 실행에 옮기기 위해 좀 더 구체화시킨 전술인 마케팅 믹스를 합쳐서 마케팅 전략이라고 한다. 쉽게 현실적으로 설명을 하면 오픈 준비 과정에서부터 오픈 후에 지속적으로 장사를 잘해서 돈을 많이 버는 방법이라고 할 수가 있다. 프랜차이즈 마케팅의 하나의 관점인 소매 마케팅 전략 차원에서 설명을 하면 외식 마케팅 전략은 아래와 같이 요약을 할 수 있다.

〈표 7-4〉 외식 마케팅 전략

소매 마케팅 전략 : STP+소매 마케팅 믹스		
[전략]		[전술]
• 시장세분화 • 목표고객 • 포지셔닝(차별화)	➡	- 입지 - 메뉴구성 - 가격 - 점포 디자인/인테리어 - 광고/홍보 - 고객 서비스

2. 본사와 가맹점간의 상생모델

프랜차이즈에 대한 비판적인 정보가 TV, 신문 등에서 간간히 이슈로서 제기되곤 한다. 들어보면 프랜차이즈 본사는 매우 부도덕하고 자기 이익에만 중심을 두는 것으로 치부된다. 특히 브랜드 인지도가 높은 프랜차이즈일수록 본사의 힘(Power)이 가맹점에 비해 크기 때문에 약자인 가맹점 입장에서 횡포로 비쳐질 수 있는 정책을 취할 수 있게 된다. 예를 들면 기존 매장에 대한 정기적인 리뉴얼 요구, Cafe형 매장으로 전환 요구, 최소한의 상권 보장범위를 침해하는 과도한 출점 전략 등이 그것이다.

물론 이러한 정보가 모두 거짓은 아니다. 하지만 모든 프랜차이즈 브랜드가 이렇게 부도덕하고 단기적인 수익에만 치중한다면 우리나라는 창업자는 프랜차이즈 창업을 하지 않을 것이고 프랜차이즈시스템은 적어도 우리나라에서 실패한 시스템으로 종지부를 찍게 될 것이다.

프랜차이즈시스템은 본사와 가맹점간의 상호 신뢰를 기반으로 적절한 역할 분담을 통해 소비자에 대해 브랜드력을 키워가는 훌륭한 시스템이다. 지금껏 전국에 수백 개 이상의 가맹점을 성공적으로 안착시킨 프랜차이즈는 본사의 역할, 가맹점의 역할이 유기적으로 작동하는 성공적인 프랜차이즈라고 보면 된다.

성공한 프랜차이즈(Good Brand)라고 하더라도 세계적인 프랜차이즈(Great Brand)로 성장하기 위해서는 가맹점과의 상생모델(상생모델의 근간이 곧 상호 신뢰이다)을 더욱 굳건히 할 필요가 있다. 상생모델이 무너질 경우 Great Brand로 성장하는데 한계에 부딪힐 수밖에 없다.

[참고자료 1] 프랜차이즈 관련 주요용어

주요용어	용어 해설
가맹금	가맹본부가 가맹점 사업자에게 가맹점운영권을 부여하는 대가로 받는 금전
가맹계약	가맹사업의 구체적인 내용과 조건 등에 있어 가맹본부와 가맹점 사업자의 권리와 의무에 관한 사항을 규정한 계약
가맹계약서	가맹사업의 구체적인 내용과 조건 등에 있어 가맹본부와 가맹점 사업자의 권리와 의무에 관한 사항을 기재한 문서
가맹본부 (franchisor)	가맹점 사업자에게 가맹점 운영권을 부여하는 사업자
가맹사업 (franchise)	가맹본부가 자기의 상표, 서비스표, 상호, 간판 기타 영업표지를 사용할 수 있는 권리를 가맹점사업자에게 부여하거나, 경영기법 및 판촉활동 등에 대한 지원과 교육 및 각종 영업활동에 관한 중요한 부분에 대하여 통제하는 등의 제반 사항에 대한 거래관계를 내용으로 하는 사업
가맹사업법	공식 명칭은 "가맹사업거래의공정화에관한법률"로 가맹사업의 공정한 거래질서를 확립하고 가맹점사업자를 보호하여 가맹본부와 가맹점사업자가 대등한 지위에서 상호보완적으로 균형 있게 발전시키기 위한 제정된 법
가맹점사업자 (franchisee)	가맹본부로부터 가맹점운영권을 부여받은 사업자
가맹점 운영권 (franchise)	가맹본부가 가맹계약에 의하여 가맹점 사업자에게 가맹사업을 영위하도록 부여하는 권리
가맹희망자	장래 가맹점을 운영할 목적으로 특정 가맹본부와 해당 가맹사업에 관하여 구체적으로 상담하는 자
슈퍼바이저 (superviser)	본부와 가맹점간의 정보를 상호전달해 주고 가맹점이 원활한 영업활동을 할 수 있도록 관리, 지도해주는 사람
시범점포 (model shop)	프랜차이즈 사업을 전개하기 위한 기준을 삼기 위해 본부에서 직영하는 점포
운영매뉴얼 (operation manual)	프랜차이즈 시스템이 통일된 이미지를 유지하고, 운영상의 효율성을 높이기 위해 업무의 내용과 과정을 표준화해서 작성된 일련의 문서
정보공개서	가맹본부의 사업현황, 임원의 경력, 가맹점사업자의 부담, 영업활동 조건, 가맹점사업자에 대한 교육·훈련·지도·통제, 가맹계약의 해지·갱신 등 가맹사업과 관련된 사항을 수록한 문서
정기지급금 (royalty)	프랜차이즈 패키지(franchise package)의 대가로서 매출액의 일정비율 또는 일정액을 지불하는 금전

[참고자료-2] 창업아이템 체크리스트(외식창업)

검토항목	구분항목	검토내용	점수	평균
아이템조사	업종 요소	상품적인 가치가 있는가?		
		사업전망은 밝은 편인가?		
		성장가능성이 있는 아이템인가?		
		입지는 안정적인 곳인가?		
창업자분석	개인요소	사업에 적합한 연령인가?		
		체력은 건강한 편인가?		
		사업과 적성은 맞는 편인가?		
		자신의 생각을 잘 전달하는 편인가?		
		사업에 관한 직장 경력이 있는가?		
		사업에 관한 메뉴개발 운영능력은 갖고 있는가?		
	사업요소	투자금액이 과다하게 지출되지는 않는가?		
		근무시간이 너무 길지 않는가?		
		손익분기점 달성기간이 길지 않는가?		
상품성분석	상품성격	상품의 라이프사이클은 성장기인가?		
		가동시간이 길며 소비성이 큰 메뉴인가?		
		계절성이 있는 메뉴는 아닌가?		
		관리 및 운영이 쉬운 메뉴인가?		
		인건비 비중이 높은 메뉴는 아닌가?		
	상품특징	대중적인 인기가 있는 메뉴인가?		
		지명도를 갖고 있는 메뉴인가?		
		지속적으로 판매될 수 있는 메뉴인가?		
		지역에 맞는 메뉴인가?		
	상품경쟁력	식재료의 발주와 입고가 신속하고 구하기는 쉬운가?		
		구입 식재료의 결제방식은 적절한가?		
		판매가격은 소비자에게 적절한가?		
		상품의 품질은 적절한 수준인가?		
		경쟁업체는 많지 않은가?		
시장성분석	시장조사	자료조사를 실시하였는가?		
		현장조사를 실시하였는가?		
		경쟁업체 조사를 실시하였는가?		
	시장동향	경제전망은 밝은 편인가?		
		시장의 참여가 제한 받지 않는가?		
		시장의 수요가 증가하고 있는가?		
상권(입지) 분석	위치선정	식당의 위치는 선정하였는가?		
	상권 및 입지조사	해당지역의 통계조사를 실시하였는가?		
		해당지역의 구매습관을 조사하였는가?		
		주변지역의 상권은 조사하였는가?		
		교통과 도로는 편리한 지역인가?		
		점포 앞 통행인 수는 많은 편인가?		
		사람들의 눈에 잘 띄는 곳인가?		
합계				

[참고자료-3] 우량 체인본부 선별 기준

하나, 사업 아이템과 브랜드 경쟁력

체인본부가 어떤 기능을 하는지, 우수한지를 판단하기에 앞서 본부가 채택한 사업 아이템이 과연 지속적으로 안정될 수 있겠는지를 알아보아야 한다. 여러 사람에게 자문을 받아 그 업종이 장래성이 있다고 판단이 선다면 체인본부가 채택한 사업도 안정적일 것이라고 여겨도 좋다.

또한 체인점을 선택하는 까닭은 체인본부에서 개점이나 경영 노하우를 지원받기 위해서 이지만, 그 브랜드(상호)의 브랜드 가치로 인해 개인 브랜드로 출점하는 것보다는 훨씬 많은 고객을 자연스럽게 받아들이기 위한 것도 있다. 소비자가 그 상호를 얼마나 인지하고 있는냐 하는 문제는 앞으로의 매출확대와 직결되는 문제이므로 반드시 짚고 넘어가야 한다. 또한 가맹비(Franchise Fee)가 브랜드의 인지도에 적합한지도 잘 살펴야 한다.

둘, 본부 재정의 양호 상태

체인본부가 재정문제로 인해 도산에 직면하게 되면 더 이상 체인점으로서의 혜택은 받을 수 없다. 결국 그 사업을 지속할 수도 없어 경제적으로 큰 손실을 입게 된다. 여러 상황을 판단하여 체인본부의 재정상태에 대한 의혹이 전혀 없을 때 계약을 해야 한다.

많은 체인본사들이 자사의 재무상태를 공개하는 것을 꺼리는 것이 현실이지만 "가맹사업자의 불공정거래행위에 대한 기준"의 명시사항처럼 가맹사업자는 가맹희망자가 서면으로 요청할 경우 본사의 최근 재무사항 및 주요 임원들의 경력사항을 서면으로 답하도록 하고 있다. 따라서 본사의 재무상태를 파악하고자 하는 당연한 권리요구에 대해 만일 공개를 꺼리거나 회피하는 업체라면 한번쯤 의심해야할 필요가 있다고 하겠다.

셋, 본부의 투자여부

상호 명에서부터 여러 가지 인쇄물의 디자인, 홍보물 제작에 이르기까지 시장에서 경쟁력을 얻기 위해서는 전문가 집단의 참여가 필요하다. 이러한 투자를 하여 만든 디자인이나 광고는 반드시 세련됨에서 차이가 나게 되어 있다. 좋은 체인 본부는 홍보물 제작에 전문가를 투입하는 것은 물론, 광고도 체인점 모집에만 국한하지 않고 이미 문을 연 체인점의 매출을 확대시키기 위한 브랜드의 이미지 광고 역시 게을리하지 않는다.

넷, 상품공급시스템 및 지원사항

체인점에서 판매할 상품의 질이 좋지 않거나 시대적으로 뒤떨어 진데다 가격이 비싸다면 체인점이나 체인본부의 미래는 없다고 보아도 좋다. 그러므로 체인본부는 늘 신제품을 개발하고 제조하여 좋은 가격, 적절한 시기에 상품을 잘 공급해주어야 한다. 그래야만 체인점도 살아나고 이와 더불어 체인본부도 살게 되는 것이다.

체인본부는 아무 것도 모르는 점주들을 사업 전문가로 만들기 위해 여러 가지 교육도 시키고 꾸준히 지원도 해주어야 한다. 특히, 개점시 고객을 빠른 시간내에 점포내로 끌어들이기 위한 판촉활동을 반드시 해주어야 한다. 그러므로 체인본부가 항상 가동할 수 있는 판촉 프로그램을 갖고 있는지를 잘 살펴보아야 한다.

다섯, 본부의 주요 수입원 여부

체인본부도 사업체이므로 지속적으로 수입을 얻을 수 없다면 경영을 해나갈 수 없다. 체인본부의 주 수입원을 살펴보면 사업이 안정되었는지, 부실하지 않은지를 점쳐 볼 수 있다. 우선 체인본부의 주 수입원은 가맹비(Franchise Fee)와 로열티이다. 그런데 체인본부가 인테리어나 설비, 초도상품, 공급상품의 도매마진에만 급급하다면 진정한 후견자로서의 역할을 다하지 못할 것은 자명한 이치이다. 이와 같이 각 항목을 체크해 나간다면 조금은 구체적으로 본부를 판단해 볼 수 있을 것이다.

여섯, 우수 프랜차이즈 지정 여부

우수 프랜차이즈 인증은 소상공인시장진흥공단에서 프랜차이즈 수준 평가를 통해 프랜차이즈 가맹본부 평가와 가맹점 서베이 평가 후, 평가등급을 Ⅰ~Ⅳ 등급으로 구분하여 각 등급에 맞는 수준별 맞춤형 연계지원을 통해 가맹점의 성공가능성이 높은 가맹본부를 육성하기 위한 시스템이다. 따라서 평가 점수가 높다는 것은 우수 프랜차이즈 브랜드 지정을 받을 수 있으며 엠블렘 등을 통한 홍보를 지원해주기 때문에 가맹점 입장에서도 좋은 기회로 볼 수 있다.

〈우수프랜차이즈 엠블렘〉

자료 : 소상공인시장진흥공단 (2017) 내용 일부 발췌

[참고자료-4] 프랜차이즈(외식업) 표준계약서

프랜차이즈(외식업) 표준계약서

공정거래위원회

이 표준계약서의 목적은 외식업을 운영하는 가맹사업에 있어서 가맹본부와 가맹점사업자 간에 공정한 계약조건에 따라 가맹계약(프랜차이즈계약)을 체결하도록 하기 위한 표준적 계약조건을 제시함에 있습니다.

이 표준계약서에서는 외식업 가맹사업의 운영에 있어서 표준이 될 계약의 기본적 공통사항만을 제시하였습니다. 따라서 실제 가맹계약을 체결하려는 계약당사자는 이 표준계약서의 기본 틀과 내용을 유지하는 범위에서 이 표준계약서보다 더 상세한 사항을 계약서에 규정하거나 특약으로 달리 약정할 수 있습니다.

또한 이 표준계약서의 일부 내용은 현행 「가맹사업거래의 공정화에 관한 법률」 및 그 시행령을 기준으로 한 것이므로 계약당사자는 이들 법령이 개정되는 경우에는 개정내용에 부합되도록 기존의 계약을 수정 또는 변경할 수 있으며 특히 개정법령에 강행규정이 추가되는 경우에는 반드시 그 개정규정에 따라 계약내용을 수정하여야 합니다.

이 표준계약서는 하위가맹본부(지사 등)가 가맹본부로부터 계약체결권을 부여받아 가맹점사업자를 모집할 경우에도 그 하위가맹계약의 표준이 될 수 있습니다.

제 1 장 총 칙

제1조 [목 적]

이 표준계약서는 외식업을 영업으로 하는 가맹사업에 있어서 가맹본부와 가맹점사업자 간에 공정한 계약조건에 따른 가맹계약을 체결하도록 하기 위한 표준적 계약조건을 제시함을 목적으로 한다.

제2조 [용어의 정의]

이 계약서에서 사용된 용어는 다음 각 호와 같은 의미를 갖는다.

1. "가맹사업"이라 함은 가맹본부가 가맹점사업자(가맹희망자를 포함한다)로 하여금 자신의 상표 · 서비스표 · 상호 · 간판 그 밖의 영업표지(이하 "영업표지"라 한다)를 사용하여 일정한 품질기준이나 영업방식에 따라 외식업을 영위함과 아울러 이에 따른 경영 및 영업활동 등에 대한 지원 · 교육과 통제를 하고, 가맹점사업자는 이에 대한 대가로 가맹본부에 가맹금을 지급하는 것을 내용으로 하는 계속적인 거래관계를 말한다.
2. "가맹본부"라 함은 가맹계약과 관련하여 가맹점사업자에게 가맹점운영권을 부여하는 사업자를 말한다.
3. "가맹점사업자"라 함은 가맹계약과 관련하여 가맹본부로부터 가맹점운영권을 부여받은 사업자를 말한다.
4. "가맹금"이라 함은 명칭이나 지급형태의 여하에 관계없이 가맹점사업자가 가맹계약에 따라 가맹본부에 지급하는 대가를 말하며, 최초가맹금, 계속가맹금, 계약이행보증금을 포함한다.
5. "최초가맹금"이라 함은 가입비 · 입회비 · 계약금 · 할부금 · 오픈지원비 · 최초교육비 등 명칭을 불문하고 가맹점사업자가 가맹점운영권을 부여받아 가맹사업에 착수하기 위하여 가맹본부에 지급하는 대가를 말한다.
6. "계속가맹금"이라 함은 상표사용료, 교육비, 경영지원비 등 명칭을 불문하고 가맹점사업자가 가맹사업에 착수한 이후 가맹사업을 유지하기 위하여 영업표지의 사용과 영업활동 등에 관한 지원 · 교육, 그 밖의 사항과 관련하여 가맹본부에 정기적으로 또는 비정기적으로 지급하는 모든 대가를 말한다.
7. "계약이행보증금"이란 가맹점사업자가 가맹본부로부터 공급받는 상품의 대금 등에 관한 채무액이나 이와 관련한 손해배상액의 지급을 담보하기 위하여 가맹본부에 지급하는 대가를 말한다.

8. "영업비밀"이라 함은 공공연히 알려져 있지 아니하고 독립된 경제적 가치를 가지는 것으로서, 가맹본부의 상당한 노력에 의하여 비밀로 유지된 생산방법, 판매방법, 그 밖에 영업활동에 유용한 기술상 또는 경영상의 정보를 말한다.

제3조 (계약당사자의 지위)

① 가맹본부와 가맹점사업자는 상호간에 독립한 사업자로서 대등한 관계에서 이 건 가맹계약을 체결한다.
② 가맹본부와 가맹점사업자 사이에는 상호간에 대리관계나 위임관계, 사용자와 피용자 관계, 동업자 관계 등 여하한 특별한 관계도 존재하지 아니한다.

제4조 (신의성실의 원칙)

가맹본부와 가맹점사업자는 이 가맹계약에 따라 가맹사업을 영위함에 있어서 각자의 업무를 신의에 따라 성실하게 수행하여야 한다.

제5조 (가맹본부의 준수사항)

가맹본부는 이 계약에서 정한 의무 외에 다음 각 호의 사항을 준수한다.
1. 가맹사업의 성공을 위한 사업구상
2. 상품이나 용역의 품질관리와 판매기법의 개발을 위한 계속적 노력
3. 가맹점사업자에 대하여 합리적 가격과 비용에 의한 점포설비의 설치, 상품 또는 용역 등의 공급
4. 가맹점사업자와 그 직원에 대한 교육·훈련
5. 가맹점사업자의 경영·영업활동에 대한 지속적인 조언과 지원
6. 가맹계약기간 중 가맹점사업자의 영업지역에서 자기의 직영점을 설치하거나 가맹점사업자와 동일한 업종의 가맹점을 설치하는 행위의 금지
7. 가맹점사업자와의 대화와 협상을 통한 분쟁해결 노력
8. 특정 가맹점사업자에 대한 보복 목적의 관리 및 감독 금지

제6조 (가맹점사업자의 준수사항)

가맹점사업자는 이 계약에서 정한 의무 외에 다음 각 호의 사항을 준수한다.

1. 가맹사업의 통일성 및 가맹본부의 명성을 유지하기 위한 노력
2. 가맹본부의 공급계획과 소비자의 수요충족에 필요한 적정한 재고유지 및 상품진열
3. 가맹본부가 상품 또는 용역에 대하여 제시하는 적절한 품질기준의 준수
4. 제3호의 규정에 의한 품질기준의 상품 또는 용역을 구입하지 못하는 경우 가맹본부가 제공하는 상품 또는 용역의 사용
5. 가맹본부가 사업장의 설비와 외관, 운송수단에 대하여 제시하는 적절한 기준의 준수
6. 취급하는 상품 · 용역이나 영업활동을 변경하는 경우 가맹본부와의 사전 협의
7. 상품 및 용역의 구입과 판매에 관한 회계장부 등 가맹본부의 통일적 사업경영 및 판매전략의 수립에 필요한 자료의 유지와 제공
8. 가맹점의 업무현황 및 제7호의 규정에 의한 자료의 확인과 기록을 위한 가맹본부의 임직원 그 밖의 대리인의 사업장 출입 허용
9. 가맹본부의 동의를 얻지 아니한 경우 사업장의 위치변경 또는 가맹점운영권의 양도금지
10. 가맹계약기간 중 가맹본부와 동일한 업종을 영위하는 행위의 금지
11. 가맹본부의 영업기술이나 영업비밀의 누설 금지
12. 가맹본부의 영업표지 기타 지적재산권에 대한 침해사실을 인지하는 경우 가맹본부에 대한 침해사실의 통보와 금지조치에 필요한 적절한 협력

제7조 (불공정거래행위의 금지)

가맹본부는 다음 각 호의 어느 하나에 해당하는 행위로서 가맹사업의 공정한 거래를 저해할 우려가 있는 행위를 하거나 제3자에게 이를 행하도록 하지 아니한다.

1. 가맹점사업자의 귀책으로 보기 어려운 행위 등을 이유로 가맹점사업자에게 상품이나 용역의 공급 또는 영업지원 등을 중단 또는 거절하거나 그 내용을 현저히 제한하는 행위
2. 가격구속, 거래상대방 구속, 상품 또는 용역의 판매제한, 영업지역 준수강제 등의 방법으로 가맹점사업자가 취급하는 상품 또는 용역의 가격, 거래상대방, 거래지역이나 가맹점사업자의 사업활동을 가맹본부의 상표권 보호, 상품 또는 용역의 동일성 유지 등 가맹사업경영에 필수적인 수준에 비추어 과도하게 구속하거나 제한하는 행위
3. 거래상 지위를 이용하여 구입강제, 경제적이익제공 또는 비용부담 강요, 가맹점사업자에게 불리한 계약조항의 설정 또는 변경, 경영간섭, 판매목표 강제 등의 방법으로 가맹점사업자에게 불이익을 주는 행위

4. 계약의 목적과 내용, 발생할 손해 등에 비하여 과중한 위약금 또는 지연손해금을 설정 · 부과하는 행위
5. 경쟁가맹본부의 가맹점사업자를 자기와 거래하도록 유인하여 자기의 가맹점사업자의 영업에 불이익을 주는 행위 등 제1호 내지 제4호 외의 행위로서 가맹사업의 공정한 거래질서를 저해할 우려가 있는 행위

제 2 장 개점의 준비

제8조 [가맹점의 표시]

이 계약에 의하여 가맹점사업자가 개설하게 되는 가맹점의 표시는 다음과 같다.

(1) 점포 명 :

(2) 상호 및 대표자 :

(3) 점포 소재지 :

(4) 점포 규모 : ㎡

(5) 영업지역 : 별첨[1]에 표시된 지역

제9조 [가맹점운영권의 부여]

① 가맹본부는 가맹점사업자가 계약기간 중에 가맹본부의 영업시스템에 따라 외식업을 운영하도록 하기 위하여 필요한 범위에서 가맹점사업자에게 다음 각 호의 권리를 부여한다.

1. 가맹본부의 영업표지의 사용권
2. 가맹사업과 관련하여 등기 · 등록된 권리나 영업비밀의 사용권
3. 상품 또는 원 · 부재료(이하 "원·부재료 등"이라 한다)를 공급받을 권리
4. 노하우(know-how) 전수, 지도, 교육 기타 경영지원을 받을 권리
5. 기타 가맹본부가 본 계약상의 영업과 관련하여 보유하는 권리로서 당사자가 사용허가의 대상으로 삼은 권리

② 이 계약에서 가맹점사업자에게 사용이 허가된 영업표지의 표시는 별첨[2]와 같다.

제10조 [지식재산권의 확보]

① 가맹본부는 가맹사업에 사용하는 영업표지에 대한 배타적 독점권을 확보하여야 한다.
② 가맹본부는 가맹점사업자에게 사용을 허가한 각종 권리의 진정성과 적법성 및 대항력에 대하여 책임을 진다.
③ 가맹본부가 사용을 허가한 지식재산권이 기간 만료 등으로 인하여 더 이상 사용할 수 없게 된 경우 가맹본부는 가맹본부의 책임과 비용으로 가맹점사업자에게 이를 대체할 수 있는 수단을 제공하여야 하며 이로 인하여 발생한 손해를 배상할 책임을 진다.

제11조 [계약의 발효일과 계약기간]

이 계약은 20 년 월 일부터 발효되며 그 기간은 계약 발효일로부터 20 년 월 일까지 ( )년간으로 한다.

제12조 [영업지역의 보호]

① 가맹점사업자의 영업지역은 별첨[1]과 같이 하며, 가맹본부는 계약기간 중 가맹점 사업자의 영업지역에서 가맹점사업자와 동일한 업종의 자기 또는 계열회사의 직영점이나 가맹점을 개설하지 아니한다.
② 가맹본부는 계약기간 중 또는 계약갱신과정에서 가맹점사업자의 영업지역을 축소할 수 없다. 다만, 계약갱신 과정에서 다음 각 호의 어느 하나에 해당하는 경우에는 가맹점사업자와의 합의를 통해 영업지역을 조정할 수 있다.
  1. 재건축, 재개발 또는 신도시 건설 등으로 인하여 상권의 급격한 변화가 발생하는 경우
  2. 해당 상권의 거주인구 또는 유동인구가 현저히 변동되는 경우
  3. 소비자의 기호변화 등으로 인하여 해당 상품·용역에 대한 수요가 현저히 변동되는 경우
  4. 제1호부터 제3호까지의 규정에 준하는 경우로서 기존 영업지역을 그대로 유지하는 것이 현저히 불합리하다고 인정되는 경우
③ 가맹점사업자는 가맹본부와 약정한 영업지역을 준수하며, 영업지역을 벗어나 다른 가맹점의 영업지역을 침범하지 아니한다. 가맹점사업자가 자신의 영업지역을 벗어나 다른 가맹점사업자의 영업지역에 속한 고객에게 영업활동을 하는 경우 가맹본부는 다음 각 호의 어느 하나의 조치를 취하여 가맹점사업자 상호간의 이해관계를 합리적으로 조

정할 수 있다.

1. 가맹본부가 두 가맹점사업자 간의 보상금 지불에 대한 중재안을 제시
2. 영업지역을 침해받은 가맹점사업자의 영업지역 조정 요구가 있는 경우 매출액 현황 조사 등 필요한 조치 수행
3. 특정 가맹점사업자가 다른 가맹점사업자의 영업지역을 반복적으로 침해하여 다른 가맹점사업자의 영업과 가맹본부의 가맹사업 경영에 심각한 손해를 가한 경우 그 가맹점사업자에게 행위의 시정을 요구하고 손해배상 청구

④ 가맹본부는 가맹점사업자가 영업 지역 내의 다른 점포로의 이전 승인을 요청하는 경우 이전희망 점포가 기존 점포 승인 당시의 승인요건을 충족하면 이를 조건없이 승인한다.

第13조 [점포의 설비]

① 가맹점사업자의 점포설비(인테리어)는 가맹사업 전체의 통일성과 독창성을 유지할 수 있도록 가맹본부가 정한 사양에 따라 설계·시공한다(기존시설을 변경하는 경우에도 같다). 가맹본부는 기본적인 설계도면과 시방서를 마련하고 계약체결 이후 가맹점사업자에게 이를 제공하여야 한다.

② 가맹점사업자는 가맹본부가 정한 사양에 따라 직접 시공하거나 가맹본부 또는 가맹본부가 지정한 업체를 통해 시공할 수 있다.

③ 가맹점사업자가 점포 설비에 관한 시공을 하는 경우 가맹본부는 공사의 원활한 진행을 위하여 자신의 비용으로 직원을 파견할 수 있다.

④ 가맹점사업자가 가맹본부 또는 가맹본부가 지정한 업체를 통해 시공하는 경우 가맹본부는 영업설비기간·공사세부내역·구체적인 부담액·담보기간 등 구체적인 내용을 가맹점사업자와 협의하여 정하며, 협의한 내용을 가맹점사업자에게 서면으로 제공한다.

⑤ 점포설비에 따른 제반 인·허가는 이 계약체결일로부터 ( )일 이내에 가맹점사업자가 자신의 책임과 비용으로 취득한다. 다만, 가맹본부가 직접 시공한 경우 또는 가맹본부가 지정하거나 권유한 업체를 통하여 시공한 경우에는 당사자간 협의하여 그 책임과 비용을 분담할 수 있다.

⑥ 가맹본부는 점포의 시설, 장비, 인테리어 등의 노후화가 객관적으로 인정되는 경우 또는 위생·안전의 결함이나 이에 준하는 사유로 인하여 가맹사업의 통일성을 유지하기 어렵거나 정상적인 영업에 현저한 지장을 주는 경우에는 점포환경개선을 요구 또는 권유할 수 있다. 단, 노후화에 대한 객관적인 인정 시점은 최근 개선일로부터 최소 ( )년 [커피업종(예시) : 5년, 치킨업종(예시) : 7년]으로 한다.

⑦ 가맹본부는 공사의 원활한 진행을 위하여 가맹점사업자에게 공사에 필요한 설계도면

제공 및 공사의 감리를 진행하며, 가맹점사업자는 이에 대한 대가로 실측 및 설계도면 제공비 ( )원과 공사감리비 3.3㎡당 ( )원을 가맹본부에게 지급한다. 다만 가맹점사업자가 가맹본부 또는 가맹본부가 지정한 업체에게 공사를 의뢰하는 경우에는 그러하지 아니하다.

⑧ 가맹점사업자가 가맹본부와 직접 공사 계약을 하고 가맹본부가 공사업체에 이를 다시 도급하는 경우에는 가맹본부는 해당 가맹점사업자에게 공사업체와 체결하는 도급 금액 정보 및 도급계약서를 제공하여야 한다.

⑨ 가맹본부는 가맹점사업자의 점포환경개선에 간판교체비용, 인테리어 공사비용(장비·집기의 교체비용을 제외한 실내건축공사에 소요되는 일체의 비용을 말한다)이 소요될 경우에는 그 금액의 20%(점포의 확장 또는 이전을 수반하는 경우에는 40%)를 부담한다. 다만, 가맹본부의 권유 또는 요구가 없음에도 가맹점사업자가 자발적 의사에 의하여 점포환경을 개선하거나 가맹점사업자의 귀책사유로 위생·안전 및 이와 유사한 문제가 발생하여 불가피하게 점포환경을 개선하는 경우는 그러하지 아니하다.

제14조 [가맹점사업자 피해보상보험계약 등의 체결]

① 가맹본부는 가맹점사업자의 피해를 보상하기 위하여 다음 각 호의 어느 하나에 해당하는 계약(이하 "가맹점사업자 피해보상보험 등"이라 한다)을 체결할 수 있다.

1. 「보험업법」에 따른 보험계약
2. 가맹점사업자 피해보상금의 지급을 확보하기 위한 「금융감독기구의 설치 등에 관한 법률」 제38조에 따른 기관의 채무지급보증계약
3. 공정거래위원회의 인가를 받아 설립된 공제조합과의 공제계약

② 가맹본부가 가맹점사업자 피해보상보험 등을 체결한 경우, 가맹본부는 가맹점사업자로부터 최초가맹금을 직접 수령할 수 있다.

제 3 장 가맹점사업자의 부담

제15조 [최초가맹금]

① 가맹점사업자가 가맹본부에 지급하여야 할 최초가맹금의 내역은 다음 표와 같다.

최초가맹금 내역	금액 (단위: 천원)	포함내역	지급 기한	반환조건	반환될 수 없는 사유
가입비		장소선정 지원비, 가맹사업 운영매뉴얼 제공비, 오픈지원비 등			
최초교육비					
합계					

② 가맹점사업자는 가맹점 영업이 개시되거나 계약체결일로부터 ( )일이 경과할 때까지 제1항의 최초가맹금 중 다음 표에 기재된 내역을 가맹본부가 지정하는 아래 금융회사에 예치하여야 한다. 다만, 가맹본부가 제14조의 가맹점사업자 피해보상보험 등을 체결한 경우에는 가맹본부가 직접 지급받을 수 있다.

예치가맹금 내역	금액(단위: 천원)
가입비	
최초교육비	
합계	

* 예치금융회사: 은행 지점 부
계좌번호: 예금주:

③ 가맹본부는 다음 각 호의 어느 하나에 해당하는 경우에 위 예치기관의 장에게 예치가맹금의 지급을 요청할 수 있다.

1. 가맹점사업자가 영업을 개시한 경우
2. 가맹계약 체결일로부터 2개월이 경과한 경우

제16조 [가맹금의 반환]

① 가맹점사업자 또는 가맹희망자는 다음 각 호의 어느 하나에 해당하는 경우에 이 계약의 체결일로부터 4개월 이내(제3호의 경우 가맹본부의 영업중단일로부터 4개월 이내)에 가맹본부에 서면으로 가맹금의 반환을 청구할 수 있다. 이 경우 반환하는 가맹금의 금액은 가맹계약의 체결 경위, 금전이나 그 밖에 지급된 대가의 성격, 가맹계약기간, 계약이행기간, 가맹사업당사자의 귀책정도 등을 고려하여 당사자의 협의에 의하여 결정한다.

1. 가맹본부가 등록된 정보공개서를 제공하지 아니하거나 정보공개서를 제공한 날로부터 14일(제41조에 따라 변호사 또는 가맹거래사의 자문을 받은 경우에는 7일)이 지나지 아니하였음에도 가맹금을 수령(가맹금을 예치하는 경우에는 예치)하거나 가맹계약을 체결한 경우
2. 가맹본부가 가맹희망자에게 정보를 제공함에 있어 허위 또는 과장된 정보를 제공하거나 중요사항을 누락하여 계약 체결에 중대한 영향을 준 것으로 인정되는 경우
3. 가맹본부가 정당한 사유 없이 가맹사업을 일방적으로 중단한 경우

② 가맹점사업자는 계약기간 내에 자기의 귀책사유 없는 사유로 계약이 해지되는 등 가맹계약이 중도에 종료되는 경우에는 영업표지 사용료, 영업시스템의 계속적 이용료 등과 같이 전체 계약기간에 대한 선급금의 성질을 갖는 가맹금 중 비경과 잔여계약기간의 비율에 해당하는 금액의 반환을 청구할 수 있다. 다만, 이는 손해배상의 청구에 영향을 미치지 아니한다.

③ 제2항의 경우에 최초교육비 등과 같이 계약기간에 따른 선급금의 성질을 갖지 않는 가맹금 중 이행이 완료된 급부의 대가에 해당하는 가맹금에 관하여는 공평의 관념에 어긋나지 않는 범위에서 당사자의 약정에 따라 반환하지 아니할 수 있다.

④ 제2항에 의해 가맹본부가 가입비의 일부를 반환해야 하는 경우에는 가맹점사업자의 청구가 있는 날로부터 ( )일 이내에 반환하여야 한다.

※ 가맹사업법 제10조 제2항에 의하여 가맹점사업자의 청구가 있는 날로부터 1개월을 초과할 수 없음

제17조 [계속가맹금]

① 가맹점사업자가 가맹본부에 지급하여야 할 계속가맹금의 내역은 다음 표와 같다. 계속가맹금에는 가맹점사업자가 가맹본부로부터 공급받는 상품·원재료·부재료 등에 대하여 가맹본부에 지급하는 대가 중 적정한 도매가격을 넘는 대가를 포함한다.

계속가맹금 내역	금액 (단위: 천원)	지급기한	반환조건	반환될 수 없는 사유
영업표지 사용료				
수시교육비				
광고비				
판촉비				
상품, 원 · 부재료 마진				
합계				

주1」 내역을 구분하지 않고 지급받는 경우에는 합계만 기재한다.

주2」 상품·원 · 부재료에 이윤을 부가하여 가맹금을 수취하는 경우, 정확한 금액을 기재하기 어려운 때에는 (전년도 상품, 원·부재료 공급 이윤 총액/전년도 말 기준 총 가맹점 개수)의 값을 기재한다.

② 가맹점사업자는 분기 종료 후 (　　)일 까지 직전 분기의 총매출액을 서면 또는 POS시스템을 통하여 가맹본부에게 통지하여야 한다.

제18조 [계약이행보증금]

① 가맹점사업자는 영업표지 사용료, 광고·판촉비(가맹점사업자가 부담하게 되는 금액에 한한다) 등 계속가맹금 및 상품 등의 대금과 관련한 채무액 또는 손해배상액의 지급을 담보하기 위하여 직전년도 전체 가맹점사업자의 1회 평균 상품 등의 대금 (원·부재료 대금 포함)의 3배이내에서 계약이행보증금으로 (　　　)원을 가맹본부에게 지급하거나 이에 상당하는 계약이행보증보험증권 또는 담보를 제공하여야 한다.

② 전항의 계약이행보증금을 금전으로 지급하는 경우, 가맹점사업자는 가맹점 영업이 개

시되거나 계약체결일로부터 ( )일이 경과할 때까지 위 금전을 제15조 제2항에 지정된 금융기관에 예치하여야 한다. 다만, 가맹본부가 제14조의 가맹점사업자 피해보상보험 등을 체결한 경우에는 가맹본부에 직접 지급할 수 있다.

③ 계약이 기간만료 또는 해지 등의 사유로 인하여 종료된 경우 가맹본부는 기간만료일 또는 해지일로부터 ( )일 이내에 가맹점사업자에게 계약이행보증금으로 잔존 채무액과 손해배상액을 정산한 잔액을 상환하고 정산서를 교부하여야 한다.

④ 물적담보가 제공된 경우에는 가맹본부는 가맹점사업자로부터 잔존 채무액과 손해배상액을 지급받음과 동시에 물적담보의 말소에 필요한 서류를 담보권설정자에게 교부하여야 한다.

⑤ 가맹본부는 가맹점사업자가 적정한 계약이행보증금 등을 제공하였음에도 인적보증 등 담보를 추가로 요구해서는 아니 된다.

제 4 장 영업활동의 조건

제19조 [교육 및 훈련]

① 가맹본부가 정한 교육 및 훈련과정을 이수하지 아니하는 자는 가맹점의 관리자로 근무할 수 없다.

② 가맹본부의 교육훈련은 다음 표와 같이 구분하여 실시한다.

교육훈련과정	실시시기	가맹점사업자 부담비용 (단위: 천원)
최초교육		
정기교육	연 ( )회	
특별교육		

③ 정기교육은 이를 실시하기 ( )일 전에 그 교육계획을 수립하여 가맹점사업자에게 서

면으로 통지한다.

④ 특별교육은 이를 실시하기 (　　)일 전에 장소와 시간을 정하여 서면으로 통지한다.

⑤ 가맹본부는 실비를 기준으로 교육비용을 산출하고, 그 산출근거를 명시한 서면에 의하여 가맹점사업자에게 그 지급을 요구하여야 한다.

⑥ 가맹점사업자는 자신이 비용을 부담하여 가맹본부에게 교육 및 훈련요원의 파견을 요청할 수 있다.

제20조 [경영지도]

① 가맹본부는 가맹점사업자의 경영활성화를 위하여 경영지도를 할 수 있다.

② 가맹점사업자는 자신의 비용부담으로 가맹본부에게 경영지도를 요청할 수 있다. 다만, 가맹점사업자가 부담하여야 할 비용은 가맹금에 포함된 통상의 경영지도 비용을 초과한 부분에 한한다.

③ 제2항의 요청을 받은 가맹본부는 경영지도계획서를 가맹점사업자에 제시하여야 한다.

④ 제3항의 경영지도계획서에는 경영지도내용, 기간, 경영진단 및 지도관계자의 성명, 소요비용 등이 포함되어야 한다.

⑤ 가맹본부는 경영지도결과 및 경영개선 방안을 경영지도 후 (　)일 이내에 가맹본부 담당자가 가맹점사업자에게 직접 방문하여 서면으로 제시하고 이를 설명하도록 한다.

제21조 [감독 및 통제]

① 가맹본부는 가맹점사업자의 경영상태를 파악하기 위하여 월(주)(　　)회 점포를 점검하고 가맹점사업자에 그 결과를 지체 없이 통지하여야 하며 기준에 위반하는 사항에 대해 시정을 요구할 수 있다.

② 점포의 점검은 청결, 위생, 회계처리, 각종설비관리, 원·부재료관리 등의 상태를 대상으로 한다.

③ 가맹본부는 점포관리기준을 가맹점사업자에게 제시하고, 제시 후 (　　)일부터 그 기준에 의하여 점검한다. 점포관리기준을 변경하는 경우에도 같다.

제22조 [주방기기의 설치 및 유지]

① 가맹점사업자는 가맹본부가 제시한 모델과 동일한 주방기기를 설치 및 사용하여야 한다.

② 가맹점사업자가 주방기기를 설치하는 경우 공사의 원활한 진행을 위하여 가맹본부는 자신의 비용으로 직원을 파견하여 지원할 수 있다.
③ 가맹본부는 가맹사업의 통일적인 운영을 위하여 가맹점사업자에게 일정 사양의 주방기기를 직접 공급하거나 업체를 지정하여 공급하도록 할 수 있으며 구체적인 내역과 가격은 별첨[4]와 같다.
④ 제3항의 경우 가맹점사업자는 가맹본부 또는 가맹본부가 지정한 업체로부터 공급받은 주방기기의 수리를 가맹본부에 의뢰할 수 있다.
⑤ 제4항의 경우 가맹본부는 수리비의 견적 및 수리에 소요되는 기간을 즉시 통지하여야 하고, 수리가 불가능한 때에는 이유를 명시하여 소정기일 내에 회수하여야 하며 이유 없이 신품의 교체를 강요할 수 없다.

제23조 [POS 등 설비 및 기기]

① 가맹점사업자는 가맹점운영에 필요한 POS 등 설비 및 기기를 구비하여야 한다.
② 가맹본부는 가맹점사업자의 요청이 있는 경우 가맹점 영업에 필요한 설비·기기를 유상으로 대여할 수 있다. 이 경우 대여할 설비 및 기기의 내역, 대여비용 등 구체적인 사항은 당사자간에 합의하여 별도로 결정한다.
③ 가맹점사업자는 대여 받은 설비·기기를 제3자에게 양도하거나 담보로 제공할 수 없다.
④ 가맹점사업자는 대여 받은 설비·기기를 자신의 비용으로 유지·보수한다.
⑤ 가맹점사업자가 대여 받은 설비·기기를 멸실·훼손한 경우에는 구입가격에서 감가상각한 금액으로 배상한다.

제24조 [광고]

① 가맹본부는 가맹사업 및 가맹점 영업의 활성화를 위하여 전국단위 및 지역단위로 광고를 시행할 수 있다. 다만, 해당지역 가맹점사업자 과반수의 반대가 있는 경우에는 그러하지 아니하다.
② 광고의 목적·횟수·시기·매체 등에 관한 기본적 사항은 가맹본부가 정하는 바에 의한다. 이와 관련하여 필요한 세부사항은 가맹본부가 합리적으로 결정하여 시행하고 위 세부사항을 기재한 서면으로 가맹점사업자에게 사후 통지한다.
③ 전국단위 광고에 소요되는 비용은 가맹본부가 ( )%, 해당 가맹점사업자가 ( )%씩 각각 분담한다. 가맹점사업자 간의 개별 분담액은 광고시행 직전 분기의 각 가맹점사업자의 총매출액 비율에 따라 산정한다.

④ 가맹본부는 당해분기에 지출한 광고비 중에서 각 가맹점사업자가 부담해야 할 금액을 다음 분기 첫달의 말일까지 명세서를 첨부하여 통지하고, 가맹점사업자는 그 통지를 받은 날로부터 (　)일 이내에 지급한다.

⑤ 가맹점사업자는 자기의 비용으로 영업지역 내에서 광고를 시행할 수 있다. 이 경우 가맹점사업자는 광고의 계획과 문안, 기타 광고와 관련된 세부사항에 관하여 사전에 가맹본부의 승인을 받아야 한다.

⑥ 가맹본부는 사업연도 중 가맹점사업자가 비용의 일부라도 부담한 광고를 시행한 경우 다음 각 호의 사항을 사업연도 종료후 3개월 이내에 가맹점 사업자에게 통보하여야 한다.

1. 해당 사업연도에 실시한 광고(해당 사업연도에 일부라도 비용이 집행된 경우를 포함한다. 이하 같다)별 명칭, 내용 및 실시기간
2. 해당 사업연도에 광고를 위하여 전체 가맹점사업자로부터 지급받은 금액
3. 해당 사업연도에 실시한 광고로 집행한 비용 및 가맹점사업자가 부담한 총액

⑦ 가맹점사업자가 광고매체별 광고 횟수, 광고단가 등 세부 산출 근거가 포함된 광고집행 내역의 열람을 요구하는 경우 기맹본부는 열람의 일시, 장소를 정하여 이를 열람할 수 있도록 한다.

제25조 [판촉]

① 가맹본부는 가맹사업 및 가맹점 영업의 활성화를 위하여 전국단위 및 지역단위로 할인판매, 경품제공, 이벤트 등과 같은 판촉활동을 시행할 수 있다. 다만, 해당지역 가맹점사업자 30%이상이 판촉활동의 시행여부 및 판촉행사의 주요내용에 반대가 있는 경우에는 그러하지 아니하다.

② 제1항의 절차에 따라 판촉행사를 실시하는 경우에 가맹본부는 판촉행사의 주요내용(판촉시기, 판촉물품의 종류, 가맹본부와 가맹점사업자 간의 비용분담 기준)을 포함한 판촉계획을 사전에 가맹점사업자에게 제공하여야 한다.

③ 가맹점에서 판매하는 상품의 할인비용이나 제공하는 경품 · 기념품 등의 비용, 판촉활동을 위한 통일적 팜플렛·전단·리플렛·카달로그의 제작 비용, 온라인·모바일 상품권 발행비용 등 판촉행사에 소요되는 비용은 가맹본부와 가맹점사업자가 균등하게 분담한다.

④ 가맹점사업자는 자기의 비용으로 자기 지역 내에서 판촉활동을 할 수 있다. 이 경우 가맹점사업자는 판촉활동의 구체적 내용에 관하여 가맹본부와 사전에 협의하여야 한다.

⑤ 가맹본부는 사업연도 중 가맹점사업자가 일부라도 비용을 부담한 판촉행사를 시행한 경우 다음 각 호의 사항을 사업연도 종료 후 3개월 이내에 가맹점사업자에게 통보하여야 한다.

1. 해당 사업연도에 실시한 판촉활동(해당 사업연도에 일부라도 비용이 집행된 경우를 포함한다. 이하 같다)별 명칭, 내용 및 실시기간
2. 해당 사업연도에 판촉활동을 위하여 전체 가맹점사업자로부터 지급받은 금액
3. 해당 사업연도에 실시한 판촉활동으로 집행한 비용 및 가맹점사업자가 부담한 총액

⑥ 가맹점사업자가 세부 산출 근거가 포함된 판촉행사 집행 내역의 열람을 요구하는 경우 가맹본부는 열람의 일시, 장소를 정하여 이를 열람할 수 있도록 한다.

제26조 [원 · 부재료 등의 조달과 관리]

① 가맹본부가 가맹점사업자에게 공급하여야 할 원·부재료 등의 내역 및 가격은 별첨[3]와 같다. 다만, 물가인상 기타 경제여건의 변동으로 인하여 원·부재료 등의 공급내역, 가격의 변경이 필요할 경우 가맹본부는 변경내역, 변경사유 및 변경가격 산출 근거를 가맹점사업자에 서면으로 제시하고 양 당사자가 협의하여 결정한다.

② 가맹본부는 가맹점사업자가 제1항에 따른 원·부재료 등의 납품대금을 신용카드로 결제하려는 경우 이를 거절하거나 현금결제를 강요하여서는 아니된다.

③ 가맹본부는 가맹사업의 목적달성에 필요한 합리적 사유가 있는 경우에는 원·부재료 등의 공급원을 자기 또는 특정한 제3자로 한정할 수 있다.

④ 가맹본부와 가맹점사업자는 관련 법률에서 정한 설비와 장비를 갖추고 원·부재료 등의 성질에 적합한 방법으로 운반·보관하여야 한다.

⑤ 가맹점사업자는 공급받은 원·부재료 등을 가맹본부의 허락 없이 타인에게 제공하거나 대여할 수 없다.

제27조 [원 · 부재료 등의 직접 조달]

① 가맹본부가 공급하지 아니하거나 합리적 사유 없이 공급을 지연하는 원·부재료 등 및 가맹본부로부터 사전에 승인을 얻은 원·부재료 등은 가맹점사업자가 직접 조달하여 판매할 수 있다. 이 경우 가맹점사업자는 브랜드의 동일성을 해치지 않도록 하여야 한다.

② 가맹본부는 가맹점사업자가 제2항에 의하여 직접 조달하는 원·부재료 등에 대하여 품질관리기준을 제시하고 그 기준의 준수여부를 검사할 수 있다. 이 경우 가맹점사업자는 가맹본부의 품질검사에 협조하여야 한다.

第28조 (원 · 부재료 등의 검사와 하자통지의무)

① 가맹점사업자는 원·부재료 등을 공급받는 즉시 수량 및 품질을 검사하여야 하고, 하자를 발견하였을 경우 지체 없이 이를 서면으로 가맹본부에게 통지하여야 한다.

② 가맹점사업자가 원·부재료 등의 성질상 수령 즉시 하자를 발견할 수 없는 경우에는 6개월 이내에 이를 발견하여 통지하고 완전물로 교환을 청구할 수 있다.

③ 가맹점사업자가 제1항 및 제2항의 검사를 태만히 하여 이로 인한 손해가 발생한 경우에는 가맹본부에 대하여 반품·수량보충 또는 손해배상을 청구할 수 없다. 다만, 가맹본부가 상품 등에 하자가 있음을 알면서 공급한 경우에는 제2항의 기간과 상관없이 가맹본부에 손해배상 등을 청구할 수 있다.

④ 가맹본부는 그의 상표를 사용하여 공급한 원·부재료 등의 하자로 인하여 소비자 등 제3자가 입은 손해에 대하여 책임이 있다. 다만, 가맹본부가 공급하지 않은 원 · 부재료 등을 가맹점사업자가 판매하여 제3자에게 손해를 가한 경우나 가맹점사업자의 보관상의 주의의무위반, 가맹점사업자의 상품제공상의 별도 과실로 인한 경우에는 이에 대한 책임을 지지 아니한다.

⑤ 계약이 기간만료, 해지 등으로 인하여 종료한 때에는 가맹점사업자는 공급된 원·부재료 등의 중에서 완전물을 가맹본부에 반환할 수 있고, 이에 대하여 가맹본부는 공급가격으로 상환하여야 한다. 다만, 가맹점사업자의 책임있는 사유로 인하여 해지된 경우에는 그러하지 아니하다.

⑥ 제5항의 경우에 하자 있는 원·부재료 등에 대하여는 그 상태를 감안하여 가맹본부와 가맹점사업자의 협의에 의하여 상환가격을 결정한다.

第29조 (원 · 부재료 등 공급의 중단)

① 가맹본부는 다음 각 호의 어느 하나에 해당하는 경우에는 (　)일 전에 해당사유를 적시한 서면으로 예고하고 가맹점사업자에 대한 원·부재료 등의 공급을 중단할 수 있다. 다만, 위 기간 중 가맹점사업자가 해당사유를 시정한 경우에는 그러하지 아니하다.

1. 가맹점사업자가 (　)개월에 걸쳐 3회 이상 원·부재료 등에 관한 대금 등의 지급의무를 지체하는 경우
2. 가맹점사업자가 2회 이상 정기납입경비의 지급을 연체하는 경우
3. 가맹점사업자가 정기납입경비의 산정을 위한 총매출액 또는 매출액 증가비율을 3회 이상 허위로 통지하는 경우
4. 가맹본부의 품질관리기준을 (　)개월에 걸쳐 3회 이상 위반하는 경우

5. 가맹점사업자가 가맹본부와의 협의 없이 점포 운영을 3일 이상 방치하는 경우
6. 가맹점사업자가 가맹본부와 약정한 판매촉진활동을 이행하지 않는 경우
7. 가맹점사업자가 정당한 사유 없이 제13조 제5항에 의한 노후 점포설비의 교체 · 보수 요청에 따르지 않는 경우
8. 가맹점사업자가 가맹본부로부터 본 계약상의 의무위반을 지적받고 상당한 기간 내에 시정조치를 취하지 않는 경우

② 가맹본부는 다음 각 호의 어느 하나에 해당하는 경우에는 즉시 원·부재료 등의 공급을 중단할 수 있다.

1. 가맹점사업자에게 파산 신청이 있거나 강제집행절차 또는 회생절차가 개시된 경우
2. 가맹점사업자가 발행한 어음·수표가 부도 등으로 지급거절된 경우
3. 천재지변, 중대한 일신상의 사유 등으로 가맹점사업자가 더 이상 가맹사업을 경영할 수 없게 된 경우
4. 가맹점사업자가 공연히 허위사실을 유포함으로써 가맹본부의 명성이나 신용을 뚜렷이 훼손하거나 가맹본부의 영업비밀 또는 중요 정보를 유출하여 가맹사업에 중대한 장애를 초래한 경우
5. 가맹점사업자가 가맹사업의 운영과 관련되는 법령의 위반사실을 통보받은 후 10일 이내에 이를 시정하지 아니한 경우
6. 가맹점사업자의 가맹사업과 관련한 가맹본부의 시정요구에 따른 후에 다시 같은 위반행위를 2회 이상 반복한 경우
7. 가맹점사업자가 가맹점 운영과 관련된 행위로 형사처벌을 받은 경우
8. 가맹점사업자가 공중의 건강이나 안전에 급박한 위해를 일으킬 염려가 있는 방법이나 형태로 가맹점을 운영하는 경우
9. 가맹점사업자가 정당한 사유 없이 연속하여 7일 이상 영업을 중단한 경우

③ 제1항 및 제2항의 경우 가맹본부는 원·부재료 등의 공급중단조치를 취함과 동시에 재공급조건을 가맹점사업자에 서면으로 통지하여야 한다.

제30조 [영업]

① 가맹점사업자는 주 (　)일 이상 월 (　)일 이상 개장하여야 하고, 연속하여 (　)일 이상 임의로 휴업할 수 없다.

② 가맹점사업자가 특정일에 점포를 열지 못할 특별한 사정이 있는 경우에는 이를 3일 전부터 매장 입구에 개시하여 고객이 알 수 있도록 하여야 한다.

③ 가맹점사업자가 일정기간 휴업할 경우에는 사전에 가맹본부에게 그 사유를 서면으로

통지하고 가맹본부의 승인을 얻어야 한다.

④ 영업시간은 ( )부터 ( )까지로 한다.

⑤ 가맹본부는 가맹점사업자가 심야영업시간대(오전 1시부터 오전 6시까지)의 매출이 저조하여 영업시간 단축을 요구한 날이 속한 달의 직전 6개월 동안 영업손실이 발생함에 따라 영업시간 단축을 요구하거나 질병의 발병과 치료 등 불가피한 사유로 인하여 영업시간의 단축을 요구하는 경우에는 이를 허용한다.

제31조 [복장]

① 가맹점사업자와 종업원은 가맹점영업과 관련하여 가맹본부가 지정한 복장을 착용하여야 한다.

② 가맹본부는 복장의 색상, 규격을 가맹점사업자에게 서면으로 통지한다.

③ 가맹본부는 가맹점사업자의 청구에 따라 종업원의 복장을 공급할 수 있다.

④ 가맹점사업자는 임직원 및 종업원이 외식업소에 근무하는 자로서의 품격에 어긋나지 않는 복장상태를 유지하도록 하여야 한다.

제32조 [보고의무]

① 가맹점사업자는 가맹점 영업과 관련하여 영업장부와 회계자료를 성실히 작성 · 유지하여야 한다.

② 가맹점사업자는 년(월, 주) ( )회 매출상황과 회계원장 등을 가맹본부에 서면 또는 POS시스템을 통하여 보고하여야 한다.

③ 가맹점사업자는 가맹본부가 파견한 경영지도원의 서면에 의한 요구가 있을 때에는 영업장부 등 관련서류를 제시하여야 한다.

④ 가맹점사업자는 가맹본부로부터 사용허가를 받은 영업표지와 특허권 등에 대한 침해를 이유로 제3자가 소를 제기한 경우에는 이를 가맹본부에 보고하여야 한다.

제33조 [보험]

① 가맹본부는 가맹점사업자가 영업상 과실, 상품의 하자, 점포의 화재 등으로 가맹점 이용 고객이나 제3자에게 부담하는 손해배상책임을 보장하기 위하여 책임보험에 가입할 것을 권유할 수 있다.

② 가맹점사업자는 자신의 책임으로 보험업자, 보험의 종류, 피보험자를 정한다.

제34조 [영업양도 및 담보제공]

① 가맹점사업자는 가맹본부의 승인을 얻어 영업을 양도, 임대하거나 영업재산을 담보로 제공(이하 "영업양도 등"이라 한다)할 수 있다.
② 제1항의 경우 가맹점사업자는 영업양도일(또는 영업임대일, 담보제공일. 이하 같다) ( )일 전에 가맹본부에 대하여 서면으로 영업양도 등의 승인을 요청하여야 한다.
③ 가맹본부는 전항의 승인을 요청받은 날로부터 ( )일 이내에 그 사유를 명시한 서면으로 승인 또는 거절의 의사를 표시하여야 한다. 가맹본부가 이 기간 중에 이유를 적시하여 거절하지 않으면 영업양도 등을 승인한 것으로 본다.
④ 가맹점사업자가 영업 양도의 승인을 요청한 경우 가맹본부는 영업양도 승인조건으로 점포환경 개선을 요구하지 아니한다.
⑤ 영업양도의 경우 영업양수인은 가맹점사업자의 가맹본부에 대한 권리와 의무를 승계한다.
⑥ 영업양수인, 영업임차인은 제15조의 최초가맹금의 지급의무가 면제된다. 다만, 양도 등에 따라 가맹본부에게 초래된 행정적 실비 및 소정의 교육비, 계약이행보증금은 면제되지 아니한다.
⑦ 가맹본부는 영업양수인이 요청하는 경우에는 영업양도인의 잔여 계약기간 대신에 완전한 계약기간을 영업양수인에게 부여할 수 있다. 이 경우에는 신규계약을 체결하여야 한다.
⑧ 가맹본부가 가맹사업을 타인에게 양도하는 경우 가맹점사업자는 가맹계약을 종료하고 계약관계에서 탈퇴할 수 있다. 이 경우 가맹본부는 가맹점사업자에 대하여 제16조 제2항의 금원을 반환하여야 한다.
⑨ 가맹본부는 가맹점운영권의 양도와 관련된 분쟁을 예방하기 위하여, 승인 전후를 불문하고 양도인의 투자비 내역, 영업 현황 등의 자료를 양수희망자 또는 양수인에게 제공할 수 있다.

제35조 [영업의 상속]

① 가맹점사업자의 상속인은 가맹점 영업을 상속할 수 있다.
② 상속인이 영업을 상속할 경우에는 상속개시일로부터 3개월 이내에 상속사실을 가맹본부에게 통지하여야 한다.
③ 상속인이 미성년자, 피성년후견인, 피한정후견인에 해당하거나 이에 준하는 사유가 있는 경우 가맹본부는 영업의 상속을 승인하지 아니할 수 있으며, 이 경우 가맹계약은 종료한다. 다만, 가맹본부는 상속인에게 제38조 제2항 및 제3항의 금원을 지급하여야 한다.

④ 상속인에 대해서는 제15조의 최초가맹금이 면제된다. 단, 소정의 교육비, 계약이행보증금은 면제되지 아니한다.

제 5 장 계약의 갱신, 해지, 종료

第36조 [계약의 갱신과 거절]

① 가맹본부는 가맹점사업자가 가맹계약기간 만료 전 180일부터 90일까지 사이에 가맹계약의 갱신을 요구하는 경우에는 정당한 사유가 없으면 이를 거절하지 못한다. 다만 가맹점사업자가 다음 각 호의 어느 하나에 해당하는 경우에는 갱신을 거절할 수 있다.

1. 가맹계약상의 가맹금 등의 지급의무를 지키지 아니한 경우
2. 다른 가맹점사업자에게 통상적으로 적용되는 계약조건이나 영업방침을 가맹점사업자가 수락하지 아니한 경우
3. 가맹점의 운영에 필요한 점포 · 설비의 확보나 법령상 필요한 자격·면허·허가의 취득에 관한 가맹본부의 중요한 영업방침을 지키지 아니한 경우
4. 상품의 품질을 유지하기 위하여 필요한 조리법, 식자재 구입 및 관리 또는 서비스 기법의 준수에 관하여 가맹본부가 정한 영업방침을 지키지 아니한 경우
5. 가맹본부의 가맹사업 경영에 필수적인 지식재산권의 보호에 관하여 가맹본부가 정한 영업방침을 지키지 아니한 경우
6. 다른 가맹본부가 통상적으로 요구하는 비용에 의하여 가맹본부가 가맹점사업자에게 정기적으로 실시하는 교육·훈련의 준수에 관한 가맹본부의 영업방침을 지키지 아니한 경우.

② 제1항의 가맹점사업자의 계약갱신요구권은 최초 가맹계약기간을 포함한 전체 가맹계약기간이 10년을 초과하지 아니하는 범위 내에서만 행사할 수 있다.

③ 가맹본부가 제1항에 따른 갱신요구를 거절하는 경우에는 갱신을 요구받은 날로부터 15일 이내에 가맹점사업자에게 거절사유를 적은 서면으로 통지하여야 한다.

④ 가맹본부가 제1항 단서의 어느 사유를 들어 계약만료 전 180일부터 90일까지 갱신하지 않는다는 사실을 서면으로 통지하거나 제3항의 거절통지를 한 경우가 아니면, 가맹계약은 종전계약과 동일한 조건으로 (　　)년간 갱신된 것으로 본다.

⑤ 다음 각 호의 어느 하나에 해당하는 경우에는 제4항을 적용하지 아니한다.

1. 가맹점사업자가 계약만료 60일전까지 이의를 제기한 경우

2. 천재지변 등 양 당사자에게 책임 없는 사유로 인하여 가맹계약을 유지하기 어려운 경우
3. 가맹본부나 가맹점사업자에게 파산신청이 있거나 강제집행절차 또는 회생절차가 개시된 경우
4. 가맹본부나 가맹점사업자가 발행한 어음·수표가 부도 등으로 지급거절된 경우
5. 가맹점사업자에게 중대한 일신상의 사유가 발생하여 더 이상 가맹사업을 경영할 수 없게 된 경우

제37조 (계약의 해지)

① 가맹본부는 가맹점사업자에게 제29조 제1항 각호의 사유가 있는 경우에는 가맹계약을 해지할 수 있다. 이 경우 가맹계약을 해지하기 위해서는 가맹점사업자에게 2개월 이상의 유예기간을 두고 계약의 위반사실을 구체적으로 밝히고 이를 시정하지 아니하면 그 계약을 해지한다는 사실을 서면으로 2회 이상 통지하여야 하고, 이 절차를 거치지 아니한 가맹계약의 해지는 그 효력이 없다.

② 가맹본부는 가맹사업의 거래를 지속하기 어려운 경우로서 다음 각 호의 어느 하나에 해당하는 경우에는 제1항의 절차를 거치지 아니하고 계약을 해지할 수 있다.

1. 가맹점사업자에게 파산신청이 있거나 강제집행절차 또는 회생절차가 개시된 경우
2. 가맹점사업자가 발행한 어음·수표가 부도 등으로 지급거절된 경우
3. 천재지변, 중대한 일신상의 사유 등으로 가맹점사업자가 더 이상 가맹사업을 경영할 수 없게 된 경우
4. 가맹점사업자가 공연히 허위사실을 유포함으로써 가맹본부의 명성이나 신용을 뚜렷이 훼손하거나 가맹본부의 영업비밀 또는 중요정보를 유출하여 가맹사업에 중대한 장애를 초래한 경우
5. 가맹점사업자가 가맹사업의 운영과 관련되는 법령의 위반사실을 통보받은 후 10일 이내에 이를 시정하지 아니한 경우
6. 가맹점사업자가 제1항 후문에 따른 가맹본부의 시정요구에 따른 후 다시 같은 위반행위를 2회 이상 반복한 경우
7. 가맹점사업자가 가맹점운영과 관련된 행위로 형사처벌을 받은 경우
8. 가맹점사업자가 공중의 건강이나 안전에 급박한 위해를 일으킬 염려가 있는 방법이나 형태로 가맹점을 운영하는 경우
9. 가맹점사업자가 정당한 사유 없이 연속하여 7일 이상 영업을 중단한 경우.

③ 가맹점사업자는 가맹본부가 약정한 원·부재료 등의 공급, 경영지원 등을 정당한 이유

없이 이행하지 않거나 지체하는 경우 등 이 계약상의 의무를 불이행하는 경우에는 상당한 기간을 정하여 서면으로 그 시정을 요구하고 그래도 시정하지 않을 경우에는 가맹계약을 해지할 수 있다.

④ 가맹점사업자는 다음 각 호의 어느 하나에 해당하여 재정상태가 객관적으로 악화됨에 따라 본 계약의 유지가 어렵다고 합리적·객관적으로 판단되는 경우에는 최고 없이 즉시 계약을 해지할 수 있다.

1. 가맹본부가 파산한 경우
2. 가맹본부가 발행한 어음·수표가 부도 등으로 지급거절된 경우
3. 가맹본부가 (가)압류, 가처분, 강제집행, 체납처분 또는 이와 유사한 법적·행정적 처분을 당한 경우
4. 천재지변으로 가맹점 운영이 곤란한 경우

⑤ 가맹본부와 가맹점사업자는 계약기간 중에도 서면에 의하여 양 당사자가 합의하여 해지할 수 있다. 다만, 해지를 원하는 당사자는 상대방에 대하여 「약관의 규제에 관한 법률」 제8조(손해배상액의 예정)에 위반되지 아니하는 범위 내에서 금 (　)원을 위약금으로 지급하여야 하며, 이는 손해배상액의 예정으로서의 성격을 갖는다.

제38조 [계약의 종료와 조치]

① 계약이 기간만료나 해지로 인하여 종료된 경우, 가맹점사업자는 지체 없이 가맹본부의 상호·간판 등 영업표지의 사용을 중단하고 이를 철거 내지 제거하여야 하며, 가맹본부가 제공한 설비, 전산시스템 등 영업관련 자산을 가맹본부에 반환하여야 한다.

② 제1항의 규정에도 불구하고 가맹점사업자가 계약이행보증금을 지급한 경우에는 가맹본부로부터 제18조 제3항의 정산잔액과 정산서를 받을 때까지(계약이행보증보험증권이나 물적 담보를 제공한 경우에는 잔존 채무·손해배상액의 통지서를 받을 때까지) 제1항의 의무이행을 거절할 수 있다. 가맹본부가 제16조 제2항에 의하여 가맹금의 일부를 반환해야 하는 경우에도 또한 같다.

③ 제1항의 철거·원상복구의 비용은 계약이 가맹점사업자의 귀책사유로 종료되는 경우에는 가맹점사업자가 부담하고 가맹본부의 귀책사유로 종료되는 경우에는 가맹본부가 부담한다. 다만, 합의해지의 경우에는 가맹본부와 가맹점사업자가 협의하여 비용을 분담할 수 있다.

④ 가맹본부는 가맹계약서를 가맹사업의 거래가 종료된 날부터 3년간 보관하여야 한다.

제 6 장 기 타

제39조 [가맹점사업자의 비밀유지, 경업금지 의무]

① 가맹점사업자는 계약 및 가맹점 운영상 알게 된 가맹본부의 조리법 등 영업비밀을 계약기간은 물론 계약종료 후에도 제3자에게 누설해서는 아니된다.
② 가맹점사업자는 가맹본부의 허락 없이 교육과 세미나 자료 기타 가맹점운영과 관련하여 가맹본부의 영업비밀이 담긴 관계서류의 내용을 인쇄 또는 복사할 수 없다.
③ 가맹점사업자는 계약의 존속 중에 가맹본부의 허락 없이 자기 또는 제3자의 명의로 가맹본부의 영업과 동종의 영업을 하지 않는다.

제40조[개량기술의 사용]

가맹점사업자가 가맹본부로부터 지원받은 영업노하우 등 기술과 관련하여 독자적으로 기술을 개량한 경우, 개량기술에 대한 소유권은 가맹점사업자에게 있는 것으로 한다. 다만, 가맹본부는 기술개발비, 예상수익, 원천기술의 기여분, 개량기술의 가치 등이 반영된 정당한 대가를 지급하고 그 소유권의 이전이나 실시권, 사용권 등의 설정을 가맹점사업자에게 청구할 수 있다.

제41조 [지연이자]

계약의 일방당사자가 본 계약과 관련하여 상대방에게 부담하는 일체의 금전지급의무를 지체하는 경우에는 미지급액에 대하여 지급기일의 다음날부터 지급하는 날까지 연 ( )%의 비율에 의한 지연이자를 가산하여 지급한다.

제42조 [손해배상]

이 계약의 당사자는 상대방의 계약위반이나 불법행위로 인한 손해에 대하여 본 계약상 구제수단 외에 별도로 손해배상을 청구할 수 있다.

제43조 (분쟁의 해결)

① 이 계약의 당사자는 이 계약의 해석 또는 이 계약에 의하여 명시되지 아니한 사항에 관하여 다툼이 있을 경우 우선적으로 대화와 협상을 통하여 분쟁을 해결하도록 최선을 다한다.

② 제1항에 의한 해결이 되지 아니한 경우에는 「가맹사업거래의 공정화에 관한 법률」 제22조에 따라 한국공정거래조정원의 가맹사업거래분쟁조정협의회에 조정을 신청하거나 다른 법령에 의하여 설치된 중재기관에 중재를 신청할 수 있다.

③ 가맹본부 및 가맹점사업자의 협의에 의하여 제2항에 의한 중재를 신청하지 아니하는 경우, 이 계약에 관한 분쟁의 관할법원은 가맹점사업자의 주소지나 점포소재지를 관할하는 법원으로 한다. 다만, 가맹본부와 가맹점사업자가 합의하여 관할법원을 달리 정하는 경우에는 그러하지 아니하다.

제44조 (정보공개서의 자문)

① 가맹본부는 이 계약을 체결하기 전에 가맹희망자에게 정보공개서를 제공하고 충분한 숙고기간을 부여하여야 하며 정보공개서의 이해를 돕기 위하여 가맹거래사 또는 변호사의 자문을 받을 수 있다는 사실을 고지하여야 한다.

② 가맹점사업자는 제1항의 자문을 받은 경우 자문일자가 기재된 확인서를 가맹본부에 제출하여야 한다.

제45조 (정보공개서 및 가맹계약서의 수령일)

① 가맹점사업자는 가맹금의 일부를 지급하거나 이 계약을 체결하는 날로부터 14일(제43조의 자문을 받은 경우에는 7일) 이상 이전인 20 년 월 일에 가맹본부로부터 관련 정보공개서를 제공받았음을 확인한다.

② 가맹점사업자는 가맹본부가 가맹금을 최초로 수령한 날(가맹금을 예치한 경우에는 예치한 날, 예치하기로 합의한 경우에는 예치 예정일)과 이 계약을 체결한 날 중 빠른 날 전인 20 년 월 일에 이 계약서를 사전제공 받았음을 확인한다.

별첨 [1] : 영업지역의 표시

별첨 [2] : 가맹점사업자에게 사용이 허가된 영업표지의 표시

별첨 [3] : 공급 원 · 부재료 등의 내역

별첨 [4] : 공급 주방기기 등의 내역

가맹본부와 가맹점사업자는 이 가맹계약서에 열거된 각 조항을 면밀히 검토하고 충분히 이해하였으며, 이 계약의 체결을 증명하기 위하여 계약서 2통을 작성하여 각각 기명 · 날인한 후 각 1통씩 보관한다.

20 년 월 일

[가맹본부]

대 표 자: (인)
사업자등록번호:
상 호:
주 소:
연 락 처:

[가맹점사업자]

성 명: (인)
생 년 월 일:
점 포 명:
주 소:
연 락 처:

연습문제

1. 프랜차이즈 창업의 장단점을 서술하시오.

2. 프랜차이즈 종류에 대하여 설명하시오.

3. 외식프랜차이즈 점포 출점지역을 선정하고 전체 비용과 수입을 산출해보자.

Chapter

8

기타 벤처 창업

8 기타 벤처 창업

최근 벤처업계는 대기업의 실적이 둔화되고 내수 및 수출경기가 위축된 상황에서도 국내 벤처기업들은 기업수나 투자규모면에서 큰 성장세를 기록한 것으로 평가되어 지고 있다. 세계적으로 성공한 벤처기업의 특징은 창업자들이 비교적 젊고, 학력수준이 높으며, 연구중심지인 대학 연구소 등 지식산업이 인접한 곳에서 시작되는 경우가 많고, 오로지 기술과 아이디어로 승부해 설립되는 회사라는 점을 꼽을 수 있다. 한국의 경우 노동집약적이고 성숙기술 중심의 산업구조로부터 탈피하여 기술집약적인 고부가가치 산업위주의 구조로 전환되고 있기 때문에 벤처기업 창업에도 관심을 가질만하다. 본 장에서는 벤처기업의 기본적인 내용을 이해할 수 있도록 구성하였다.

제1절 벤처기업과 창업

1. 벤처기업의 정의

1) 국내 벤처기업

벤처 기업(Venture 企業)이란 고도의 전문 능력, 창조적 재능, 기업가 정신을 살려, 대기업에서는 착수하기 힘든 특수한 신규 산업에 도전하는 연구개발형 신규기업을 뜻한다. 초기에는 전자·화학·기계 등의 산업을 중심으로 한 하드웨어 영역에 많이 진출하였으나, 최근에는 유통·서비스·사회개발·정보처리 등의 산업에도 확산되는 현상을 보이고 있다. 그래서 최근의 벤처형 기업의 특징은 하드웨어·정보(소프트웨어)·서비스 등 3자의 결부에 착안하여, 그 연결 작업에 창의와 고안을 집중하여 새로운 기축(機軸)을 이룩함으로써 풍성한 사업기회를 개발해 가는 데에 있다고 한다. 벤처기업은 성장속도가 빠른 반면 도산될 위험도 크다. 도산한 보기로는 창업자의 일인체제, 마케팅과 재무의 취약성, 안이한 과대설비 투자, 기술개발체제가 벽에 부딪히는 상황 등이 있다. 대한민국에서는 "벤처기업육성에 관한 특별조치법"에서 일정요건을 갖춘 중소기업을 벤처기업으로 정의하고 있다. 첫째, 벤처투자기관으로 투자받은 금액이 자본금의 10%이상일 것, 투자금액이 5천만원 이상인 경우이고 둘째, 기술보증기금 또는 중소기업진흥공단이 기업의 기술 평가를 실시한 후 담보 없이 총자산의 10%이상, 최소 8천만원 이상을 보증 또는 대출하는 경우(기술평가 보증/ 대출기업), 셋째

〈표 8-1〉 국내 벤처기업 확인 요건

구분	기준
공통기준	중소기업기본법에 의한 중소기업
벤처투자기업	1. 벤처투자기관으로부터 투자받은 금액이 자본금의 10% 이상일 것 2. 투자금액이 5천만원 이상일 것 3. 상기 1,2의 투자내역을 벤처확인요청일의 직전 연속하여 6개월 이상 유지할 것
연구개발기업	1. 기술개발촉진법 제7조 규정에 의한 기업부설연구소를 보유할 것 2. 연간 연구개발비가 5,000만원 이상일 것 3. 연간 총매출액에 대한 연구개발비의 합계가 5%이상으로서 중소벤처기업부 고시 업종별 비율 이상일 것(창업 후 3년이 경과하지 않은 기업은 적용하지 않음) 4. 연구개발기업 사업성평가기관으로부터 사업성이 우수한 것으로 평가받을 것(사업성평가표 65점 이상)
기술평가 보증·대출기업	1. 기보의 보증 또는 중진공의 대출을 순수신용으로 받을 것 2. 기보 또는 중진공으로부터 기술성이 우수한 것으로 평가받을 것 3. 보증 또는 대출금액이 8천만원 이상이고, 당해기업의 총자산에 대한 보증 또는 대출금액 비율이 5% 이상일 것 4. 창업 후 1년미만 기업: 보증 또는 대출금액이 4천만원 이상

자료: 벤처확인·공시시스템 벤처인

기업부설연구소를 보유한 기업으로서 연구개발비가 총매출액에서 차지하는

비율이 중소벤처기업부의 고시하는 비율(5~10%) 이상이고, 5천만원 이상인 경우(연구개발기업)를 벤처기업 요건으로 규정하고 있다.

2) 외국의 벤처기업

벤처기업은 국가별로 정책목적에 따라 다르다. 광의의 의미로는 거의 대동소이하나, 협의의 의미로 들어가면 국가간 차이점을 다소 보이고 있다. 그러한 사항을 세부적으로 나타내면 다음과 같다.

먼저 미국은 중소기업투자법에서 "위험성이 크나 성공할 경우 높은 기대 수익이 예상되는 신기술 또는 아이디어를 독립기반 위에서 영위하는 신생기업(New business with high risk-high return)"으로 규정하고 있는데 첨단 기술(전자, 컴퓨터, 유전공학, 자동화, 증강현실 등)에 약 80%가 집중되어 있다.

〈표 8-2〉 벤처기업의 일반적 개념

국명	주요 내용
한국	「벤처기업 육성에 관한 특별 조치법」 기준 중 1가지를 만족하는 기업을 의미
미국	「중소기업 투자법」에서 "위험성이 크나 성공할 경우 높은 기대 수익이 예상되는 신기술 또는 아이디어를 독립기반 위에서 영위하는 신생기업(New business with high risk - high return)"으로 규정
일본	「중소기업의 창조적 사업활동 촉진에 관한 임시조치법」에서 "중소기업으로서 R&D투자 비율이 총매출액의 3%이상인 기업, 창업 후 5년 미만인 기업"을 규정
OECD 국가	"R&D 집중도가 높은 기업" 또는 "기술혁신이나 기술적 우월성이 성공의 주요 요인인 기업"을 규정

두 번째로 일본은 중소기업의 창조적 사업활동 촉진에 관한 임시조치법에서 "중소기업으로서 R&D투자 비율이 총매출액의 3%이상인 기업, 창업 후 5년 미만인 기업"으로 규정하고 있다. 첨단기술에 집중도가 24%에 불과하며, 유통부문과 서비스업이 상대적으로 크다. 이러한 사실은 정책의 시각이 많은 차이가 있다하더라도 국내의 실정과 벤처기업 환경이 유사하다는 점을 감안할 때 시사하는 바가 크다.

마지막으로 유럽 등 선진국은 "R&D 집중도가 높은 기업" 또는 "기술혁신이나 기술적 우월성이 성공의 주요 요인인 기업"으로 규정한다.

2. 벤처기업 확인

벤처기업임을 확인받고자 하는 기업은 벤처기업 확인 신청서를 작성하여, 벤처인(www.venturein.or.kr)을 통해 확인기관의 장에게 벤처기업 확인을 신청하여야 한다. 예비벤처기업으로 확인받고자 하는 경우에도 또한 같다. 다만, 연구개발기업의 확인을 신청하는 기업이 중소기업진흥공단이나 기술신용보증기금 이외에 다른 기관으로부터 사업성 평가를 받고자 할 때에는 그 기관을 명시하여 신청하여야 한다.

1. 벤처투자기업 : 한국벤처캐피탈협회
2. 연구개발기업 : 중소기업진흥공단, 기술신용보증기금
3. 기술평가보증기업 또는 기술평가대출기업
   가. 기술평가보증기업 : 기술신용보증기금
   나. 기술평가대출기업 : 중소기업진흥공단
   다. 제3조제4항의 규정에 의하여 대출 또는 보증금액을 합산하는 경우, 신청기업은 그 금액이 많은 확인기관의 장에게 벤처기업확인 신청을 하여야 하며, 그 금액이 같을 경우에는 신청기업이 확인기관을 선택하여 신청하여야 한다.
4. 예비벤처기업 : 중소기업진흥공단, 기술신용보증기금

   평가실시 및 평가기준 등에 따라 확인기관은 규정에 의하여 벤처기업 확인을 신청 받은 경우에는 벤처기업 유형에 따른 요건심사를 실시하게 되는데 평가는 현장실사를 통해서 실시한다. 다만, 기존 벤처기업의 유효기간 만료에 따라서 벤처기업 확인을 신청하는 경우에는 현장실사를 생략할 수 있다.

〈그림 8-1〉 온라인 벤처확인신청 진행절차 흐름도

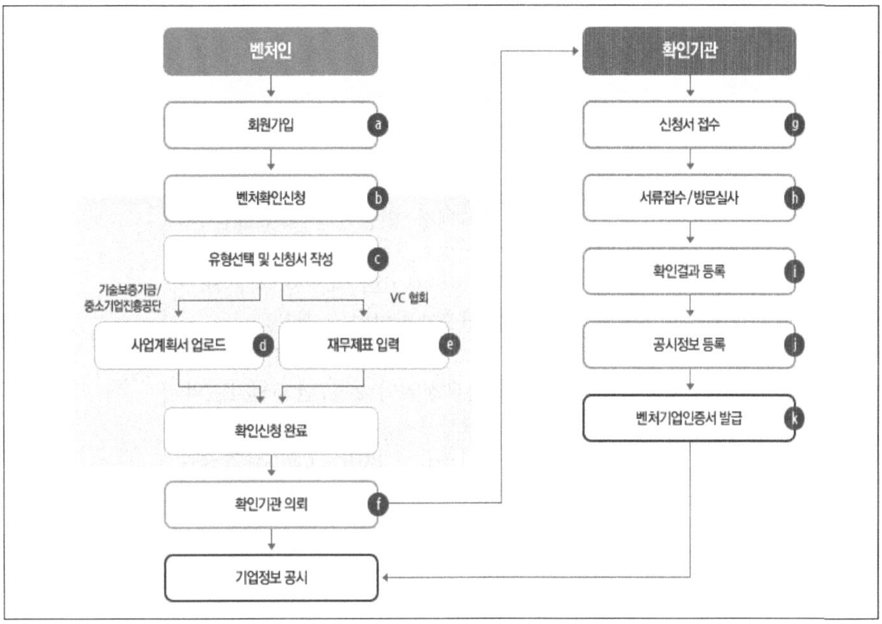

사업성평가는 평가표에 따라 사업성 평가를 신청받은 기관이 실시하며, 65점 이상을 획득한 경우에 사업성이 우수한 것으로 본다. 또한 기술성 평가는 확인기관이 평가표에 따라 실시하며, 기준에 의하여 총점 65점 이상 및 기술성 부문에서 31점 이상을 획득한 경우 우수한 것으로 본다.

예비벤처기업으로 확인받고자 하는 자에 대한 기술성 평가는 기준에 의하여 총점 65점 이상 및 기술성 부문에서 24점 이상을 획득한 경우 우수한 것으로 본다. 그리고 평가기관은 벤처기업의 확인을 요청받은 날로 부터 45일 이내(제4조제2항의 규정에 의하여 사업성 평가를 신청받은 평가기관은 40일 이내)에 사업성 평가결과 또는 기술성 평가결과를 신청기업에 통지하고 확인기관의 장은 벤처기업 요건에 해당된다고 확인한 때에는 벤처기업 확인서를 발급하여야 한다.

〈표 8-3〉 유형별 벤처기업 요건

벤처유형	기준요건	확인기관
벤처투자기업	① 벤처투자기관으로부터 투자받은 금액이 자본금의 10% 이상일 것(문화상품 제작법인 7%이상) ② 투자금액이 5천만원 이상일 것	한국벤처 캐피탈협회
연구개발기업	① 한국산업기술진흥협회에서 인증한 기업부설연구소 인증서 보유 ② 창업3년이상기업 : 직전 4분기의 연간 연구개발비가 5천만원 이상일 것(연구개발비비율 적용) - 창업3년미만기업 : 연구개발비비율 적용 제외 ※ 직전4분기란? 확인요청일이 2017년 5월 1일의 경우 2016년 2,3,4사분기, 2015년 1사분기를 말함. 즉, 2015. 04. 01 ~ 2016. 03. 31까지임 ③ 연구개발기업 사업성평가기관으로부터 사업성이 우수한 것으로 평가(사업성 평가표 65점이상)	기술보증기금, 중소기업진흥공단
기술평가 보증기업	① 기보로부터 기술성이 우수한 것으로 평가 ② 기보의 보증(보증가능금액 포함) 또는 중진공의 대출(보증가능금액 포함, 직접 취급한 신용대출에 한함)을 순수신용으로 받을 것 ③ 상기 ②의 보증 또는 대출금액 의 각각 또는 합산금액이 8천만원 이상이고, 당해기업의 총자산에 대한 보증 또는 대출금액 비율이 5% 이상일 것 ※ 창업 후 1년미만 기업 : 보증 또는 대출금액 4천만원 이상(총 자산대비 비율 적용배제)	기술보증기금
기술평가 대출기업	① 중진공으로부터 기술성이 우수한 것으로 평가 ② 중진공의 대출(대출가능금액 포함, 직접 취급한 신용대출에 한함) 또는 기보의 보증(보증가능금액 포함)을 순수신용으로 받을 것 ③ 상기 ②의 보증 또는 대출금액의 각각 또는 합산금액이 8천만원 이상이고, 총자산에 대한 보증 또는 대출금액의 비율이 5% 이상일 것 ※ 창업 후 1년미만 기업 : 보증 또는 대출금액 4천만원 이상(총 자산대비 비율 적용배제)	중소기업 진흥공단
예비벤처기업	① 법인설립 또는 사업자등록을 준비중인 자 ② 상기 ①의 해당자의 기술 및 사업계획이 기보, 중진공으로 부터 기술성이 우수한 것으로 평가	기술보증기금, 중소기업 진흥공단

〈그림 8-2〉 벤처인

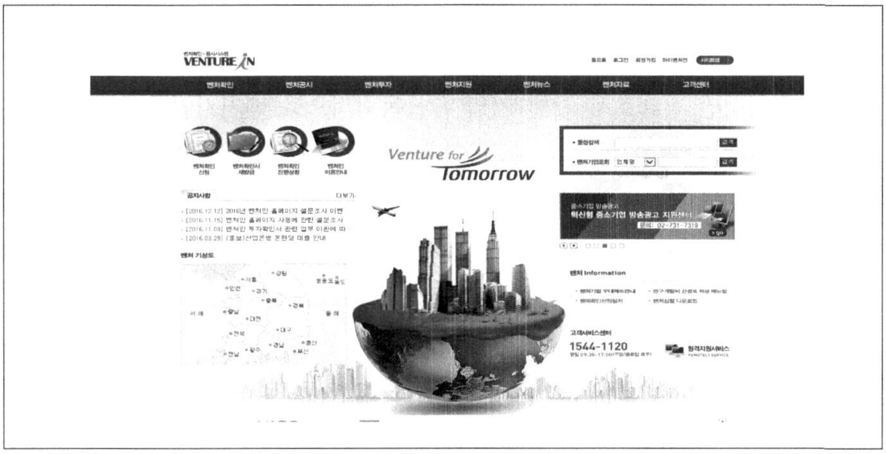

3. 벤처기업의 창업환경

벤처기업의 창업은 기업가 정신이 충만한 사회에서 활성화되는데, 우리사회는 모험 회피적이고 안정 지향적인 성향을 고무시켜 왔다. 또한 창의력도 벤처기업 창업이 이루어지는 중요한 기반인데 우리의 과학 · 기술 수준은 선진 경쟁국에 비해 여전히 낮은 것으로 평가받고 있다. 단순한 과학기술의 발전수준만이 아니라, 과학기술 분야의 연구개발 성과가 산업부분으로 전달되는 기술이전이 체계적으로 이루어지는 것이 어떤 의미에서는 더욱 중요할 수 있는데, 그 동안 우리나라의 정부, 대학, 연구기관 등 연구개발의 주체들은 기술이전의 선형모델에 경도되어 산 · 학 · 연 협력에 소극적이었다.

창업준비 과정에서 사업의 불확실성을 감소시킬 수 있는 창업보육, 부족한 경영자원을 보완하고 관련 정보를 제공하는 창업교육, 행정적 부담을 줄여주는 창업절차의 간소화는 벤처기업 창업을 용이하게 하는데 창업보육사업은 이제 막 시작단계이며, 창업교육은 아직 실효성이 부족하다. 창업절차의 간소화는 정부의 규제완화 노력에 힘입어 크게 개선되고 있으나 여전히 많은 기업들이 창업절차의 애로를 호소하고 있다.

4. 벤처기업의 유형

1) 분사(Spin-off)

가장 전형적인 형태로서 개별 기업가가 독립적으로 벤처기업을 창업하여 운영하는 것이다. 개별 기업가는 대학, 연구소, 기업에서 일하다가 그들이 가지고 있는 기술을 상업화하기 위해 자신의 사업을 시작하는 경우가 많다. 이때 개별 기업가들의 전 직장을 인큐베이터 조직이라고 하며 여기서 떨어져 나왔다는 의미에서 스핀 오프라고 표현한다.

2) 합작벤처(New Style Joint Venture)

중소규모의 벤처기업들은 고도의 기술을 제공하고 대기업은 자본과 판매망 또는 기술개발 결과의 활용과 적용에 역점을 두는 경우이다.

3) 벤처합병(Venture Merging)

대기업이 전략적 필요에 의해 벤처기업을 흡수합병하여 자회사나 사업부로 운영하는 것을 말한다.

4) 사내벤처(Internal Venture)

대기업이 회사 내부에 모험자본을 마련해 놓고 기업 내부의 종업원들에게 사업 아이디어를 제안하게 하여 벤처기업을 스스로 하거나 참여하도록 하는 방식이다. 최근 대기업들이 적극적으로 추진하고 있는 전략으로서 기업 내부에서 기업가정신을 발현하여 새로운 사업을 개발하는 것이다. 사내벤처는 대규모 기업 조직 내에서 내부자원을 독특한 방식으로 활용하여 제품이나 서비스, 기술 등을 만들어내는 상대적으로 작고 효율적 혹은 반자율적인 사업단위를 개발하는 것이다. 사내벤처는 과거와는 다른 새로운 방식의 신규사업 개발 형태라고 할 수 있다.

대규모 기업이 사내벤처에 관심을 갖는 이유는 급격한 시장환경의 변화에 적응하기 위해서이다. 사내벤처는 경영의 다각화를 쉽게 해주며, 또한 시장경험을 할 수 있는 기회와 능력을 제공해 준다는 점 때문에 필요성이 더욱 커지고 있다.

5. 벤처기업 지원제도

벤처기업으로 확인되면 창업, 세제, 금융 등 다양한 부분에서 해택을 받을 수 있는데 자세한 내용은 〈표 8-4〉와 같다.

〈표 8-4〉 벤처기업 주요 지원내용

구분		주요 지원내용
창업	교수·연구원창업	- 교수·연구원이 벤처기업을 창업하거나 근무하기 위해 휴직가능(3년이내) - 교수·연구원이 벤처기업의 대표 또는 임직원 겸임·겸직가능
	산업재산권출자	벤처기업에 대한 현물출자 대상에 특허권, 실용신안권, 의장권 등의 권리포함
세제	지원대상	창업 후 3년이내에 벤처확인 받은 기업에 한함 * 창업중소기업 및 창업벤처중소기업 범위에 해당하는 업종
	법인세, 소득세 50% 감면	벤처확인 받은 이후 최초로 소득이 발생한 과세연도와 그 다음 과세연도부터 4년간 50% 세액감면 * 창업중소기업의 경우 과밀억제권역이외의 지역에서 창업한 경우만 해당
	취득세 75% 감면	창업벤처 중소기업이 창업일로부터 4년이내에 취득하는 사업용재산에 대해 취득세 75% 감면
	재산세 50% 감면	창업벤처 중소기업이 당해 사업을 영위하기 위해 소유하는 사업용 재산에 대해 창업일로부터 5년간 재산세의 50% 감면
금융	코스닥 상장	상장 심사 시 우대(자본금 및 자기자본기준 하향 적용, 설립연수, 부채비율 등 적용면제)
	정책자금	중소기업정책자금 한도 우대
	신용보증	-심사 시 우대(보증한도 확대, 보증료율 0.2% 감면 등) -기술력 및 신용도 우수 기업에 대한 연대보증 기준 완화

구분		주요 지원내용
입지	실험실 공장	교수·연구원의 실험실공장설치 허용(500㎡이하)
	창업보육센터입주 기업에 대한 도시형 공장 등록 특례	창업보육센터 입주 벤처기업의 경우 건축법 14조, 대덕연구단지관리법 6조의 규정에 불구하고 도시형공장을 설치할 수 있는 특례 인정
	벤처기업 전용단지의 건축금지에 대한 특례	건축법에서 건축 제한하는 규정에도 불구하고 벤처기업 전용단지 내에서는 건축물을 건축할 수 있는 특례 인정
	집적시설 입주벤처 기업특례	과밀 억제권역 내에서의 취득세, 재산세 중과세율 적용 면제
특허	우선심사	벤처기업이 출원한 경우 우선심사 대상
마케팅	방송광고	TV, 라디오 광고지원(광고비 70% 감면) * 한국방송광고진흥공사 내부기준에 의거
기타	주식교환	주식교환 가능(전략적 제휴 및 신주발행을 통한 주식교환)

기존 벤처기업인증을 받은 기업이 유효기간을 연장하려면 현행 벤처확인제도에는 기존 벤처기업의 유효기간 연장을 위한 별도의 절차가 없다. 따라서 유효기간이 만료되어 벤처확인서를 연장하고자 할 때는 신규벤처기업과 동일한 신청 및 평가절차를 걸쳐야만 한다. 단, 신규 벤처기업은 확인서 발급일로부터 유효기간이 산정되나, 기존벤처기업은 유효기간 만료 전 2개월부터 만료 후 1개월 이내에 벤처인을 통해 벤처기업 확인 신청을 할 경우, 확인서 발급일이 아니라 기존 유효기간 익일부터 유효기간이 산정되어 유효기간 연장의 효과가 있게 된다.

〈표 8-5〉 벤처기업 대상에서 제외되는 업종

종분류	코드번호 (세세분류)	업 종
숙박 및 음식점업	55112 55909 56211 56212 56219 56220	여관업 그외 기타 숙박업 일반유흥 주점업 무도유흥 주점업 기타 주점업 비알콜 음료점업
부동산업 및 임대업	68111 68112 68119 68121 68122 68129	주거용건물임대업 비주거용건물임대업 기타부동산임대업 주거용건물개발 및 공급업 비주거용건물개발 및 공급업 기타부동산개발 및 공급업
오락업 및 문화업	91121 91223 91291 91249	골프장운영업 노래연습장운영업 무도장운영업 기타갬블링 및 베팅업
공공, 수리 및 기타서비스업	96111 96112 96113 96119 96121 96122 96129	이용업 두발미용업 피부미용업 기타미용업 욕탕업 마사지업 기타미용관련서비스업

제2절 이노비즈 확인제도

1. 제도의 개요

Innovation(혁신)과 Business(기업)의 합성어로 기술 우위를 바탕으로 경쟁력을 확보한 기술혁신형 중소기업을 지칭한다. 연구 개발을 통한 기술 경쟁력 및 내실을 기준으로 선정하기에 과거의 실적보다는 미래의 성장성을 중요시 한다는 특징을 가지고 있다. 전 세계적으로 기술 혁신을 통해 기업과 국가의 경쟁력을 높이려는 뉴 패러다임이 새로운 화두로 떠오르고 있기에 미국, 독일 OECD 선진국들은 중소벤처기업을 국가경쟁력의 핵심으로 일찍이 95년부터 정부차원에서 전폭적인 지원 정책을 실시해 왔으며, 각 국가간의 경쟁력을 측정하는 객관적인 척도로 비교되고 있다.

우리나라 중소기업의 기술수준은 선진국의 71% 수준으로 이는 중소기업의 연구개발 혁신역량이 미흡한데에 기인하며 5인이상 중소제조업체 중 R&D 투자업체 비율은 18%(18,101개)이며, 기술개발인력 부족률은 20.9%로 전체 인력부족률 6.2%의 3배를 상회한다. 이러함에 기술혁신에 대한 국민적 공감대 확산과 중소기업의 기술혁신 노력이 증대되도록 정부에서 육성하고 있다.

2. 혁신형 중소기업의 역할 및 위치

2차 대전 이후 획기적 혁신(radical Innovation)의 95%가 혁신형 중소기업에서 이루어지고 있고, OECD의 경우 과거 20년간 주요 기술혁신의 50% 주도하고 있다. 미국의 경우 철강, 석유 정제산업 기술혁신의 100%, 알루미늄산업 기술혁신의 80%를 혁신형 중소기업이 이루고 있다. 또한, OECD, 미국, 일본 등 주요 선진국의 최근 GDP 성장 및 고용창출을 혁신형 중소기업이 주도하며, 실리콘 밸리의 성장은 혁신형 중소기업이 지역기술에 특화된 성과를 실현하고 있다. EU의 경우 첨단분야 특허 중 혁신형 중소기업 보유 비중이 99% 이고, 혁신형 중소기업은 2차대전 후 경제재건의 가장 중요한 부분을 담당하였고, 현재에도 선진국 경제성장의 견인차 역할 담당하고 있다.

우리나라 혁신형 중소기업(Inno-Biz)은 혁신기술을 보유한 차세대 성장동력으로서 국민소득 2만불 조기 달성 및 일자리 창출의 견인차 역할 수행 및 기술, 경영, 가치혁신을 이룩한 글로벌 경쟁력을 갖춘 중소기업 분야의 중심축이자 정부의 차세대 브랜드 파워라고 할 수 있다. 기술혁신 역량을 갖춘 업력 3년 이상의 안정적 성장 기업으로 지속적으로 기술혁신, 가치혁신을 이뤄 글로벌 시장경쟁력을 확보할 수 있는 기업군을 육성하는 것이며, Inno-Biz 지정제도의 시행

취지는 Inno-Biz를 집중 지원하여 여타 기업의 기술혁신을 선도하는 역할을 부여하고 Inno-Biz 자체의 국민경제적 기여도를 높이기 위함이다.

〈표 8-6〉 혁신형 중소기업별 차이점 비교

구분	이노비즈기업	벤처기업	메인비즈기업
혁신역량체계 (R&D체계구축)	◎	X	△
	ㄱ. 기술혁신역량평가 ㄴ. 개별기술평가	개별기술평가	경영혁신역량평가
지속 가능 혁신 (지재권 10건)	◎	◎	△
	9.8건	6.9건	5.0건
안정적 성과창출	◎	△	◎
	매출 : 146.9억원	매출 : 67.2억원	매출 : 154.3억원
기업 건전성	◎	X	X
	부채비율 : 124.9%	부채비율 : 146.1%	부채비율 : 269.7%

자료 : 중소기업기술혁신협회

3. 이노비즈 인증 절차

이노비즈 인증을 받기위해서는 벤처기업 인증과는 다른 기본 신청요건들을 갖추어 신청하여야 하는데, 우선적으로 기업은 운영기간을 포함하여 창업한지 3년이상 된 기업으로써 제조업, 건설업, 농업, 비제조업, 소프트웨어업, 바이오업, 환경업, 전문디자인업과 같은 업종을 영위하여야 신청대상이 된다. 특히 이노비즈는 사전진단 또는 자가진단이라는 제도가 있어 기술혁신 능력, 기술사업화능력, 기술혁신경영능력 등을 평가할 수 있는 체크리스트 항목들이 있으며, 이를 통해 혁신 성과를 예측하여 평가가 이루어진다.

일반적으로 이노비즈넷을 통해 온라인으로 신청 접수하며, 기업등록을 입력한 후 평가지표를 작성하여 650점 이상이면 사전진단을 통과하게 된다. 이와 같은 자가진단이 통과되면 기술보증기금 관할지역 센터에서 현장실사 통보 및 관련 준비서류를 안내한다. 제출된 서류를 바탕으로 기술에 대한 기술성 및 사업성 등 전반적인 내용을 고려하여 종합평가가 이루어지며 현장실사 종합점수가 700점 이상이면 통과되며 이에 미달한 경우에는 추가보완을 거쳐 다시 재평가를 받아야 한다. 최종심사 후 이노비즈인증 기업에 선정이 되면 중소벤처기업부에서 확인서가 발급되며 인증서 유효기간은 3년이다.

〈그림 8-3〉 이노비즈인증 절차 흐름도

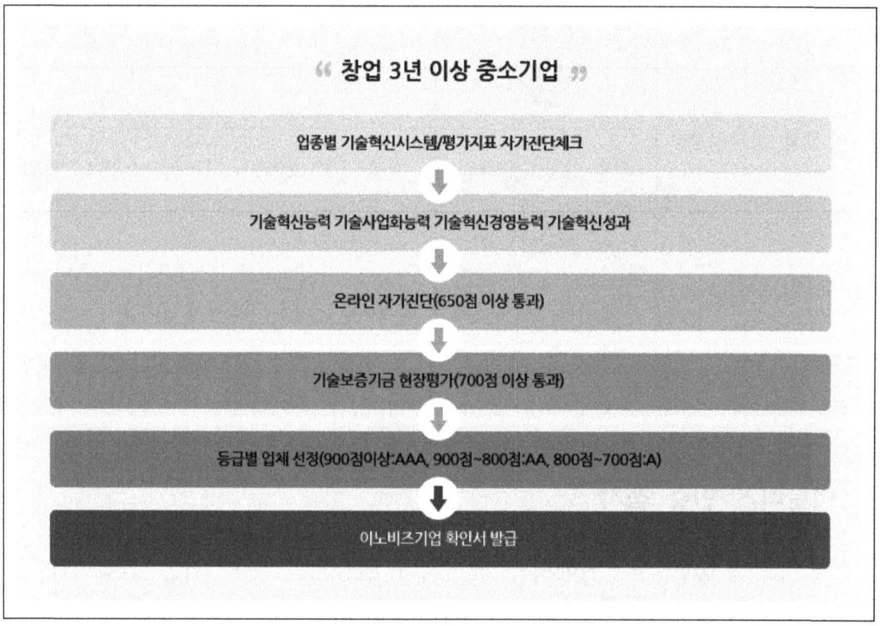

자료 : 이노비즈넷 (http://www.innobiz.net)

4. 이노비즈기업 우대지원제도

이노비즈 기업으로 인증 받게 되면 정부사업 참여시 가점부여 및 금융지원 등 다양한 해택이 주어진다. 자세한 내용은 〈표 8-7〉과 같다.

〈표 8-7〉 이노비즈기업 우대지원제도

구 분	지원내역	주관	비고
금융	금융지원 협약보증	기보	· 기술평가보증으로 100% 전액 보증 지원 가능
	기술보증 우대지원	기보	· 보증지원한도 최고한도 50억까지 확대(일반기업 30억) · 평가우수기업 "kibo A+ members" 선정, 각종 우대 및 연계지원 병행 · 우선적 보증지원, 보증비율 우대(85%, 창업후 5년이내)
	연계 및 특례보증	기보	· 특허기술 가치평가 연계보증 우대 · R&D 평가 특례보증 우대
	혁신형중소기업 기술금융지원사업	기보	· 담보력이 부족한 혁신형 중소기업에 대한 투·융자 지원
	매출채권보험	신보	· 신용보증기금 보험료 15% 할인 · 보험인수비율 85%
	보증지원	서울보증	· 보증한도 신용등급별 10~30억원 우대, 보증요율 10% 할인
	보증지원	농림수산업자 신용보증기금	· 이노비즈기업 보증한도 최대 30억원 이내 (일반 개인/단체 10억 이내, 일반 법인 15억 이내)
	무역보증우대	무역보험공사	· 무역보증보험료 20% 할인, 이용한도 최대 2배 우대, 연대보증인 1인 입보 가능
	우대대출	산업은행	· 시설 및 운영 자금 금리우대, 통화전환, 수수료 면제
	코스닥 상장	금융위	· 코스닥 상장조건 완화 * 업력 3년이상, 자본금 30억이상 → 자본금 15억 이상
	가점부여	각부처	· 신성장기반자금, 경영안정자금 등 가점부여

구 분	지원내역	주관	비고
R&D	중소기업 기술혁신개발사업	중소벤처기업부	· 글로벌 전략품목 및 미래 성장유망 분야 등의 기술개발지원
	시장창출형 창조기술개발사업	중소벤처기업부	· 신시장 창출, 세계시장을 주도할 기술개발을 지원
	중소-중견기업 기술경쟁력강화 파트너십	중소벤처기업부	· 중소-중견기업의 상생·협력 모델 확산을 통한 동반 성장체계 구축 지원(이노비즈기업 우대)
	중소기업 R&D 기획역량 제고	중소벤처기업부	· 중소기업 R&D기획, 재직자 대상 R&D 기획교육을 통해 중소기업의 R&D 역량 제고 지원
	기술보호지원사업	중소벤처기업부	· 중소기업의 기술유출방지 및 핵심기술 보호를 위한 기술보호상담, 기술유출 방지 시스템구축 등 지원
	개발기술 사업화 자금	중소벤처기업부	· 중소기업 개발기술의 제품화·사업화를 촉진
	중소기업 융·복합 기술개발사업	중소벤처기업부	· 중소기업과 대학·연구기관 또는 중소기업간 공동기술개발을 지원
	생산현장 디지털화사업	중소벤처기업부	· 생산성 향상을 목적으로 맞춤형 정보시스템 구축 지원, 가점 부여
	중소기업수출 역량 강화사업	중소벤처기업부	· 수출역량별 맞춤형 프로그램을 통해 해외시장 개척 지원
	글로벌 강소기업 육성사업	중소벤처기업부	· 수출잠재력 우수기업 선정 후 R&D, 해외마케팅, 수출금융 지원 ⇒ 이노비즈기업 신청요건 완화
	수출 인큐베이터 운영	중소벤처기업부	· 현지진출 희망 기업의 조기정착 및 수출경쟁력 배양 지원 ⇒ 이노비즈기업 가점 5점

구 분	지원내역	주관	비고
인력	산업기능요원제도	중소벤처기업부	· 가점 10점
	전문연구요원제도	미래부, 병무청, 산기협	· 가점 5점
	병역특례 연구기관 지정	교육부, 병무청	· 가점 5점
	일학습 연구기관지정	노동부, 산인공	· 사업 참여조건 완화
	기술인재 공급 및 활용 지원 사업	국가과학, 기술연구회	· 공공연구기관 연구인력 기업파견 사업 · '신규 석 · 박사 연구인력 채용사업' 가점부여 · '재직 R&D 인력 역량강화사업' 가점부여
판로 수출	물품구매 적격심사	조달청	· 이노비즈기업 가점 부여
	기술개발제품 우선구매제도	조달청	· 기술개발제품 우선구매제도의 성능인증 신청 대상
	방송 광고비 감면	방송공사	· TV, 라디오 70% 할인, DMB 200% 보너스 등
	판로/수출 관련 사업 참여지원	각 부처	· 국방절충교역, 무역촉진단 파견, 수출유망중소기업지정
기타	특허/실용신안 출원 우선심사	특허청	· 우선심사 시원
	수요자 선택형 컨설팅 지원사업	중소벤처기업부	· 외부 전문가의 진단, 지도를 통해 지속성장 또는 창업컨설팅 지원 (가점 최대 5점)

[참고자료-1] 벤처기업확인제도 사업계획서 양식

<table>
<tr><td colspan="4" rowspan="2">(예비)벤처기업 확인 신청서</td><td>처리기간</td></tr>
<tr><td>벤처투자기업:30일 기타 기업:45일</td></tr>
<tr><td rowspan="7">신
청
인</td><td>업체명</td><td></td><td>사업자등록번호</td><td></td></tr>
<tr><td>대표자</td><td></td><td>법인등록번호/
생년월일</td><td></td></tr>
<tr><td>업 종</td><td>(산업분류코드:□□□□□
)</td><td>주 생산품</td><td></td></tr>
<tr><td colspan="3" rowspan="2">본사 □ □ □ - □ □ □</td><td>전화</td></tr>
<tr><td>팩스</td></tr>
<tr><td colspan="3" rowspan="2">공장 □ □ □ - □ □ □</td><td>전화</td></tr>
<tr><td>팩스</td></tr>
<tr><td colspan="5">확인신청내용 (해당번호에 ○표)</td></tr>
<tr><td>번
호</td><td colspan="2">벤처기업 유형</td><td colspan="2">신청내용</td></tr>
<tr><td>1</td><td colspan="2">벤처투자기업</td><td colspan="2">온라인 벤처확인신청서 작성시 벤처캐피탈투자회사 또는 금융기관으로부터 투자받은 실적을 기재</td></tr>
<tr><td>2</td><td colspan="2">연구개발기업
(사업성평가 희망기관 :
)</td><td colspan="2">온라인 벤처확인신청서 작성시 연구개발비 내용을 기재</td></tr>
<tr><td>3</td><td colspan="2">기술평가보증기업 또는
기술평가대출기업</td><td colspan="2">온라인 벤처확인신청서 작성시 보증 또는 대출 내용을 기재</td></tr>
<tr><td>4</td><td colspan="2">예비벤처기업</td><td colspan="2">온라인 예비벤처확인신청서 작성시 관련내용 기재</td></tr>
<tr><td colspan="5">「벤처기업육성에 관한 특별조치법」 제25조 및 벤처기업 확인요령 제4조의 규정에 의하여 벤처기업임을 확인하여 주시기 바랍니다.
년 월 일
신청인 (서명 또는 인)</td></tr>
<tr><td colspan="5">기술신용보증기금 이사장 귀하(연구개발기업, 기술평가보증기업, 예비벤처기업인 경우)
중소기업진흥공단 이사장 귀하(연구개발기업, 기술평가대출기업, 예비벤처기업인 경우)
한국벤처캐피탈협회장 귀하(벤처투자기업인 경우)</td></tr>
<tr><td colspan="4" rowspan="2">※ 첨부서류(벤처인(www.venturein,or.kr)에 업로드)
기술사업계획서 별지 제1-1호서식(벤처투자기업 및 제6조제9항에 의한 기술성평가 생략 대상업체는 생략가능)</td><td>수수료</td></tr>
<tr><td>기관별로 정함</td></tr>
</table>

벤처기업 평가를 위한

기술사업계획서

작 성 일 :

기업체명 :

대 표 자 :

귀하께서 제출한 본 기술사업계획서는 벤처기업확인업무에 중요한 자료이므로 정확하고 객관적으로 작성하여 주시기 바랍니다.
(기재사실과 실제 내용이 다른 경우에는 불이익을 받을 수 있음)

Ⅰ. 기업 현황

1. 대표자(예비창업자) 인적사항

<table>
<tr><td>성 명</td><td colspan="6"></td><td colspan="4">생년월일(남/여)</td><td colspan="2">(남/여)</td></tr>
<tr><td>주 소</td><td colspan="6"></td><td colspan="4">전화번호</td><td colspan="2"></td></tr>
<tr><td rowspan="4">학 력</td><td>기간</td><td colspan="2">학 교 명</td><td colspan="4">전공</td><td colspan="4">수학상태
(졸업,수료,중퇴)</td><td>비 고
(취득학위 등)</td></tr>
<tr><td></td><td colspan="2"></td><td colspan="4"></td><td colspan="4"></td><td></td></tr>
<tr><td></td><td colspan="2"></td><td colspan="4"></td><td colspan="4"></td><td></td></tr>
<tr><td></td><td colspan="2"></td><td colspan="4"></td><td colspan="4"></td><td></td></tr>
<tr><td rowspan="5">경 력</td><td colspan="2" rowspan="2">근무기간</td><td colspan="9">근무처</td><td rowspan="2">담당업무
(최종직위)</td></tr>
<tr><td colspan="2">근무처명</td><td colspan="4">주요생산품</td><td colspan="3">전화번호</td></tr>
<tr><td colspan="2"></td><td colspan="2"></td><td colspan="4"></td><td colspan="3"></td><td></td></tr>
<tr><td colspan="2"></td><td colspan="2"></td><td colspan="4"></td><td colspan="3"></td><td></td></tr>
<tr><td colspan="2"></td><td colspan="2"></td><td colspan="4"></td><td colspan="3"></td><td></td></tr>
<tr><td>기타특기사항
(자격증,상벌,
연수,대외
활동사항)</td><td colspan="12"></td></tr>
<tr><td rowspan="2">연구개발 및
사업화실적</td><td colspan="3">개발과제명 및 내용</td><td colspan="2">근무처</td><td colspan="4">개발기간</td><td colspan="2">사업규모
(소요자금)</td><td>비고
(사업화
현황 등)</td></tr>
<tr><td colspan="3"></td><td colspan="2"></td><td colspan="4"></td><td colspan="2"></td><td></td></tr>
</table>

※ 대표자가 수인인 경우이거나 대표자외에 경영실권자가 있는 경우에는 별지로 추가 작성요망

2. 기업체 현황

□ (창업)회사 개요

<table>
<tr><td>기업체명</td><td></td><td>대 표 자</td><td colspan="2"></td></tr>
<tr><td>설립일자</td><td></td><td>상시 근로자수</td><td colspan="2"></td></tr>
<tr><td>법인(주민)
등록번호</td><td></td><td>사업자등록번호</td><td colspan="2"></td></tr>
<tr><td colspan="3">소 재 지</td><td>전화번호</td><td>소유여부</td></tr>
<tr><td>본사</td><td colspan="2"></td><td></td><td>자가, 임차</td></tr>
<tr><td rowspan="2">사 업 장</td><td colspan="2"></td><td></td><td>자가, 임차</td></tr>
<tr><td colspan="2"></td><td></td><td>자가, 임차</td></tr>
<tr><td>업종</td><td></td><td>주제품</td><td colspan="2"></td></tr>
<tr><td>관계회사</td><td></td><td>자본금
(납입자본금)</td><td colspan="2"></td></tr>
<tr><td>공업소유권,
규격표시허가,
기술제휴 등</td><td></td><td></td><td colspan="2"></td></tr>
<tr><td rowspan="2">연혁</td><td>년 월</td><td colspan="3">주요내용(자본증감, 대표자변경, 상호변경 및 주요경영내용 변경 등)</td></tr>
<tr><td></td><td colspan="3"></td></tr>
</table>

※ 본사 및 사업장 약도 별지 첨부

□ (창업)경영진 및 주요주주 현황

	직위	성 명	생년월일	대표자 관계	주요경력	소유주식 (금액)
경영진						
주주						
합계						

※ 소유 주식은 법인기업에 한하여 작성

□ 대표자(예비창업자)의 경영철학 및 경영목표

※ 창업동기, 향후 회사발전계획, 인사/조직관리 및 거래처 선정 주요사항 등을 기술

□ 연구개발 인력 및 시설현황(예비창업자의 경우는 확보계획)

<table>
<tr><td>연구개발조직</td><td colspan="4"></td></tr>
<tr><td>개 발 인 력</td><td colspan="4">명(박사 명, 석사 명, 대졸 명, 고졸 명)</td></tr>
<tr><td>개 발 방 법</td><td colspan="4"></td></tr>
<tr><td>주요 연구시설</td><td colspan="4"></td></tr>
<tr><td>산업재산권
보 유 현 황</td><td colspan="4">{특허 건, 실용신안건, 프로그램 건, 기타( )}</td></tr>
<tr><td rowspan="5">연구개발실적</td><td>개발과제 및 내용</td><td>개발기간</td><td>사업규모
(소요자금)</td><td>비고
(사업화현황등)</td></tr>
<tr><td></td><td></td><td></td><td></td></tr>
<tr><td></td><td></td><td></td><td></td></tr>
<tr><td></td><td></td><td></td><td></td></tr>
<tr><td></td><td></td><td></td><td></td></tr>
</table>

※ 연구개발조직은 연구개발 전담부서의 형태를 기술
※ 개발방법은 신청대상기술(제품)의 개발형태를 중심으로 기술

□ 보유 생산시설현황(예비창업자의 경우는 확보계획)

시설명	규 격	수 량	용 도

II. 사업내용 및 추진계획

□ 평가신청기술

<table>
<tr><td>기술 및 제품명</td><td colspan="7"></td></tr>
<tr><td>개발기간</td><td></td><td>개발비용</td><td colspan="2">백만원</td><td>제품화여부</td><td colspan="2">여·부</td></tr>
<tr><td>개발방법</td><td colspan="7">(단독, 공동)공동개발의 경우 상대처 :</td></tr>
<tr><td>권리구분</td><td colspan="7">특허, 실용신안, 의장권, 신기술 사업, 자체기술개발 등</td></tr>
<tr><td rowspan="2">권리자
(발명자)</td><td>성명</td><td></td><td>생년월일</td><td></td><td rowspan="2">비고</td><td rowspan="2" colspan="2"></td></tr>
<tr><td>주소</td><td colspan="3"></td></tr>
<tr><td>기술(제품) 용도 및 기능</td><td colspan="7"></td></tr>
<tr><td>대체 또는 경쟁제품과의 차별성 (기술/기능상의 차이를 중심으로 기술하되 제품의 핵심기술과 보유여부 포함)</td><td colspan="7"></td></tr>
<tr><td>기술의 파급효과 (적용범위 및 응용성을 중심으로 기술하되 계획한 제품 포함)</td><td colspan="7"></td></tr>
<tr><td>기대효과 (매출증대, 고용창출, 경영개선 효과 등)</td><td colspan="7"></td></tr>
</table>

※ 제품 및 기술이 2가지 이상일 경우에는 별지로 추가작성 바람

ㅁ 시장 현황

<table>
<tr>
<td>시장현황 및 특성
(단위 : 백만원)</td>
<td>
-시장규모
<table>
<tr><td>구분</td><td>직전년도</td><td>당해년도</td><td>차기년도</td><td>차차기년도</td></tr>
<tr><td></td><td></td><td></td><td></td><td></td></tr>
<tr><td></td><td></td><td></td><td></td><td></td></tr>
</table>
※ 작성근거(반드시 기재)

- 시장특성(향후 3년간 자료로 판단)
<table>
<tr><td>구분</td><td>국내</td><td>국외</td></tr>
<tr><td>시장상태
(독점/경쟁)</td><td></td><td></td></tr>
<tr><td>안 전 성</td><td></td><td></td></tr>
<tr><td>지 속 성</td><td></td><td></td></tr>
<tr><td>성 장 성</td><td></td><td></td></tr>
</table>
</td>
</tr>
<tr>
<td>주요 수요처
(수주 또는
납품현황만을 기재)</td>
<td>
<table>
<tr><td>수 요 처 명</td><td>수요처의 총수요규모</td><td>당사 수주(납품)</td></tr>
<tr><td></td><td></td><td></td></tr>
<tr><td></td><td></td><td></td></tr>
<tr><td></td><td></td><td></td></tr>
<tr><td></td><td></td><td></td></tr>
<tr><td></td><td></td><td></td></tr>
</table>
</td>
</tr>
<tr>
<td>경쟁업체 현황
(업체명,
기술개발계획,
양산/증산계획 등)</td>
<td>
<table>
<tr><td>- 국내시장</td></tr>
<tr><td>-국외시장</td></tr>
</table>
</td>
</tr>
</table>

※ 시장특성은 유무, 고저 등으로 간략하게 표기

※ 제품 및 기술이 2가지 이상일 경우에는 별지로 추가 작성 바람

ㅁ 향후 판매전략 및 판매계획

(단위 : 백만원)

<table>
<tr><td>판매
전략</td><td colspan="5"></td></tr>
<tr><td rowspan="6">판매
계획</td><td>제 품 명(상 품 명)</td><td>직전년도</td><td>당해년도</td><td>차기년도</td><td>차차기년도</td></tr>
<tr><td></td><td></td><td></td><td></td><td></td></tr>
<tr><td></td><td></td><td></td><td></td><td></td></tr>
<tr><td></td><td></td><td></td><td></td><td></td></tr>
<tr><td>기타 제품</td><td></td><td></td><td></td><td></td></tr>
<tr><td>계</td><td></td><td></td><td></td><td></td></tr>
</table>

※ 판매전략은 경쟁제품과의 비교 등을 통한 신청기술(제품)의 판매전략 위주로 기술

※ 판매계획은 현재 생산중이거나 계획중인 제품 중 신청기술(제품)을 포함한 주력 제품 위주로 기술

ㅁ 추진계획(상세기술 요망)

향후 추진일정 계획	
인력수급 계획	
소요자금 및 조달계획	
설비투자계획 (추가 설비명, 구입처, 규격, 금액등을 명시)	

※ 별지 사용 가능

연습문제

1. 벤처기업의 개념과 각종 유형에 대해 설명하시오.

2. 벤처기업 및 이노비즈기업 확인 신청 절차에 대해 서술하시오.

3. 창업 후 벤처기업으로 등록하는 이유에 대해 서술하시오.

Chapter

9

소호(SHO)창업

9 소호(SOHO) 창업

소호(SOHO) 창업은 무점포창업이거나 집이나 사무실, 매장비용을 적게 들이는 소자본 창업을 말한다. 미래는 소호와 1인기업의 시대가 될 것이다. 어떻게 준비하고 어떻게 시작하는가 하는 것은 창업자 자신의 몫이지만 정부, 창업관련 기관 및 단체, 창업전문가 등 이해당사자들이 협력하는 것이 무엇보다 필요하다. 본 장에서는 소호 비즈니스에 대한 이해를 돕기 위해 소호의 의의, 소호의 영역, 소호 창업 아이템, 창업절차 등에 대해 살펴본다.

제1절 소호(SOHO)의 의의

1. 소호(SOHO)란

소호(SOHO)란 영어의 'Small Office Home Office(소규모 사무실, 가정 사무실)'의 머리글자를 따서 만든 신조어로서, 소규모 자영업을 뜻하며 보통은 컴퓨터와 정보기술의 발달 덕분에 가능해진 개인 사업을 뜻하는 것으로 쓰인다. 직원 몇 명과 컴퓨터 몇 대만으로 사업하는 컴퓨터통신 정보제공업, 대기업과 계약을 맺고 집에서 일하는 소프트웨어 프로그래머, 집이나 작은 사무실에서 자본 없이 하는 통신판매업 등이 대표적인 소호로 꼽힌다.

하지만 전통적인 소규모 자영업도 경쟁이 날로 치열해지면서 노무비를 최소화해야 할 필요성이 커지기는 마찬가지다. 이 때문에 최근 들어서는 전형적인 소호와 마찬가지로 정보통신 기기 사용 등에 의존하는 현상이 두드러지고 있다. 기존 소규모 사업에 첨단 신종사업의 경영방식이 침투하는 것이다.

이런 현상을 폭발적으로 확산시킨 것이 인터넷의 등장이다. 인터넷은 자금력이나 영업능력이 없는 소규모 업체들이 새로운 사업 영역을 개척하고 자신을 알릴 수 있는 기회를 제공한다. 그동안 소규모 사업체들은 사업영역이 한 도시를 넘어설 수 없었고, 보통은 한 지역에 머물렀다. 영역을 확대할 필요도, 능력도 없었기 때문이다. 소규모 사업체들의 더 큰 관심은 사업을 고객들에게 알리는 것이며, 홍보활동이 사업 성공의 열쇠라고 할 수 있으며, 바로 이 점에서 인터넷이나 컴퓨터통신은 획기적인 전기를 마련해줬다. 사업영역과 홍보활동을 한나라 전체, 심지어 전세계까지 확장해주기 때문이다. 이제 소호는 정보통신 기기를 적극 활용해 업무 효율을 크게 높이거나, 인터넷이나 컴퓨터통신을 홍보와 판매 도구로 이용하는 모든 종류의 소규모 자영업이나 개인 사업을 포괄하는 것으로 자리 잡게 된 것이다.

2. 소호의 확산

정보화 사회에서 소호(SOHO) 환경을 촉진시킬 수 있었던 것은 인터넷을 통한 전자상거래와 전자우편 덕분이다. 그 중에서 인터넷 서비스, 특히 전자우편 서비스는 전세계에 살고 있는 사람들을 하나로 묶어준다. 워싱턴, 파리, 서울 등 장소에 관계없이 인터넷에 연결된 사람이면 누구나 전자우편을 이용해 서로의 생각을 나눌 수 있다. 단순한 메시지뿐 아니라 그림이나 소리, 동영상 등 컴퓨터에 저장될 수 있는 형태의 자료는 무엇이든 실시간으로 전세계 어디든지 전송할 수 있다. 또한 요즘에는 인터넷을 이용해 무료로 국제전화 통화를 할 수 있는 기능까지 일반화되었으며, 스마트폰까지 가세해 직접 얼굴을 마주보며 서로의 의견을 나눌 수 있는 화상 통신까지 가능하다. 따라서 소호(SOHO)는 정보화시대의 새로운 사업수단의 하나가 되고 있다.

3. 소호의 특성

첫째, 위험부담이 적다. 탁월한 경영능력이 반드시 있어야 되는 것도 아니다. 중소벤처기업부 산하기관에 자문을 구하면 여러 경로를 통하여 관련사업의 전문가들이 무료로 컨설팅을 해준다. 게다가 소호는 자본 투자나 보증금 또는 담보보다는 참신한 아이디어와 시간 그리고 노력이 필요한 분야이다. 따라서 그만큼 경제적 부담이 적다. 또한 자신이 생각하고 있는 어떤 한 아이템에 충실하고 전문적인 지식을 가지고 있다면 더욱 유리한 입장에 설 수 있다.

둘째, 소자본에 의한 창업이 가능하다. 사무실이나 점포가 필요한 것도 아니고 인건비도 들지 않기 때문에 소호는 자본에 크게 구속을 받지 않는다. 물론 자신이 생각하는 사업에 대한 기본적인 자본은 필요하겠지만, 적은 자본으로도 창업이 가능하며, 소호운영이 가능하다는 장점이 있다.

셋째, 공간과 시간 제약으로부터 벗어날 수 있다. 소호에 있어서 가장 매력적인 장점이라고 할 수 있다. 공간에 있어서는 인터넷으로 전세계를 무대로 활동할 수 있게 되었으며, 시간에 있어서는 365일 24시간 통신이 가능하다. 전자상거래를 통하여 구매하고자 하는 고객만 있으면 전자지불시스템을 활용하여 언제든지 물건을 판매하고 운영할 수 있다.

4. 소호(SOHO)와 벤처(Venture)

벤처(Venture)는 소규모로 사업을 시작한다는 점에서는 소호(SOHO)와 동일하나 굳이 구별하자면 벤처(Venture)는 독창적인 창의성 그리고 불굴의 모험적인 개척자 정신과 특유의 기술력으로 새로운 시장을 창출해내는 역동적인 중소기업형 기업군을 말한다.

국내에서는 벤처로 인정받을 경우 중소기업진흥공단 및 기술보증기금을 비롯한 여러 창업투자회사들로부터 투자를 받는데 유리한 조건에 서게 된다. 벤처기업들이 진출하는 분야는 주로 정보통신과 관련된 통신장비나 정보관리 소프트웨어를 제작할 수 있는 미디어, 컴퓨터, 인터넷 또는 전자게임용 소프트웨어, 생명공학 등 고부가가치를 창출하는 분야들이다. 미국의 벤처기업들은 매출액 대비 연구개발 투자비율이 높다. 전문 투자자들은 우수한 인력자원과 과감한 개척정신으로 무장한 벤처기업이 하나의 튼튼한 기업으로 성장하였을 경우 일반기업과는 달리 높은 수익이 보장되므로 높은 위험성에도 불구하고 벤처자금을 아낌없이 지원하는 경우가 많다.

정보화 사회에서는 특히 아이디어나 첨단기술력이 핵심적이므로 산업사회에 있어서와 같은 대규모의 공장 설비보다는 연구소 형태의 기업과 기술개발 인력들이 그 중심을 이루는 것이 특징이다. 이러한 소규모 연구소 형태의 벤처기업들은 다품종 소량생산체제로 가는 정보화 사회에서 첨단기술력과 발 빠른 정보수집력을 무기로 하여 대기업들보다도 훨씬 융통성 있게 시장상황에 대처할 수 있는 순발력과 유연성을 가지고 있다.

5. 소호(SOHO) 영역과 유형

1) 재택소호와 회사소호

재택소호는 집(Home Office)을 거점으로 독자적인 사업을 운영하는 형태이다. 출퇴근의 부담이 없고 근로시간을 자율적으로 조절할 수 있으며 가족과 함께 하면서 집안일을 병행할 수 있어 여성에게는 특히 적합할 수 있으나 엄격한 자기 규율이 필요하다. 회사소호는 스몰 오피스(Small Office) 형태로 조그만 사무실을 빌어 작업공간으로 쓰는 것으로 재택소호에 비해 업무의 집중성은 높지만 창업하는데 상대적으로 많은 자금이 필요하다. 흔히 말하는 소규모 벤처기업도 대개 이러한 유형에 포함된다.

〈그림 9-1〉 소호 전용오피스 및 쇼핑몰 전용오피스

2) 사원소호 · 사내소호 · 독립소호

사원소호는 자신이 다니던 회사 업무의 일부를 하청 받아 자기 집에 작은 회사를 만들고 스스로 사장이 되는 것이다. 이 경우 지금까지의 수직적 고용관계에서 벗어나 일종의 아웃소싱(Outsourcer; 외주업체)로서 수평적 협력관계로 탈바꿈하게 된다. 사원소호는 자신이 한 일에 대한 성과에 근거한 매출로 소호의 각종 경비와 생계를 꾸려나간다. 사원시절에 비해 위험 부담이 큰 반면, 매출이 오르면 수입도 비례해서 올라간다.

사내소호는 기업의 재택근무자로 기업 네트워크인 인트라넷을 활용해 일을 하는 경우이다. 사내호소는 컴퓨터 네트워크을 최대한 활용하긴 하지만 소속은 회사로 되어 있으므로 독립비즈니스 형태는 아니다. 그러나 사원소호나 독립소호가 될 가능성이 매우 높다.

최근에는 정보화도구로 태블릿PC가 시장에 본격적으로 보급되고 있다. 이것은 기존의 휴대폰 기능에다 노트북컴퓨터와 전자수첩을 하나로 합친 기능을 가지고 있으며 무게는 100~300g이고 손바닥 위에 올려놓을 수 있는 만큼 작은 것으로서 일명 모빌 컴퓨터로 불리기도 한다. 태블릿PC를 들고 바닷가나 들과 산을 찾아서 텐트를 치면, 그곳에서 사무실 기능을 수행할 수 있다. 즉, 태블릿PC 하나로 전화와 팩스는 물론이고 인터넷까지 사용할 수 있어서 전자편지를 주고받거나 각종 자료를 주고받을 수 있고 주식시세를 확인하고 주문거래도 할 수 있다. 그래서 이러한 추세와 더불어 기업의 경영관리 방침이 바뀌고 있다. 즉, 관리보다는 효율을 더 중시하는 풍토로 변모하고 있는 것이다. 좀 더 효율적인 작업을 위해 제한적이긴 하지만 재택 근무제를 채택하는 회사가 늘고 있다. 직원들을 재택 근무시킬 경우 회사로서는 사무실 공간을 축소할 수 있으므로 각종 부대비용이 줄어드는 장점이 있다.

여기서 일반소호와 사내소호의 차이점은 단지 회사에 소속되어 있느냐, 아니면 독립적인 사업체이냐일 뿐이다. 출퇴근 문제와 사무실, 그리고 비서 등이 인터넷으로 대표되는 네트워크와 컴퓨터로 대표되는 정보통신기기, 그리고 가정의 방 한 칸으로 대체되었다는 점 외는 별 차이가 없다.

독립소호는 자신의 자유의사에 따라 탈 샐러리맨으로 독립해 별도의 사업을 전개하는 것을 말한다. 독립소호야말로 자신의 의지와 정열을 가지고 실현시킬 수 있는 진정한 의미의 소호라고 할 수 있다.

〈표 9-1〉 소호사업의 유형별 내용

구분	내 용
사원 SOHO	기업의 고용조정 기능을 갖추고 있는 형태
사내 SOHO	기업의 재택 근무자로서 인터넷을 사용한 기업네트워크인 인트넷에서 일을 제공하는 형태
독립 SOHO	자신의 자유의사에 따라 탈 샐러리맨으로 독립해서 재직중의 일과는 무관한 별도의 비즈니스를 전개하는 형태

소호(SOHO)비즈니스 영역에는 소(SO: Small Office)와 호(HO: Home Office)로 구분할 수 있다. SO는 작은 사무실이나 점포에서 비즈니스를 하는 형태이며, HO는 홈비즈니스나 재택근무가 사업장이 되는 것이다.

〈그림 9-2〉 소호 비즈니스의 유형별 분류[1]

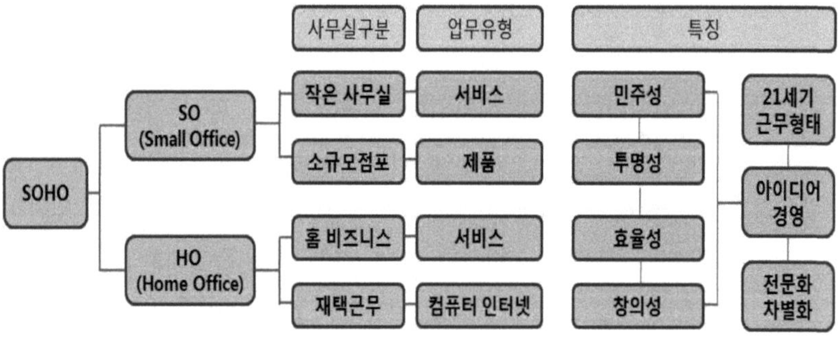

6. 각국의 소호(SOHO)

1) 미국의 소호

미국에서는 텔레워크의 역사가 오래 되며 1980년대에 이미 PC의 보급과 함

1) 소상공인시장진흥공단(2008), 소호창업지원센터 설립 · 운영 방안 연구

께 발전하기 시작하였다. 수도권으로의 집중화 완화, 사무실 비용의 절감, 생산성의 향상 등의 기대효과는 일본과 마찬가지이다. 미국에서도 1960년대 경부터 뉴욕이나 시카고 등 도시로의 집중화와 토지가격 급등이 문제시되었고 1980년대에는 텔레워크의 보급에 따른 오피스의 교외 이전으로 분산화가 진행되었다.

기업에서는 텔레워크 기술에서 1달러 투자할 때마다 비즈니스 경비가 2달러 절감된다고 말하고 있고 실제로 기업의 임대료를 25-90% 절감했다는 보고도 있다. 또한 노동자의 생산성은 15-20%정도 향상된다는 조사결과도 나오고 있다.

미국이 일본과 다른 점이 있다면 미국에서는 통근시간의 단축에 따른 기대효과보다는 자동차 통근에 따른 교통혼잡의 완화나 대기오염의 감소에 대한 기대효과가 요구된다는 점이다. 자가용 통근자가 대부분인 미국에서는 교통체증과 그에 따른 대기오염의 문제가 심각하기 때문에 그러한 것으로 추정된다.

2) 일본의 소호

일본에서는 1990년대 들어서야 텔레워크가 주목받기 시작했다. 1980년대의 일본기업은 대표적인 OA 기기로서 PC보다 팩시밀리가 널리 보급되어 있었다. 그 때문에 PC로 전자메일을 하기보다 팩시밀리가 있으면 충분하다는 풍조가 강했다. 본격적으로 일본에서 텔레워크가 주목받게 된 것은 1990년대 전반 인터넷의 등장 이후라고 말할 수 있다. 또한 미국에서는 홈오피스에 의한 텔레워크가 많지만 일본에서는 좁은 주택사정과 문화의 차이에서 홈오피스보다도 직장과 주택 근접형인 위성 오피스 쪽이 적당하다고 말한다. 한편, 한국의 경우에는 일본보다 주택 면적은 넓은 편이지만 홈오피스보다 스몰오피스를 선호하는 경향이 있다. 홈오피스나 위성오피스 같이 일정한 오피스를 기점으로 일하는 것이 아니고 노트북이나 스마트폰 또는 태블릿PC를 가지고 다니며 장소에 구애받지 않고 이동장소에서 사무실에 있는 것과 마찬가지로 일을 하는 모빌 워커(mobile worker)도 증가추세에 있다.

3) 독일의 소호

현재 산업구조상 가장 소호가 활성화되고 많은 비중을 차지하고 있는 국가는 독일이다. 인구의 15% 이상이 소호적인 일을 하고 있으며 비율 보다 더 중요한 것은 산업구조에서 차지하는 그들의 위치가 상당히 높다는 사실이다. 소호라는 의미도 가장 잘 나타나 있는데 전 산업에 걸쳐서 영위할 수 있는 직업군은 전부 소호가 진출해 있으며 사회 대중의 소호에 대한 열망도 높다.

4) 한국의 소호

우리나라에서도 소호라는 말만 생소할 뿐, 소호족은 모든 업종에 걸쳐 폭넓게 퍼지고 있다. 하지만 우리나라의 경우 소호의 발전을 가로막는 장애요인들도 적지 않다. 첫째, 동양적 사고방식의 문제로 우리는 여러 명이 함께 움직이는 집단성을 문화의 한 요소로 가지고 있다. 따라서 소호는 특이한 사람들이나 조직에서 적응하지 못하는 사람들, 실업자들의 대안 정도로 여겨지는 풍조가 없지 않다. 둘째, 일감의 문제로 혼자서는 해결하기 어려운 문제들이 많고 적은 규모의 사업이므로 일감을 제대로 확보하기 어려운 경우가 많다. 셋째, 금융지원상의 문제로 각종 금융문제는 담보가 있거나 대기업, 전문직, 공무원 등의 고정적이고 안정적인 직종의 이들에게는 쉬운 지원도 30대 미만의 젊은 소호에게는 넘기 어려운 장애가 되는 경우가 많다.

〈표 9-2〉 나라별 소호 특성

	미국	일본	한국	독일
시기	1980년대	1990년전반	1990년후반	–
중심유형	HO	위성오피스	SO	–
트렌드	Telecommuter Teleworker	HO(63.1%)	최근 전업종에 관심확대	전직업군 진출 대중열망
SOHO 종사자	IT분야 35% 공무원 재택근무 11%	30대 70%선호	퇴직자, 주부, 학생 중심	인구의 15%
생산성	15~20% 향상	–	–	–
효과 또는 장애요인	임대료 25~90% 절감	Mobile Worker 선호추세	금융지원 장애 일감부족 동양적 사고방식	높은 인식도
비고	교통체증과 공기 오염완화	–	–	–

미국에서는 소호가 뿌리 내리는데 한 세기가 걸렸다. 최초로 소호를 시작했던 사람들이 사회의 주류가 되어 신세대 소호들의 길을 열어준 것이다. 그만큼 일시적인 현상이 아닌 꾸준한 현상이었다. 우리 사회도 한탕 하기식 유행병이 아니라 시대변화에 따른 새로운 직업형태로서 받아들여지고 전문가적 자세로 일을 수행하는 노력이 기울여져야 할 것이다.

7. 소호에 대한 기대효과

인터넷의 급속한 진전과 개인용 컴퓨터의 고기능 보급화가 가속화됨에 따라 소호에 의한 새로운 작업스타일이 주목받게 되었다. 소호는 직장동료가 사무실에서 얼굴을 맞대고 정해진 시간에 정해진 장소에서 일을 하고 그 시간대가 지날 때까지 해방되지 못하던 종래의 작업스타일과는 다르다. 여기서는 시간이나 공간에 구속받지 않는다.

소호의 기대효과에는 다음과 같은 것들이 있다.

첫째, 오피스(Office) 비용 절감이다. 도심에서 충분한 공간을 확보하기 위해서는 고액의 오피스 비용과 유지비가 필요하고 이것은 경영상의 큰 부담이 된다. 그러므로 네트워크를 유효하게 활용하고 위성오피스나 홈오피스 근무를 가능하게 함으로써 오피스 비용을 절감한다.

둘째, 통근 시간의 단축이다. 일반적으로 대도시 근무자는 보통 2-3시간씩의 출퇴근 시간을 소비하게 된다. 수도권에서 왕복 통근시간이 3-4시간 걸리는 사람도 적지 않다. 이 같은 시간과 에너지의 기회비용은 막대한 것이다. 이 통근시간을 단축하고 그 시간을 일이나 개인적으로 유용하게 활용하는 것이 중요하다.

셋째, 생산성 향상이다. 네트워크를 유효하게 활용함에 따라 통근시간 뿐만 아니고 본인의 일터나 본사와의 이동시간의 절감으로도 이어진다. 또한 여기에서는 컴퓨터를 기반으로 한 미디어 커뮤니케이션이 주체가 되기 때문에 전화대응 등에 의한 업무중단이나 쓸데없는 회의 등도 감소되고 일에 집중할 수 있으며 보다 짧은 시간에 질적으로 높은 일을 기대할 수 있다.

넷째, 소자본 투자로 경영이 가능하다. 독립해서 일을 할 경우 지금까지는 어느 정도 이상의 운영자금 없이 사업을 한다는 것은 생각하기 어려웠다. 그런데 인터넷이 보급되고 네트워크상에서 점포를 가상으로 전개함에 따라 부동산이나 건물을 소유할 필요도 없어지고 그만큼 위험부담이 적어졌다. 자본력보다도 아이디어 여하에 따라 비즈니스를 할 수 있게 된 것이다.

다섯째, 고용기회 증대다. 매일 통근하려면 너무 먼 곳에 살고 있거나 주부 혹은 신체장애자, 고령자 등의 통근에 취약한 사람도 유능하면 기업이 채용할 수 있고 기업으로부터 일을 청탁받을 수도 있다.

마지막으로, 근무시간의 자유 재량화가 가능하다. 개인시간과 근무시간을 자신의 생활리듬에 맞춰 시간 관리와 스케줄 관리를 할 수 있다. 또한 남에게 신경 쓰지 않아도 되고 복장 등 외모에 구애받을 필요도 없다. 또한 시간에 구속받을 일이 없기 때문에 가족 간의 대화나 취미시간에 충실할 수 있게 되고 시간뿐 아니라 정신적인 여유도 가질 수 있게 된다.

제2절 아이디어를 기반으로 한 소호산업

1. 아이디어 발굴

현대사회는 아이디어의 시대이다. 때로는 소수의 사람에게 성공을 가져다주는 인간의 아이디어는 때와 장소를 가리지 않고 모든 사람들 주변에서 주인을 기다리고 있다. 아이디어를 위한 창의력 그리고 발상력은 낡은 것을 바꾸는 것에 그치지 않고 새로운 것을 만들어 낸다는 것이다. 이 능력은 연령에 구애받지 않는다. 학력이나 출신에도 구애받지 않는다. 누구에게나 차별이나 제한을 두지 않는 아이디어들을 발굴해보자.

먼저 문제점을 찾아낸다. 그리고 일상생활에서 사물의 불편함을 느낄 때마다 왜? 라는 질문을 가지고 꼭 해답을 얻고자 하는 열정이 있어야 한다. 기존의 하루만 지나면 다시 속눈썹이 쳐지는 불편을 해소하고자 하는 아이디어에서 출발하여 개발된 전자식 속눈썹 성형기는 단순한 불편사항에서 출발한 경우이다. 기존의 병따개에서 손가락을 집어넣는 부위에 탄력성 있는 철판을 덧대어 누를 경우 간격이 벌어지게 한 아이디어로 특허를 받은 B 산업 C 사장의 경우에도 콜

라캔의 마개를 따던 아내의 손톱이 부러졌던 일이 기술개발의 출발이 되었다

다음으로 고정 관념에서 벗어난다. 사고의 경직성은 좋은 아이디어를 불러올 수 없다. 우물안 개구리에서 벗어나 엉뚱하다고 여겨지는 아이디어에 관심을 가져보자. 아이디어란 정답만을 요구하는 것이 아니다. 미국 초등학생 16명에게 벽돌의 용도를 물었더니 화분받침대, 종이 누르기, 강도 잡기, 못박기 등 수십여 가지의 다양하고 기발한 답이 나오더라는 이야기가 있다. 따라서 기존의 사용용도에만 집착하지 않는 열린 태도를 갖춘다. 복잡하고 골치 아픈 문제도 자고 나면 별 것 아니게 해결될 때가 있다. 잠을 자는 동안의 잠재의식을 '혁신의 식'이라고도 하는데 이것이 성공의 협력자가 될 수 있다. 잠자기 전에 생각난 것과 꿈에 본 것을 그 자리에서 녹음해 두거나 기록해 두자. 잠자리에서 생각한 것이 금싸라기로 변할 수도 있다. 인간의 기억력은 그리 길지 못하다. 떠오른 생각은 20분 만에 40%를 24시간 후에는 70%이상을 잊어버린다고 한다. 아이디어가 떠오르면 잊어버리기 전에 바로 기록한다. 적을 것을 가지고 다니면서 틈나는 대로 메모한 노트에서 훌륭한 사업의 기반이 되는 아이디어가 나오게 된다.

자료수집도 게을리 하지 말자. 필요한 분야의 자료를 관련 영역이나 분야에서 찾는 것이다. 전세계적으로 쓰는 음료수병의 왕관모양의 병뚜껑은 세계 각국의 병뚜껑 3,000여 개를 모아 분석해낸 결과인 것이다.

실패한 아이템을 성공으로 바꾼다. 소문난 잔치, 이미 많은 사람들이 참여하고 있는 아이템은 참신하고 기발한 아이디어로 무장한 경우가 아니면 성공하기가 쉽지 않다. 포스트잇으로 유명한 미국 쓰리엠의 경우에도 원래는 강력한 접착제 개발에 실패한 제품이었다. 그러나 이 접착제를 종이에 발라 자유롭게 붙이고 뗄 수 있는 메모지를 만든 것은 실패한 제품을 전혀 새로운 아이디어 개발로 연결시켜 성공한 경우라 할 수 있겠다.

좋아하는 일이나 관심분야의 일에서 찾아본다. 우리나라 벤처의 원조 격인 한글과 컴퓨터의 이찬진 사장의 경우에서만 보더라도 자신이 좋아하는 일을 해야 그만큼 성공 확률도 높다는 것을 가르쳐 주는 사례이다. 실제로 현재 PC 게임을 개발하는 프로그래머들은 과거 어린 시절 광적인 게이머였던 경우가 대부분이다. 더 나아가 자신만의 게임을 개발하고 성공한 경우는 더 말할 나위도 없겠다.

아이디어는 아주 단순한 것도 있고 복잡한 것도 있으며 환상에 그치거나 실현

불가능한 것도 있기 마련이다. 이런 아이디어 중에서 하나를 골라서 가장 필요하고 쓸모 있게 정리하고 연결 하는 것이다. 새로운 기술, 새로운 상품 등 반짝이는 아이디어는 땀의 대가이면서 인내의 소산이다. 독창적인 작은 아이디어 하나가 개인이나 기업을 성공으로 이끈다.

2. 아이템 기획

1) 차별화

만약 자신이 하고자 하는 것과 비슷한 기존의 아이템들이 시장에 있다면 이것들과 차별화하여야 한다. 프라이드치킨에 대한 차별화로 양념치킨이 등장하고 다시 장작구이 통닭이 등장했다. 그러자 이번에는 오리를 진흙으로 구운 진흙오리구이가 등장했다. 대부분의 다방이 커피숍으로 대체되었다. 창업 카페, 인터넷 카페, 만화 카페, CD 카페 등이 차별화 된 커피숍들이다. 창업 카페란 창업 관련 자료나 책, 신문 스크랩, 잡지 등을 갖추어 차를 마시면서 필요한 정보를 얻을 수 있도록 한 곳이다.

2) 세분화

소호족은 틈새시장을 노려야 한다는 의미이다. 이는 일반 마케팅에서도 중요하다. 하나의 상품이나 서비스를 가지고 시장을 모두 독점할 수는 없기 때문에, 여러 개로 나누어 그 중 하나를 공략하는 것이 세분화이다. 진흙을 알코올에 개서 만든 머드팩이라는 아이템은 기존의 화장품 회사에서 거들떠보지도 않던 이른바 버려진 시장이었지만 한 화장품회사는 이를 세분화하여 성공했다.

3) 브랜드화

새로운 아이템을 찾았으면 남보다 먼저 시작하여 새로운 개념을 창출하여 기회를 선점하는 것이 중요하다. 그 새로운 개념을 담는 장치가 바로 브랜드이다. 상품이나 서비스를 브랜드화 하지 않으면 후발주자가 만들어 내는 브랜드로 흡수될 우려가 있다. 소호로 출발한 야후라는 검색서비스 회사의 브랜드는 인터넷을 타면서 만 4년 만에 세계적인 브랜드가 되었다.

4) 전문 아이템화

기업들은 자신의 전문 분야 이외에도 여러 분야에 손을 댄 경우가 대부분이다. 그러나 그렇게 해서는 글로벌화하고 있는 최근 추세에서 영원히 1등이 될 수 없듯이 소호들도 하나의 아이템으로 모든 역량을 집중시켜야 할 것이다.

5) 경험을 활용

혼자서 무슨 일인가를 시작하려면 자신이 지나왔던 과거의 경험, 과거의 인맥이 중요하다. 따라서 사람에게 투자하고 많은 경험을 활용하는 것이 중요하다.

6) 마케팅 개념을 익힘

소호나 벤처기업들 중에는 훌륭한 기술과 아이템을 가졌으면서도 마케팅 개념의 결여로 중도에서 탈락한 예가 적지 않다. "바람과 함께 사라지다"를 쓴 마가렛 미첼도 5년여간의 세월동안 글을 쓰고 그것을 출판하기 위해 동분서주 했으나 7년간 출판이 되지 않자 유명한 맥밀란 출판사 사장이 애틀란타에서 뉴욕으로 가는 기차를 탄다는 신문기사를 읽고 역으로 달려가 기차를 타기 위해 오르는 순간 원고보따리를 주면서 읽어보라고 하였고, 그것도 미덥지 않자 기차안으로 원고를 읽지 않았으면 첫 페이지만이라도 읽어보라는 전보를 3번이나 쳤다. 그래서 출판되어 나오자마자 세계적인 베스트셀러가 되면서 빛을 보게 된 것이다.

제3절 소호(SOHO) 창업

소호창업 시 업종 선택은 무척이나 중요하면서도 어려운 문제이다. 이는 소호창업만의 문제가 아니라 창업을 하고자 하는 모든 사람들이 고민하는 문제이며 이를 결정하지 못하는 것으로 인해 결과적으로 창업을 주저하며 실행에 옮기지 못하게 된다. 우선적으로 자신의 주변에서 가장 쉽게 적용가능한 일부터 시작한다. 그리고 자신의 경력을 살리며 자신의 적성에 맞는 아이템을 선택한다. 다른 조건들보다도 이러한 방법을 통해 창업하는 경우의 성공률은 그렇지 못하는 경우에 비해 상당히 높은 것으로 알려져 있다.

1. 창업 아이템 선정

창업에서 가장 중요한 것은 자신에게 맞는 창업할 아이템을 찾는 것이다. 소호는 보통 작게는 개인에서 크게는 2~3명이 하는 작은 일이기는 하나 개인에 맞는 아이템을 제대로 선정하지 못하면 그대로 시간과 돈의 낭비만 한 채 끝나기 쉽다. 통상적으로 사업아이템을 선정하는 기준이 되는 핵심요소는 상품 또는 서비스가 시장수요를 반영하고 있는가 하는 것이다. 반영하고 있다면 어떻게 시장과 결합시켜 나갈 것인가의 하는 문제가 아이템선정의 핵심이라 할 수 있다. 이를 위해 기본적인 세 가지 기준이 있다.

① 기존에 이와 유사한 것이 없는 새로운 아이템인가?
② 기존의 상품·서비스보다 더 우수한가?
③ 기존의 상품·서비스보다 가격은 더 싼가?

이 세 가지의 기준은 사업아이템을 선정하는 데 매우 중요하게 고려해야 하는 핵심사항이다. 이러한 기준들은 창업시의 사업아이템 선정뿐 아니라, 기존 창업에서 신상품, 서비스를 기획하는데 있어서 매우 중요한 판단 기준이 된다. 그리고 예비 소호창업자들은 대부분 아이디어 창업이 많은 관계로 어느 날 잠에서 깨어나 문득 꿈결의 아이디어를 현실화시켜 영웅사업가가 되는 상상에 잠을 못 이루는 경우가 많다. 특히 인터넷을 통한 별도의 수익창출을 위한 고도의 전술이 필요하다. 그러나 이러한 전술은 성공적인 사업가로 태어나고 난 후일이며 예비창업자들은 성공을 확신한다고 하나 모든 것은 뚜껑을 열어보아야 한다는 것이다. 인생이나 사업을 경영하면서 우리는 뜻하지 않게 시행착오나 그릇된 판단을 하는 경우가 많다.

아무리 좋은 사업 계획일지라도 시기나 주변환경에 의하여 실패를 하게 되는 경우가 많이 있다. 성공사업가는 이러한 실패의 요인을 재빨리 분석하고 지속적인 수정과 개선의 노력을 아끼지 않는 사람이 성공을 하게 되는 것이다. 빤짝이는 아이디어가 후보아이템이라면 이와 유사한 아이템이 있는지 사업아이템 선정단계에서부터 경쟁업체 상황을 정확하게 살펴보는 것이 매우 중요하다. 그리고 사업아이템 선정은 사업의 성공가능성과 직결되므로, 사업의 성공가능성을 사업아이템 선정과 함께 다음의 요소들을 분석해야 한다.

① 경쟁우위여부 즉, 경쟁자보다 높은 가격을 받거나 낮은 원가에 생산할 수 있는가?
② 지속적으로 경쟁우위를 창출할 수 있는가?
③ 극복해야 할 장애는 무엇인가?
④ 획득하고자 하는 경쟁우위의 질적·양적 차원은 무엇인가?

2. 창업 아이템 평가

사업아이템 선정에 있어서 무엇보다도 중요한 것은 창업자가 어느 분야에서 경쟁력이 있는가 하는 것이다. 인터넷 분야가 각광을 받고 있다고 유전공학을 전공한 창업자가 본인의 역량과 관심도가 미흡한 인터넷을 선택하면 실패할 확률이 높을 수밖에 없다.

1) 계획 사업 수행 능력 및 적합성분석

① 사업의 목적과 범위
- ▸ 사업 목적이 창업자의 경영 이념과의 일치 여부
- ▸ 정관 등에 표시할 사업의 목적과 범위는 상호 연관성
- ▸ 창업자의 경력, 지식, 적성 등 사업아이템과 부합여부

② 사업 경영의 특징
- ▸ 경쟁 회사 대비 조직, 생산, 마케팅 등의 차별화 전략
- ▸ 소비자에게 해당 기업을 부각시킬 수 있는 경영 전략 수립

2) 제품 및 기술성 분석

① 제품성
- ▸ 계획 제품의 종류, 용도의 적합성 유무

▸ 물리적, 화학적 특징과 해결 가능성 유무
▸ 국내외 표준 규격품과의 품질 및 기술 수준 비교

② 생산 시설의 적정성
▸ 각 제품별 적정 시설 규모 및 기존 시설과의 비교

③ 생산 계획 검토
▸ 생산방식, 공정의 타당성, 생산 인력의 자격 요건 등 유무
▸ 최대 생산 시설 능력 및 기간별 가동률

④ 입지 조건
▸ 전력, 교통, 원재료 조달 용이성, 종업원 충원 용이성
▸ 사업장 취득상 제한 등

3) 시장성 및 판매 전망 분석

① 사업아이템의 국내외 동향
▸ 아이템의 향후 전망 및 동종 산업간의 관계 및 영향

② 동업계 현황 및 수급 실적 분석
▸ 동업계 또는 경쟁업체의 최근 2-3년간 매출 실적분석
▸ 매출액, 종업원 수 대비 생산 규모의 적정성

③ 시장 규모 추정 및 침투 가능성 분석
▸ 경쟁 회사별 매출액 점유비나 국내외 시장 총규모

④ 판매 전망 및 판매 전략
▸ Market Share확보 가능성 및 확보 전략 타당성
▸ 판매 가능 전략, 판매 단가의 적정성

4) 수익성 및 경제성 분석

① 수익 전망
▸ 2-3년내 흑자 실현 가능 여부 및 향후 3-5년 추정 손익 계산서에 의한 연도별 당기순이익

② 손익 분기점 분석
▸ 손익 분기점 매출액은 얼마이며, 실현가능 시점

▶ 손익분기점 산출 후 판매수량, 금액, 고정비

▶ 변동비 등의 타당성

5) 자금 수지 및 성장성 분석

① 자금 수지 및 자금 조달 능력 검토

▶ 소요 자금의 규모 및 조달 가능성 검토, 차입금 상환 조건에 따라 상환 재원 및 가능성 검토

② 위험 요소 분석

▶ 위험 요소에 대한 대응 전략, 기업 환경 분석 및 기업 경영위험 요소

③ 성장성 분석

▶ 성장 가능성, 성장의 정도 측정

3. 사업계획서 작성

창업에 필요한 아이템 선정이 끝나면 다음에는 사업계획서를 작성하여야 한다. 구슬이 서말이라도 꿰어야 보배다. 사업계획서는 쉽게 설명하자면 앞으로 어떤 방향으로 나아가 어떤 목표에 어떻게 나갈 건지에 대하여 쓴 자기 계획서라고 말할 수 있다. 자신의 머릿속에 자신의 생각한 것들을 놓아두지 말고 명확히 사업계획서를 만들어 적어놓도록 하자.

제5장에서 사업계획서 작성에 대해 논의했지만 사업계획서의 용도 및 필요성은 다음과 같다. 첫째, 창업의 구체적인 윤곽을 보여준다. 머릿속에 흩어져 있던 생각들을 한 곳에 모아서 구체적으로 사업의 형태와 모양을 결정할 수 있게 해준다. 또 강점과 약점을 분석하고 미흡하거나 약한 부분을 분석하는 중요한 자료가 된다. 둘째, 운영의 지침서가 된다. 창업 후에 운영을 하다보면 사업방향이 자신도 모르는 사이에 자주 바뀌거나 자신의 처음에 생각했던 방향을 잊어버릴 수 있는데 이럴 때 마다 사업계획서는 중요한 참고자료 및 지침서가 된다. 셋째, 자본투자를 받기 위한 기본 서류가 된다. 자본이 부족하여 자본투자를 받으려고 할 때 자본투자가에게 제출하는 가장 기본적인 서류가 된다.

4. 사업장 구축

1) 사무실 구축

하려는 사업에 따라 사무실 자체가 필요 없는 경우가 있겠지만 여기서는 사무실이 있어야하는 경우를 기준으로 살펴보면 우선 소호자체가 많아야 2~3명이 하는 형태이기 때문에 큰 사무실이 필요하지 않고 사무실을 따로 마련하려고 한다면 처음의 고정비용도 클 것이다. 고정비용을 낮추기 위하여 우선 자신의 집에 사무실을 차리는 것을 고려하여 보아야 한다. 자신의 집에 독방을 쓴다든지, 일부분을 개조한다든지 거실의 한 부분을 이용한다든지 하는 방법이 있을 것이다.

2) 사무용품 구비

소호는 작은 사업체이고 사무실에 많은 사람들이 왕래하지 않는다면 사무실에 많은 새로운 장비나 화려한 겉모습은 생각할 필요 없이 실용적이면 될 것이다. 아래는 이런 기본 장비에 대하여 간략히 적어 보았다. 장비는 하려는 창업에 따라 다양하게 구비될 수 있다. 만약 자신이 컴퓨터 IP사업을 하려고 한다면 인터넷 전용선이 필요로 할 것이다. 그리고 자신이 직접 인터넷 서버를 구축하는 경우라면 여분의 컴퓨터와 전용라인에 소요되는 비용이 많이 들 것이다. 그러나 주로 통신을 이용하기 때문에 그 외의 장비에 들어가는 다른 사업에 비하여 오히려 적게 들 수도 있다. 반대로 국내 주요 통신사에게 IP사업을 하는 경우나 웹호스팅을 이용하여 인터넷 사업을 하는 경우라면 고가의 전용선은 필요치 않을 것이다.

또 사무용품에 있어서 자신이 컴퓨터를 잘 다룬다면 PC를 이용한 FAX, 복사기 등의 시스템을 작성하고 대부분의 사업관리를 PC로 할 수 있다. 또 기기에 대한 어느 정도의 지식만 있다면 소호나 작은 사업체를 대상으로 나온 복합기 등의 사무용품을 사용할 수도 있다. 하지만 이것이 오히려 중고 제품을 사서 만드는 것보다 비용이 많이 들거나 자신이 기기에 대한 지식이 부족하여 이런 PC 기반의 기기들은 오히려 배우는 시간과 비용 등에 부담이 되어 본업에 투자하여야 하는 시간과 비용의 낭비를 초래할 수도 있다. 또 자신이 고객으로부터 전화를 많이 받는 업종이라면 전화번호 추가 설치를 고려하여 보아야 한다.

3) 인원

소호(SOHO)라 할지라도 모든 것을 혼자서 다하기는 힘들기 때문에 사업구성원을 생각하여 보아야 한다. 소호자체가 작은 사업이고 수입이 고정되어 있는 것이 아니기 때문에 많은 인원관리 비용은 부담이 될 수 있다.

우선 기본적으로 고려하여 보아야 하는 것은 자신의 가족의 도움을 받는 것이다. 다음으로 일의 특성에 따라 직원이나 아르바이트의 고용을 고민하여 보아야 한다. 또 직원이나 아르바이트를 고용하여 일을 분배시킬 경우 차후 직원이나 아르바이트생이 일을 그만 둘 경우에 대한 부분의 업무인수인계 등을 고려하여 직원이나 아르바이트생이 일을 그만 두더라도 심각한 문제가 발생하지 않게 고려하여 둔다.

만약 동업을 할 경우라면 사업파트너를 신중하게 고려하여 동업을 하여야 한다. 정에 이끌려 친구나 친지 혹은 선후배를 대상으로 하기보다는 자신의 하려는 일에 대한 의욕이나 전문성 등을 고려하여 선택하는 것이 좋으며 동업의 내용이나 일의 분배, 수익의 분배 등을 명확히 하여 차후에 문제가 발생할 요소들을 신중히 고려하여 보아야 한다.

4) 창업 자금의 마련

창업에 대한 구상과 몸체에 대한 전반적인 구상이 끝났으면 다음으로 중요한 것은 자금을 마련하는 일이다. 창업자금에서 가장 기본적인 부분은 얼마가 필요하고 거기에 자신의 자본이 얼마 들어가고 그 외의 필요한 부분이 얼마인가를 객관적으로 계산해 내는 일이다. 필요 없는 부분의 초기 투자는 실패를 부를 뿐이니 조심하여야 한다. 필요한 금액이 산정되었으면 창업지원제도를 적극 활용하여 자금을 조달하도록 하자.

5) 사업자 등록

사업자등록은 사업을 시작한 날로부터 20일 안에 관할 세무서에 하는 것이 원칙이다. 사업자 등록을 하려면 세무서 민원 봉사실에 비치된 사업자 등록 신청서, 주민등록등본(법인의 경우 법인 등기부등본), 사업허가증(약국, 음식점 등 허가나 등록을 해야 하는 사업에 한함) 등을 준비한다. 사업자등록증은 신청일로부터 일주일 내에 발급된다. 그런데 사업을 개시하기에 앞서 물품을 구입하거나 시설투자를 할 계획이라면 사업을 개시하기 전 사업자등록을 해 매입 세금계산서를 교부 받아 둔다. 그러면 그때 부담한 부가가치세를 돌려받을 수 있다. 만약 사업개시 전 사업자 등록을 했다가 사업을 하지 않게 됐을 때는 관할 세무서에 폐업신고를 해야 한다. 만약 사업자 등록을 하지 않는 경우라면 법적 제재 혹은 불이익이 따르는데 등록증 없이 사업을 하면 가산세가 부가된다.

6) 홍보

사업자등록까지 했으면 다음에 필요한 것이 홍보를 하는 것이다. 홍보자체도 창업아이템에 따라 달라지므로 자신의 창업아이템을 생각하여 선정하도록 하자. 만약 당신이 인터넷 컨텐츠업체로 창업을 하는 경우라면 naver, daum 등의 검색엔진에 등록하는 것과 유명 사이트에 홍보하는 것이 필요할 것이다. 이외에 기본적으로 홍보할 수 있는 방법은 명함, 회사소개서, 카탈로그, 홍보전단, 블로그, SNS활용 등이 있다.

5. 시장 조사

소호(SOHO)창업은 대부분 아이디어를 생명으로 하기 때문에 아이디어가 권리로서 보호받을 수 있도록 소호창업을 하기 전 유사한 권리가 보호되고 있는지 자료조사를 먼저 해야 하며 자신의 아이디어가 특허권, 실용신안권, 의장권, 상표권 등으로 출원되어 시장 진입장벽이 높아야 한다. 또한 창업시점의 성장가능성, 창업자본과 전문인력의 수급여부, 수익보장과 대중성 등 지속적인 수입창출이 가능한지를 고려해야 한다. 자금회전율이 높은 아이템이어야 성공가능성이 높을 것이다. 차별화된 틈새시장을 공략하거나 소비자의 호기심을 유발할 수 있는 아이템으로 소비성이 높은 세대를 겨냥하는 것이 좋다.

그리고 일단 아이템을 결정했다면 그에 따른 시장조사는 목적을 분명히 하고 시작해야 한다. 자신이 알고자 하는 점을 명확히 하지 않는다면 시간과 돈을 들여 얻어 낸 조사결과는 아무 쓸모가 없게 된다. 자신이 결정한 아이템의 수요가 어느 정도일 것인가? 상품의 주요 구매층, 즉 주요 고객은 어느 층이 될 것인가?

가격수준이 적당히 책정되었는가? 등을 명확히 한다.

조사는 우선 관련 정보를 찾아보는 것에서 시작할 수 있다. 일반, 전문 관련 서적, 신문, 잡지, 각종 경제기관의 간행물 등 원하는 자료에 따라 다양한 정보원을 찾아보면 된다. 만일 이 방법만으로는 부족하다고 판단되면 자료를 직접 수집한다. 상품, 사람, 매장 등을 관찰하고 이에 따른 체크리스트를 작성한다든지, 본격적으로 사업을 실행하기 전에 시험적으로 시장에 내놓은 뒤 반응을 살피는 실험법을 택할 수도 있다.

서베이법은 당사자를 직접 만나 면접을 하는 대면 조사, 우편 조사, 전화 조사 등으로서 일종의 소비자 조사라고 보면 된다. 심층 그룹 인터뷰는 의외로 쉽게 접근할 수 있는 방법으로 먼저 자신이 구상하고 있는 사업을 이미 시작한 사람이거나 했던 사람, 그리고 사업의 주요 고객들을 초청하여 대화를 나누는 방법 등을 취하면 된다. 전혀 새로운 아이템일 경우 여러 이질적인 계층의 사람들의 토론 내용을 분석하여 위험성을 줄이는 동시에 문제 해결 방법을 얻을 수도 있다.

6. 사업 타당성 검토

시장조사를 통한 시장 윤곽이 잡혔다면 사업타당성 검토에 들어간다. 타당성 검토는 내가, 아니면 어느 누구라도 이 시장에 뛰어들었을 경우 과연 이 사업이 되겠는가? 하는 물음에 대한 진지한 성찰을 의미하며 자금이나 조직 등의 문제는 여기에서는 고려대상에 넣지 않는다. 경제, 기술적 부분과 법률이나 규제, 관습, 소비자의 기호와 유행 등을 고려한 환경요인에 부응하는지 아니면 역행하는지도 살펴보아야 한다. 이 시장이 과연 어디로 흘러갈 것인가를 파악하여 시장 현황 및 특성을 알아내야 한다. 뒤늦게 유행 막바지에 창업을 하여 실패하는 일이 없어야 하기 때문이다.

다음으로 경쟁력을 분석한다. 기존에 없는 전혀 새로운 아이템이라도 비교의 대상이 될 수 있는 원거리, 잠재적 경쟁자는 있게 마련이다. 서비스, 상품의 질, 가격 등 여러 가지 항목으로 자사와 경쟁사들을 비교한다. 경쟁자 전략의 강, 약점과 자사(나) 전략과의 차이점을 분석한다. 경쟁자와 나 사이의 차이점이 무엇이며 왜 발생하는지를 살펴본다. 그리고 경쟁자와의 차별화 방안을 강구한다.

경쟁자의 강점을 무력화시키고 약점은 자신의 강점으로 만들 수 있는 차별화 방안을 강구해야 한다. 경쟁자가 누구이며 그 차이와 강, 약점을 분석했다 하더라도 이 부분을 소홀히 하게 되면 아무 쓸모가 없다. 현상파악만 했을 뿐 대안 마련이 없다면 아무런 의미가 없기 때문이다.

7. 마케팅

수익성 있는 사업 타당성을 검토했다면, 다음은 그 상품이 팔려 돈이 되어 들어오기까지의 일련의 공정과정을 전략적으로 관리하는 순서이다. 고객특성, 경쟁사, 단가, 수요량, 유통 등의 가격이 형성되고 상품이 거래되는 장소의 시장분석을 시작으로, 우리 물건을 어떻게 알리고, 어떤 방식으로 팔며, 또 회사의 운영은 어떻게 하여야 안정적으로 손익분기점에 도달할 것인지를 정리해 볼 필요가 있다.

예컨데, 소비자 만족도와 기호의 성향분석에 있어서 샘플 소비자간의 FGI(Focus Group Interview)를 통하여 비교적 정교한 고객관련 통계를 산출할 수도 있고, 홍보도 직접 인터넷이나 SNS에 올려보거나 컴퓨터와 주변기기를 가지고 직접 제작해 보아도 괜찮을 것이다. 또한 관리 프로그램 등을 구입해서 익히고 활용하는 것도 빼놓을 수 없는 사전 점검사항이다.

상기와 같이 아이템을 골라 시장성 조사를 거쳐 마케팅 방법을 쓰려면 '사업계획→사업장 선정→창업'을 거쳐 '영업활동' 순으로 이어지는데 선정된 아이템에 맞는 효과적인 판촉과 서비스 차별화전략을 수립해야 한다. 이것이 마케팅이라고 생각하면 된다.

마케팅은 한마디로 경쟁에서 이기는 법, 살아남는 방법을 탐구하는 학문이다. 엇비슷한 기술이나 기능의 상품이라도 마케팅 능력에 따라 결과는 하늘과 땅의 차이가 난다. 제품의 기획은 세계적으로, 판매는 개인단위로 이루어진다. 이러한 특성은 유지비용이 적게 들어야 하는 소호 형태의 강점이 된다.

불특정 다수에게 광고하면서 낭비하는 기존의 마케팅이 아니라 잠재고객으로서의 가능성이 높은 고객을 노리는 것이다. 이러한 방식을 미립자 마케팅이라고 한다. 고객의 특성을 알고 난 다음에 고객에 맞는 전략을 짜서 설득하는 것, 인터넷상에서는 이러한 전략이 필요하다. 이것이 대량화에서 벗어난 소호에 적합한 마케팅 전략인 것이다.

소호 아이템은 대부분 영세한 규모로 시작하기 때문에 여느 기업처럼 여유 있는 광고, 홍보 수단을 갖지 못하는 경우가 대부분이다. 따라서 광고나 홍보라기보다는 목표계층에게 정보를 전달한다는 것을 기본자세로 삼아야 한다. 또 한정된 예산을 효과적으로 사용하기 위해서는 앞서의 철저한 시장조사가 전제되어야 한다. 그래야만 정확한 표적 시장을 겨냥할 수 있고 예산을 효율적으로 사용할 수 있기 때문이다.

소호 마케팅의 본질은 아무도 하지 않는 아주 작은 시장을 찾아 여기에서 선두주자가 되고 가능하면 소비자와 직접 접촉을 하는 다이렉트 마케팅을 구사하면서 네트워킹으로 시장을 넓혀가야 한다는 것이다. 소호족들이 구사할 수 있는 광고, 홍보 수단으로는 인터넷광고, SNS, 블로그, 방송매체, 인쇄매체, 다이렉트 메일, 텔레마케팅, 이벤트홍보 등이 있다.

특히 시간과 공간을 초월하는 인터넷 블로그와 SNS는 e-비즈를 하고자 하는 소호족들에게 있어서 빼놓을 수 없는 광고수단이다. 보이지 않는 사람을 위해 광고하고 판매하며 보이지 않는 사람들을 조사하고 분석하는 빅데이터 마케팅 시대가 도래한 지금 새로운 시장은 기존의 실물 시장, 기존의 경영기법과는 또 다른 사이버공간에서 요구되는 "인터넷-마케팅"이라는 새로운 기술을 요구하고 있다.

[참고자료-1] 1인 창조기업 비지니스센터

1인 창조기업에 사무공간을 제공하고 세무 · 법률 등에 대한 전문가 자문, 교육 등 경영지원, 비즈니스 창출 및 사업화를 지원한다.

1인 창조기업이란?

1인 창조기업이란 창의성과 전문성을 갖춘 1인이 상시근로자 없이 사업을 영위하는 자. (단, 부동산업 등 대통령령으로 정하는 업종을 영위하는 자는 제외)

공동창업자, 공동대표, 공동사업자 등 공동으로 사업을 영위하는 자가 5인 미만인 경우 인정

1인 창조기업이 규모 확대의 이유로 1인 창조기업에 해당되지 아니하게 된 경우에도 3년간은 1인 창조기업으로 인정 * 상시근로자를 사용하지 않고 있는 기간이 연속으로 1개월 이상이었던 자

* 1인 창조기업 외의 기업과 합병하거나 창업일이 속하는 달로부터 12개월 이전에 중소기업에 해당하지 아니하게 된 경우는 제외

2. 지원내용

항 목	내 용
사무공간	사무(작업)공간 및 회의실, 상담실, 휴게실 등 비즈니스공간 지원
경영지원	세무 · 회계 · 법률 · 마케팅 · 창업 등 전문가 상담, 교육, 정보제공 등 경영지원(무료)
사업화지원	1인 창조기업과 외부기관(기업)간 프로젝트 연계 및 수행 기회 제공, 지식서비스 거래 및 사업화 지원
시설이용	팩스, 프린터, pc 등 사무용 집기 이용 지원

자료 : https://www.k-startup.go.kr

연습문제

1. 소호(SOHO) 영역과 유형에 대해 설명하시오.

2. 소호(SOHO) 창업 아이템 평가방법에 대해 설명하시오.

3. 아이디어 창업 아이템을 선정하고 그 이유에 대해 설명하시오.

Chapter

10

사회적 기업

10 사회적 기업

최근에는 사회적 책임을 이윤 추구보다 앞선 목표로 두는 기업들이 주목을 받고 있다. 이런 기업들을 '사회적 기업'이라고 한다. 사회적 기업은 취약계층에게 사회서비스 또는 일자리를 제공하여 지역주민의 삶의 질을 높이는 등의 사회적 목적을 추구하면서 재화 및 서비스의 생산·판매 등 영업활동을 수행하는 기업을 말한다. 국내에는 재활용품을 수거·판매하는 '아름다운 가게', 정신지체장애인이 우리밀 과자를 생산하는 '위캔', 폐타이어 등 재활용품을 활용하여 만든 악기를 통해 소외계층을 위한 공연을 하는 '노리단' 등의 사회적 기업이 활동하고 있다. 본 장에서는 사회적 기업의 발전과정, 역할과 유형 그리고 사회적 기업 인증에 대해 살펴본다.

제1절 사회적 기업 개념과 발전과정

1. 사회적 기업의 개념

사회적 기업은 잉여금을 주주와 소유자의 이윤을 극대화시키기 위해 운영하기보다는, 그 사업체 또는 지역사회의 목적을 위해 재투자하는 사회적 목표를 우선으로 하는 사업체이다. 사회적 기업은 광범위한 사회적, 환경적 이슈를 다루며, 경제 모든 영역에 걸쳐 활동하고 있다. 정부는 사회적 기업이 공익을 위해 사업적 방식을 사용함으로서, 지속가능하며 사회적으로 포용적인 경제를 창출하는데 있어 독특하고 가치 있는 역할을 하기를 기대한다. 최근에는 비교적 많이 알려졌지만 아직도 사회적 기업에 대해 생소한 사람도 많다.

앞서 언급했듯이 사회적 기업은 사회적 목적을 우선적으로 추구하면서 이윤을 내는 기업을 말한다. 다른 일반 기업들처럼 사회적 기업도 일반적인 수익성을 목표로 삼지만 그로 인해 발생한 잉여금은 사회적 기업이 추구하는 어떠한 사회적 목적을 위해 쓰여 지도록 해당 사업이나 공동체에 재투자되는 것이다. 따라서 사회적 기업은 주주나 소유자의 사적 이익을 극대화하기 위해 운영되는 일반기업과는 다르다.

사회적 기업(social enterprise)이라는 용어는 1994년에 King Baudoudin Foundation 보고서에서 '실업에 처한 소외집단의 노동 복귀를 위해 시장적 · 비시장적 자원들을 구비시키는 기업적 활동과 관련된 모든 시도들'이라는 뜻으로 처음 사용되었다. 이후 사회적 기업의 의미는 삶의 질 제고를 위한 공공서비스 제공 및 환경문제 해결 등의 사회적 목적을 추구하는 한편 곤궁에 처한 노동자들을 고용하는 조직들까지 포괄하는 것으로 확장되어왔다. OECD(1999)는 '사회적 기업은 기업적 방식으로 조직되는 일반 활동 및 공익활동을 아우르며 주된 목적은 이윤극대화가 아니라, 특정한 경제 및 사회적 목적, 그리고 재화와 용역의 생산이나 사회적 배제 및 실업 문제에 대해 혁신적인 해결책을 제시하는데 있다'고 정의하였다.

2002년 7월 영국 정부에서 개발한 정의는 〈사회적 기업 : 성공을 위한 전략(social: a strategy for success〉이라는 문서에서 '사회적 기업은 주로 사회적 목표의 비즈니스이다. 그 잉여금은 주주와 소유주를 위한 이익 최대화가 아닌, 사회적 목표를 위해 비즈니스 또는 공동체에 재투자 된다'라고 정의된다(Defourny, 2006).

우리나라에서는 사회적 기업육성법 제2조에 "취약계층에게 사회서비스 또는 일자리를 제공하거나 지역사회에 공헌함으로써 지역주민의 삶의 질을 높이는 등의 사회적 목적을 추구하면서 재화 및 서비스의 생산·판매 등 영업활동을 수행하는 기업으로서 고용노동부 장관으로부터 인증을 받은 자"라고 명시되어 있다.

1996년 유럽연합 15개국의 연구자들로 구성된 EMES(the emergency of Social enterprise in europe)는 사회적 기업에 관한 9가지 기준을 제시하였는데, 이는 규범적 틀이라기보다는 방법론적 도구로서 이상형에 해당되며, 〈표 10-1〉에 나타난 바와 같다.

〈표 10-1〉 EMES의 사회적 기업에 대한 아홉 가지 기준[1]

경제적 기준 4가지	사회적 기준 5가지
• 사회적 기업은 전통적 비영리조직과 달리 직접 상품과 서비스를 생산, 판매한다. • 정부나 기업의 보조금을 받더라도 일정 수준의 자율성을 확보하며, 주주는 의사결정 참여 권한을 갖는다. • 사회적 기업 운영에는 상당한 경제적 위험이 존재한다. • 자원봉사자가 있어도 최소한의 유급근로자가 필요하다.	• 지역사회, 특정욕구를 공유한 시민집단이 주도 한다. • 의사결정권한이 자본소유에 기초하지 않고, 일반적으로 1인 1표에 의해 공유된다. • 기업활동에 서비스 이용자등의 이해당사자 참여로 지역 차원의 민주주의를 강화한다. • 이윤극대화를 추구하지 않으며, 제한적으로 이윤배분을 한다. • 지역사회, 특정집단을 위한 명확한 목표를 추구한다.

2. 사회적 기업 발전과정

1) 유럽 사회적 기업의 발전과정

유럽의 사회적 기업은 1970년 이후 유럽에서 NGO들이 국가, 기업이 제공하지 못한 사회서비스를 제공하면서 시작되었다. 이탈리아의 사회적 기업은 협동조합을 배경으로 성장하였으며 따라서 명칭도 사회적협동조합으로 불린다. 사회적협동조합은 1970년대 이탈리아가 사회서비스의 공급부족, 낮은 국민소득, 실업문제가 심각했던 1970년말에 시작되었고, 정부 복지예산이 현금이전에 집중되어 있는 이탈리아에서 지자체는 현금급여 중심으로 복지제도를 운영하였

1) 정병순 외(2008), 사회적경제: 이론, 제도, 정책, 한양대학교출판부.

다. 한편 비영리조직들은 자발적으로 사회서비스를 공급하는 활동을 늘려왔는데 지자체들이 비영리조직들에게 사회서비스 공급을 위탁하였다. 그래서 사회적협동조합은 정부의 사회서비스 공급과 일자리 창출사업의 중재자로서 역할을 담당하면서 활성화되기 시작하였다.

영국의 사회적 기업은 18세기 말부터 자선단체, 협동조합 등 다양한 형태의 비영리단체 등이 소매상점이나 정부와의 거래를 통해 수익을 올리는 활동에서부터 시작되었다고 볼 수 있는데, 영국의 사회적 기업들은 그 어떤 법률로도 규정되어 있지 않으며 세제혜택도 받지 않는다. 그리고 자발적 조직, 지역밀착화 사업, 트러스트, 중간 노동시장 등의 다양한 유형을 지니고 있다.

〈표 10-2〉 유럽형과 미국형 사회적 기업 비교

구분	미국형 사회적 기업	유럽형 사회적 기업
조직형태	비영리	협동조합
전략 개발 주체	재단	정부, EU
의사결정	재단 운영진	협동조합원 참여, 민주적
공통점	이윤추구, 사회서비스 제공	

2) 미국 사회적 기업 발전과정

미국에서 사회적 기업이라는 용어는 1970년대에 처음으로 소외계층에 대한 일자리 창출의 방안으로 시작되어 비영리조직들의 사업으로 확대되었으며 특히 1960년대 '위대한 사회 프로그램'을 표방하여 빈곤, 교육, 건강, 환경, 지역사회 개발 등의 사업을 위해 비영리조직에 지원되었던 연방 정부의 예산이 1970년 후반 경기하락과 함께 삭감되면서부터 사회적 기업은 비영리조직들의 수익창출을 위한 하나의 방안으로 모색되었다.

3) 한국 사회적 기업 발전과정

한국에서의 사회적 기업에 대한 논의는 1990년대 초부터 등장한 노동자협동조합까지 거슬러 올라간다. 이후 1996년 보건복지부 주도로 자활지원센터사업을 시작하였으며, 2000년의 국민기초생활보장법 제정으로 자활후견기관으로 명칭이 변경되었다.

〈그림 10-1〉 한국 사회적 기업 육성배경

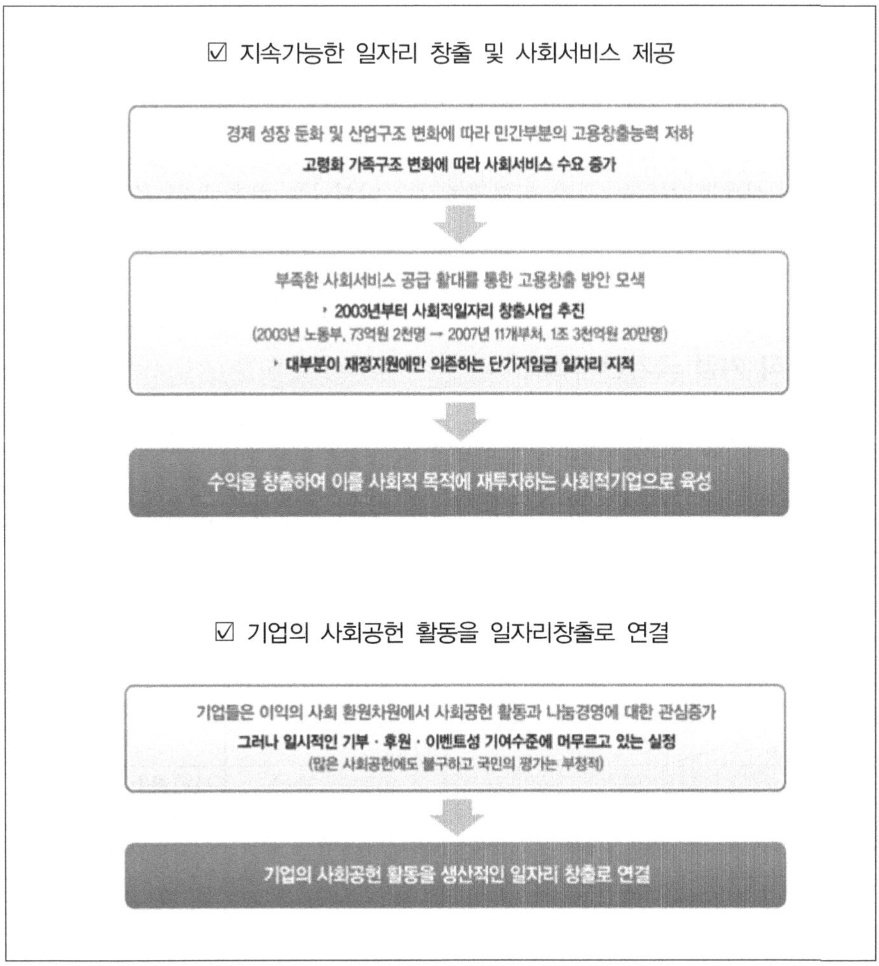

자료 : 전라북도 사회적 기업 · 협동조합 통합지원센터(http://www.jbse.or.kr)

2003년부터는 고용노동부의 사회적 일자리 사업이 도입되어 사회취약계층의 취업촉진, 지역주민의 삶의 질 향상, 소외계층의 사회통합 등을 목적으로 본격적으로 추진되었다. 사회적 일자리 사업은 많은 예산을 투입했음에도 행정관리면에서 낭비요인이 많았고 정부사업들 대부분이 내용상 중복되는 경우가 많아 일자리를 창출하는 것에는 한계점이 있었다.

따라서 정부는 점진적으로 사회적 기업의 전환을 추진하였고, 장기적이고 안정적인 일자리 제공을 위해 제도화 시켜서 사회적 기업을 적극적으로 육성하게 되었다.

사회적 기업은 제3섹터(비영리조직) 내의 조직들이 사회 환경의 변화에 따라 사회의 욕구에 대한 대응 방안으로서 그리고 자체의 재정확보를 위한 방안으로 활성화되기 시작했다.

따라서 사회적 기업은 과거 비영리조직의 미션만을 기초로 한 조직이 아니라 시장에서 경쟁력을 갖기 위한 기업가적 마인드와 경영기법을 토대로 사회적 목적을 동시에 수행하는 모형의 기업이라고 할 수 있다.

4) 사회적 기업 국가간 비교

미국의 경우는 시장경제 원리에 따라 기업경영방식으로 접근하는 반면, 유럽은 사회적 경제를 기반으로 정부와 EU가 전략적으로 육성하고 있다. 한국은 법 제정당시 유럽의 제도를 많이 벤치마킹함과 동시에 미국식 방식도 접목을 시킨 혼합형이라고 할 수 있다. 이것을 비교해 보면 〈표 10-3〉과 같다.

〈표 10-3〉 사회적 기업 국가간 비교

국가 / 비교 항목	유럽	미국	한국
강조점(중점목표)	사회적 수혜	수익창출	사회적수혜 ▸ 수익창출
일반적 조직형태	협동회사/협회/회사	비영리조직	비영리조직과 상법상 회사
활동의 초점	대인서비스	모든 비영리활동	대인서비스

〈표 10-3〉 사회적 기업 국가간 비교

국가 / 비교 항목	유럽	미국	한국
사회적 기업 유형	제한적	다수	제한적
이해 관계자 참여	일반적	제한적	일반적
전략적 육성 주도	정부/EU	민간재단	정부
법적 프레임워크	개발(또는 개발중)	부족	개발
이윤분배	제한적 인정	원천배제	제한적 인정

자료 : 고용노동부 "사회적 기업 육성 기본계획"

제2절 사회적 기업 유형과 역할

1. 사회적 기업 유형

1) 사회적 기업 유형

사회적 기업은 정부·기업·제3섹터[2]와의 협력 형태에 따라 공공부조형 사회적 기업, 지역사회 친화형 사회적 기업, 시장친화형 사회적 기업의 세 가지로 분류된다(김경희, 반정호, 2006 ; 이은선, 2009).

첫째, 공공부조형 사회적 기업(public assistance type)은 빈곤탈피를 목석으로 만들어진 조직으로서 사회적 기업의 참여자와 구성원을 위한 '보호된 시장'을 만들어 이들에게 시혜적으로 복지급여를 제공하기 때문에 공공부조의 연장선이라 볼 수 있다. 공공부조형 사회적 기업은 보호된 시장으로서 중앙 정부 및

2) 제3섹터(The third sector)라는 용어는 일반적으로 제1섹터인 공익을 추구하는 부문(The public sector)인 정부와 사익(私益)을 추구하는 제2섹터인 민간영리기업부문(The private sector)을 제외한 나머지 다양한 조직을 가리키는 것으로 민간부문과 정부, 지자체가 공동출자로 법인을 설립하여 공익(公益)과 이윤(利潤)을 동시에 추구하는 부문이라 할 수 있다(이규환, 1996).

지방 정부로부터 확실한 제도적 지원이 수반되어야만 제대로 된 역할을 할 수 있기 때문에 국가에 의존적인 성격이 강하다. 이 유형의 경우 사회적 기업의 구성원이나 노동자보다는 국가의 역할이 매우 중요하다.

둘째, 지역사회친화형 사회적 기업(local friendly type)은 흔히 유럽식 사회적 기업으로 불리며 사회적 기업이 속한 지역사회의 발전을 목적으로 하여 구성원들의 빈곤탈피 뿐 아니라, 그 지역사회에서 필요로 하는 재화와 서비스를 생산하는 기능을 담당한다. 여기서는 부족한 재원을 지역사회에 대한 지지적 활동을 통해 얻고 발생한 보편적인 이익을 다시 지역사회에 환원하는 경제적 순환구조를 갖고 있다(김경휘, 반정호, 2006).

셋째, 시장친화형 사회적 기업(market friendly type)은 미국식 사회적 기업으로 대표되는데, 기업의 활동으로 이익을 추구하고 발생된 이익을 공익활동과 자선을 위한 재정적 기여로 환원한다. Laville(1999)은 시장친화형 사회적 기업을 새로우면서도 창조적인 무엇인가를 찾는 과정이며 개인의 부를 증가하기 위해서나 사회적 가치를 찾고자 하는 목적을 달성하기 위한 혁신정의 형태라고 정의한다(이은선, 2009).

〈그림 10-2〉 사회적 기업의 영역

자료 : 한국사회적 기업진흥원 (www.socialenterprise.or.kr)

사회적 목적을 추구한다는 공통된 속성을 지니는 사회적 기업은 사회 경제적 목적을 지닌 경제활동 조직으로, 특성에 따라 다양한 형태를 띤다. 그 명칭 또한 다양하다. 각 기업은 생성 배경, 조건, 운영원리, 구체적으로 추구하는 목표 등에 따라 다음과 같이 분류했다.

첫째, 취약계층의 일자리 창출을 주도하는 노동통합 기업, 둘째, 취약계층에게 사회적 서비스를 공급하는 기업, 셋째, 앞의 두 형태의 결합형으로 취약계층에게 노동통합의 기회를 제공함과 동시에 사회적 서비스를 필요로 하는 사람들에게 서비스를 공급하는 기업형태가 그것이다.

〈표 10-4〉 사회적 기업 유형별 분류[3)]

구분	형태	기타
법인별 유형	주식회사	상법에 근거
	협동조합	협동조합에 근거
	사회적 기업	상법상에 예외규정 설치 별도법을 제정
	비영리민간단체	비영리 민간단체 특별법제정
	공공기관	정부자치 및 자치단체 조례
기능별 유형	자활지원기업 (enterprise df insertion)	정부의 지원 및 규제
	노동자 협동조합 (worker's-operative)	자율적 조직
	소비자협동조합 (consumers' co-operative)	자율적 조직
	지역 공동체 기업 (community businesses)	정부의 지원 및 규제받음 자율적 운영사례도 존재
대상 집단별 유형	자활적응기업(보호작업장)	장애인 잠여 기업
	고용연계훈련기업	청, 장년 취업희망자
	자활지원기업(자활공동체)	일반 실직 빈곤계층
	직업자활지원기구(맞춤형 훈련)	저학력, 비숙련 실직 계층

3) 엄형식, 한국의 사회적 기업 현황 비교와 유형화를 위한 접근,(2007), 이은애 재분류.

2007년부터 시행되고 있는 사회적 기업 육성법에 의하면 국내 현행 사회적 기업은 법적으로 다섯 가지로 분류하고 있다.

첫째, 조직의 주된 목적이 취약계층에게 일자리를 제공하며, 부수적으로 취약계층에게 사회적 서비스를 제공하는 일자리 제공형 사회적 기업이다. 이 경우 취약계층의 고용비율이 30%이상이 되어야 한다. 이 사회적 기업은 장애인 보호 작업장과 같은 항구적 일자리형과 경과적 일자리형으로 다시 구분될 수 있다.

둘째, 조직의 주된 목적이 취약계층에게 사회서비스를 제공하며, 부수적으로 취약계층에게 일자리를 제공하는 사회서비스 제공형 사회적 기업이다. 이 경우에는 사회서비스를 제공받는 취약계층의 비율이 30%이상이 되어야 한다.

셋째, 조직의 된 목적이 취약계층에 대한 일자리 제공과 사회서비스를 함께 제공하지만 앞서 두 유형에 비해 시장성이 높다고 판단되는 혼합형 사회적 기업이다. 이 경우 취약계층의 고용비율과 사회서비스를 제공받는 취약계층의 비율이 각각 20%이상이 되어야 한다.

넷째, 사회서비스를 제공함이 주된 목적이나 불특정다수를 대상으로 사업을 하기 때문에 사회적 목적의 실현 여부를 취약계층 고용비율과 사회서비스 제공비율 등으로 판단하기 곤란한 경우 사회적 기업 육성전문위원회에서 결정하는 기타 사회적 기업이다.

다섯째, 가장 최근 신설된 지역사회 공헌형 사회적 기업으로 조직의 주된 목적이 지역사회에 공헌하는 경우이다. 이 경우 해당 조직이 있는 지역에 거주하는 취약계층의 비율이나 사회서비스를 제공받는 취약계층의 비율이 20%이상인 경우에 해당된다.

2) 유형별 사례[4)]

(1) 일자리 제공형

메자닌아이팩의 근로자 대부분은 새터민(북한이탈주민)이다. 새터민이 빈곤층으로 전락하지 않도록 돕기 위해 설립된 사회적 기업으로 사회복지법인 열매나눔재단이 SK기업과 협력하여 만들었다. 현재 거래처가 50여 곳이 넘는 활발한 작업 공장으로 새터민의 자립·자활에 기여하고 있다.

4) 한국사회적기업진흥원에서 발췌

▸ **주요사업** : Box 제조 등

〈그림 10-3〉 메자닌아이팩

한빛예술단으로 시각장애인 연주단의 전문적인 연주를 통하여 장애인 공연 예술을 발전시키고 장애인 예술 인재를 발굴 및 양성한다. 또한 시각 장애인 연주단의 다양한 공연을 통하여 일반인들의 장애인식개선을 도모하고, 취약계층에게 지속적인 일자리나 사회서비스를 제공하여 삶의 질 향상에 기여한다. 그리고 지역사회와의 연대활동에 적극 참여함으로써 지역주민들이 경제적 안정과 자립기반 및 문화선진국으로서의 발돋움에 목적을 둔다.

▸ **주요사업** : 음악 및 예술분야의 시각장애인 전문인력 일자리 창출 사업, 문화 콘텐츠 개발 등

〈그림 10-4〉 한빛예술단

(2) 사회서비스 제공형

충남교육연구소는 농촌의 교사/지역주민/지역사회/지역학교가 교육을 필요로 하는 곳에 교육 인력을 배치하고 또 그 인력을 적절한 형태의 교육 프로그램과 연계하는 시스템을 구성한다. 또 교육의 질을 높이기 위해 다양한 교육전문가집단의 네트워크를 구축하는 작업을 하고 있다. 다시 말해 학교와 지역사회의 소통을 통해 '농촌 교육의 희망'을 찾아나가는 일을 하고 있다.

▸ **주요사업** : 청소년문화학교 느티나무사업, 학교지원사업, 지역사업, 교육연수

〈그림 10-5〉 충남교육연구소

휴먼케어는 노인과 장애인의 이해와 요구를 우선 배려하면서도 직원의 근무여건 개선을 위해 노력하는 조정자 역할을 수행하여 지역사회 내 정직하고 질 좋은 사회서비스를 제공하는 기업이다.

▸ 주요 사업 : 요양기관, 복지용구사업, 장애인 활동보조 지원 사업 등

〈그림 10-6〉 휴먼 케어

(3) 혼합형

오가니제이션 요리는 청소년, 여성결혼이민자, 경력단절여성 등 희망을 가진 사람들이 더불어 성장하는 공동체회사이다. '가르치면서 배우기', '배우면서 일하기', '여성이 삶과 함께하는 건강한 일터 만들기'를 중심으로 여성친화적인 기업문화를 만들기 위해 노력하고 있다. 이러한 기반 위에 전문성을 강화하고 경쟁력을 갖춘 외식문화 회사로의 지속적인 성장을 목표로 하고 있으며 더불어 다음 세대를 위한 청소년요리사 인재 양성에도 힘쓰고 있다.

▸ **주요 사업** : 케이터링, 레스토랑, 하모니식당, 카페, 교육 등

〈그림 10-7〉 오가니제이션 요리

(4) 지역사회공헌형

홍성풀무나누미영농조합법인은 풀무학교와 친환경농산물을 중심으로 형성해 온 홍동지역의 많은 시실기반과 인적기반 등을 통해 친환경농산물 소포장 및 도농교류사업을 추진함으로써 친환경농산물의 품질을 높이고, 소비자의 만족도를 증진하는 한편, 농촌여성인력의 생산가공활동 참여를 통한 일자리 창출과 가정경제의 활성화를 도모하고, 도농 간의 교류를 통한 생산소비자 공동체를 구현하고 있다.

〈그림 10-8〉 홍성풀무나누미영농조합법인

(5) 기타형

물건의 재사용과 순환을 통해 우리사회의 생태적/친환경적 변화를 추구하고, 나눔을 통해 도움의 손길이 필요한 우리의 이웃들과 단체들의 공익활동을 지원하는 시민단체이다. 아름다운가게 매장은 단순히 물건을 사고파는 곳이 아닌 수익배분을 통한 나눔, 지역 주민들의 기증을 통한 물품의 순환을 실천하는 지역 공동체의 중심으로서 그 역할을 다하고 있다.

▸ 주요 사업 : 재사용 나눔가게, 공익캠페인, 공정무역, 모금사업 등

〈그림 10-9〉 아름다운 가게

2. 사회적 기업 역할

1) 지속발전 가능한 경제활동을 통한 부의 창출

사회적 기업은 일반기업과 마찬가지로 경제활동을 통해 부를 창출한다. 특히 사회적 기업의 가장 중요한 핵심은 개인과 지역사회에 참여권한을 제공하고 기업경영방식을 채택하며 고용의 기회를 다양한 사람들에게로 확대한다는 점이다. 지역사회를 기반으로 한 사회적 기업은 기업 활동으로 창출한 이윤과 혜택이 다시 기업이 기반을 두고 있는 지역사회의 혜택으로 돌아갈 수 있도록 함으로써 지속적인 지역경제 활성화에 도움을 줄 수 있다.

2) 사회적 필요의 충족

사회적 기업은 교육과 지원을 통하여 고용기회를 창출함으로써 그동안 경제적, 사회적 활동에서 소외되어왔던 사람들에게 노동시장에 참여할 수 있는 기회를 제공하고 있다. 취업 취약계층에게 일자리를 제공하는 사회적 기업은 소득

창출을 통한 자립의 기반을 조성하여 범죄와 반사회적 행위의 감소에도 적극적인 기여를 할 수 있다.

3) 지역사회 재건

사회적 기업은 가장 소외된 지역들이 직면하고 있는 문제 중 일부에 대한 해결책을 제시할 수 있다. 사회적 기업은 통합적인 경제활동을 하고 있으며, 창조적이고 진취적인 기업적 행동이 가장 필요한 지역사회에서 그러한 활동들을 촉진시키는 역할을 담당하고 있다. 사회적 기업은 지역사회 주민들에게 일자리 마련의 기회뿐만 아니라 주류경제에 참여할 수 있는 고객으로서의 기회를 주기도 한다. 이와 같이 사회적 기업은 지역사회를 기반으로 활동하므로 지역사회의 네트워크 형성을 통해 지역사회자본을 개발하고 지역사회의 욕구에 맞는 서비스를 제공하게 된다.

4) 양질의 공공서비스 제공 및 서비스 혁신

양질의 공공서비스 제공은 정부의 핵심목표이다. 사회적 기업은 정부의 공공서비스에 대하여 기업적 운영, 사회적 목적 달성 및 고객중심의 경영, 이 세 가지를 종합하여 보다 효과적이고 효율적으로 공공서비스를 제공할 수 있다. 사회적 기업은 일반기업과 같이 주주의 이익 극대화를 위한 조건에 얽매이지 않고 공공서비스를 제공하는 참여자들과 서비스 이용자들의 요구를 동시에 충족시킬 수 있다. 사회적 기업은 공공서비스 제공 및 개혁에 큰 역할을 감당할 수 있는 잠재력을 가지고 있으며, 공공의 혜택을 추구하고자 하는 사명의식을 가진 기업적 행동은 선택기회의 확대 및 양질의 서비스제공으로 이어질 수 있다.

5) 윤리적 시장의 장려

사회적 기업은 점차 윤리적으로 변해가는 시장의 요구를 충족시키는 역할을 하고 있다. 세계적으로 기업, 시장, 소비에 대한 사람들의 태도가 변화하는 증거가 나타나고 있으며, 이는 소비자들과 근로자들이 점차 기업이 상업활동을 하면서도 더 높은 수준의 사회적 · 환경적 책임을 보여주기를 기대하는 것이다.

제3절 국내 사회적 기업 인증 및 현황

1. 사회적 기업 인증요건 및 절차

1) 사회적 기업 인증요건

사회적 기업(社會的企業) 또는 소셜 엔터프라이즈(social enterprise)는 취약계층에게 일자리나 사회서비스를 제공하여 지역주민의 삶의 질을 높이는 등 사회적 목적을 추구하며, 재화 및 서비스의 생산판매 등 영업활동을 수행하는 기업을 말한다. 대한민국에서는 사회적 기업 육성법에 따라 대한민국 고용노동부장관이 인증한다. 사회적 기업 인증을 통해 '사회적 기업'이라는 명칭을 사용할 수 있도록 하고, 경영컨설팅·조세감면 등 다양한 지원을 한다. 인증을 받지 아니하고 사회적 기업 또는 이와 유사한 명칭을 사용할 경우 500만원의 과태료가 부과된다.

〈표 10-5〉 사회적 기업 인증요건 개요

구분	인증 요건
조직 형태	사회적 기업육성법 제8조의 규정에 의거 '민법'에 따른 법인·조합, '상법'에 따른 회사 또는 비영리민간 단체 등 대통령령으로 정하는 조직 형태를 갖추어야 함
유급근로자	제8조의 규정에 의거 반드시 1인 이상의 유급근로자를 고용하여 재화와 서비스의 생산·판매 등 영업활동을 하여야 함
사회적 목적의 실현	제8조의 규정에 의거 취약계층에게 사회서비스 또는 일자리를 제공하거나 지역사회에 공헌함으로써 지역주민의 삶의 질을 높이는 등 사회적 목적의 실현을 조직의 '주된 목적"으로 하여야 함
영업활동을 통한 수입	제8조의 규정에 의거 영업활동을 통하여 얻는 수입이 노무비의 50% 이상이어야 함
민주적 의사결정 구조	제8조의 규정에 의거 수혜자, 근로자, 지역사회 인사 등 다양한 이해관계자가 참여하는 민주적 의사 결정 구조를 갖추어야 함
정관/규약/규칙의 구비	제8조, 제9조의 규정에 의거 10가지 기재 사항을 포함하는 정관/규칙/규약 등을 구비하여야 함
이윤의 재투자(상법상 회사)	회계연도별로 배분 가능한 이윤이 발생한 경우에는 이윤의 2/3 이상을 사회적 목적을 위하여 사용할 것을 명시하여야 함

2) 사회적 기업 인증절차

고용노동부장관과 민관합동으로 구성된 심사위원회의 심의를 거쳐 인증한다. 사회적 기업 심사위원회는 고용노동부에 설치하여 위원은 위원장을 포함하여 15인 이내로 구성된다. 위원은 관계부처의 공무원 및 사회적 기업에 대하여 학식과 경험이 풍부한 자 중에서 고용노동부장관이 위촉한 자로 구성한다. 인증제를 도입하는 취지는 사회적 기업에 대한 국민과 사회로부터의 신뢰 확보, 집중지원을 통한 단기간 육성, 부적절한 사회적 기업 출현 방지, 인증 받은 사회적 기업에 재정·세제·경영지원 등을 들 수 있다.

〈그림 10-9〉 사회적 기업 인증절차

인증계획 공고(고용노동부)

⬇

상담 및 컨설팅(권역별 지원기관, 진흥원)

사회적 기업 인증 신청·접수(한국사회적 기업진흥원)

⬇

서류검토 및 신청기관 실사(진흥원 및 권역별 지원기관)

⬇

중앙부처 및 광역지자체 추천

⬇

검토보고서 제출(진흥원→고용노동부)

⬇

인증심사 (고용노동부, 사회적 기업육성전문위원회)

⬇

인증결과 안내 및 인증서 교부 (고용노동부, 고용센터, 진흥원)

자료 : 한국사회적기업진흥원

2. 예비사회적 기업이란?

1) 예비사회적 기업과 지정절차

'예비사회적 기업이란' 사회적 목적 실현, 영업활동을 통한 수익창출 등 사회적 기업 인증을 위한 최소한의 법적 요건을 갖추고 있으나 수익구조 등 일부 요건을 충족하지 못하고 있는 기업을 광역자치단체장(지역형 예비사회적 기업 지정) 또는 중앙부처장(부처형 예비사회적 기업 지정)이 관련 규정에 따라 지정하여 장차 요건을 보완하는 등 향후 사회적 기업 인증이 가능한 기업을 말한다.

〈표 10-6〉 사회적 기업과 예비사회적 기업의 차이점

<table>
<tr><th rowspan="2">구분</th><th rowspan="2">사회적 기업</th><th colspan="2">예비사회적 기업</th></tr>
<tr><th>지역형</th><th>부처형</th></tr>
<tr><td>근거</td><td>사회적 기업 육성법</td><td>조례 · 규칙</td><td>지침</td></tr>
<tr><td rowspan="5">요건</td><td>1. 조직형태</td><td colspan="2">1. 조직형태</td></tr>
<tr><td>2. 유급근로자를 고용하여 영업활동을 수행</td><td colspan="2">2. 유급근로자를 고용하여 영업활동을 3개월이상 수행</td></tr>
<tr><td>3. 사회적 목적 실현 (취약계층 고용, 사회서비스 제공 등)</td><td colspan="2">3. 사회적 목적 실현 (취약계층 고용, 사회서비스 제공 등)</td></tr>
<tr><td>4. 이해관계자가 참여하는 의사결정구조
5. 영업활동을 통한 수입 (매출액이 노무비의 50% 이상)
6. 정관, 규약 등을 갖출 것</td><td colspan="2">4. -
5. 매출액이 노무비의 50% 이상이라는 비율 기준이 없을 뿐, 영업활동을 통한 수입은 있어야 함.
6. 상법상의 회사의 경우 정관 규약 등을 갖출 것</td></tr>
<tr><td>7. 배분 가능한 이윤의 2/3 이상을 사회적 목적을 위해 재투자 (상법상 회사의 경우)</td><td colspan="2">4. 배분 가능한 이윤의 2/3 이상을 사회적 목적을 위해 재투자 (필요한 기관에 한함)</td></tr>
</table>

자료 : 한국사회적기업진흥원

광역자치단체에서 (예비)사회적 기업 공모 시 소재지 관할 기초자치단체에 지정 신청서를 제출하며 '부처형 예비사회적 기업'으로 지정된 경우에도 '지역형 예비사회적 기업'으로 중복하여 지정할 수 있다.

기간은 지정서 발급으로부터 1년이며 재심사를 통해 1년씩 연장가능하며, 최대 지정기간은 3년이다. 지방자치단체에서 사회적 기업 육성·지원을 위한 조례를 제·개정하여 지정근거를 마련, 공모를 통해 지정·운영한다.

〈그림 10-10〉 예비사회적 기업 지정절차

예비사회적 기업 지정공모(광역자치단체·관할부처)

⬇

신청·접수

⬇

심사선정

⬇

예비사회적 기업 지정

자료 : 한국사회적기업진흥원

2) 사회적 기업에 대한 지원내용

사회적 기업의 자생력 강화와 생태계 조성을 위해 정부는 사회적 기업을 대상으로 다양한 지원을 제공하고 있다. 사회적 기업 지원이 왜 필요한가? 라고 할 수 있지만 국내의 사회적 기업 생태계는 비교적 역사가 짧다. 2007 년「사회적 기업 육성법」이 시행된 이후 약 10년 정도밖에 되지 않았고 하나의 산업 생태계가 자리 잡기 위해서는 법률적·제도적 지원이 필수적 이라고 할 수 있다. “사회적 기업 지원”의 개념을 단일 기업의 생존을 위해 물질적 지원을 한다는 개념보다 사회적경제 생태계가 건강하게 자리 잡기 위한 비용이라고 이해해야 한다. 기업에 대한 지원내용은 〈표 10-7〉과 같다.

〈표 10-7〉 인증 사회적 기업의 지원 내용

구 분	지원 내용
경영컨설팅 지원	사회적 기업의 성장단계와 규모에 따라 인사·노무, 회계·세무, 법무·법률 등 맞춤형 경영컨설팅 지원, 회계프로그램 지원
일자리창출사업 인건비 지원	일자리 창출사업에 참여할 경우 참여자 인건비 지원(회사부담 4대보험 9.0%포함)
전문인력 지원	기업당 3인(50인 미만 사업장은 2인)을 한도로 최대 3년간 지원
사업개발비 지원	기술개발, R&D, 홍보 및 마케팅 등 경영능력 향상을 위한 사업비 지원
세제 지원	사회적 기업의 법인세/소득세 4년간 50%감면
사회보험료 지원	정부 재정 지원(인건비 및 사회보험료)을 받지않는 경우 사업주 부담 사회보험료 일부를 4년 한도 내에서 지원
교육 지원	사회적 기업가 양성과정, 아카데미 과정 지원
프로보노 지원	경영·법률·회계 등 다양한 분야 전문가들의 전문성 기부 및 자원봉사자들의 활동을 사회적 기업에 연계하여 지속적 자문 서비스 제공
우선구매 지원	사회적 기업이 생산하는 생산품이나 서비스의 우선구매를 촉진해야 하는 등 사회적 기업에게 보호된 시장을 제공하기 위해 사회적 기업이 생산하는 서비스 등에 대해 위탁계약을 체결하는 등 공공기관이 보호된 시장을 제공하고자 노력
판로 지원	공공기관 및 소비자에게 사회적 기업 생산품 및 서비스에 대한 정보를 제공하여 사회적 기업의 판로를 지원하고 사회적기업의 매출증대를 통해 사회적 기업의 성장을 지원
기타 지원	시설비 등 융자지원 – 사회적 기업 운영에 필요한 시설비나 점포 임대에 필요한 자금을 저리로 융자 지원
	사회공헌일자리 지원– 사회적 기업에 전문지식과 실무경력(3년 이상)을 보유한 40대 이상 퇴직자 등을 지원하여 사회적 기업의 지속성과 전문성을 제고 할 수 있도록 지원

3. 국내 사회적 기업 현황

우리나라에서 사회적 기업이 거론되기 시작한 것은 외환위기 이후 실업문제가 사회문제로 부각되면서부터였다. 정부에서는 유럽과 미국을 중심으로 소외계층의 일자리 창출을 위해 시행되던 사회적 기업의 도입을 통해 소외계층의 일자리 창출과 사회적 서비스 해소에 관심을 가지게 되었다. 그 동안 시행되어온 사회적일자리 사업은 국가지원에만 의존하여 국민에게 좋은 일자리를 제공하지 못했다는 평가를 받게 됨에 따라 복지, 교육, 보육 등 사회서비스를 공급하면서 수익도 창출하는 양질의 일자리를 제공할 수 있는 사회적 기업 육성의 필요성이 대두되었다.

국내에서는 1999년 공공근로사업을 시작으로 2003년 노동부의 사회적 일자리 창출 시범 사업 수행을 거쳐 2007년 4월 11일 시장 경쟁력을 확보하기 전까지 정부지원이 필요하다는 점에서 노동부 인증절차를 통해 사회적 기업을 육성하기 위해 "사회적 기업육성법"이 제정되었다. 1997년 외환위기로 야기된 소득 양극화와 실업률을 해결하기 위해 도입된 사회적 기업은 취약계층에 대한 일자리 창출과 사회서비스 제공에 적합한 형태로 주목 받기 시작하였다. '사회적 기업육성법' 제정 이후 빠른 성장을 거듭하여 현재 보다 다양한 사회적 목적 실현 유형, 조직형태 등을 갖춘 사회적 기업들이 활동하고 있다.

2007년 55개에 불과하던 국내 사회적 기업은 10년여 동안 빠르게 증가하여 2017년 5월 현재 1,975개에 이르고 있으며, 매출 규모 또한 증가 추세에 있다. 단순한 경제적 가치 창출을 넘어 기업 이윤을 지역사회에 환원할 수 있는 사회적 기업의 역할과 기능은 앞으로도 꾸준히 확대될 전망이다.

〈표 10-8〉 사회적 기업 신청기관과 인증기관 수

(단위 : 개소)

연도	신청	인증	유지
계	3,386	1,975	1,741
'07	166	55	38
'08	285	166	119
'09	199	77	62
'10	408	216	160
'11	224	155	121
'12	317	142	129
'13	469	269	240
'14	481	265	253
'15	427	295	285
'16	326	265	264
'17	84	70	70

자료: 한국사회적기업진흥원(2017년 5월 기준)

〈표 10-9〉 설립경로별 현황

(단위 : 개소)

[예비]사회적 기업	자활기업	마을기업	장애인작업장	농어촌공동체회사	(사회적)협동조합	기타
1,071	197	34	137	9	151	444

〈표 10-10〉 조직형태별 현황

(단위 : 개소)

비영리(579)						영리(1,161)		
민법상 법인	비영리 민간 단체	사회복지법인	영농(어) 조합 법인	사회적 협동 조합	기타 법인 및 단체	상법상 회사	농(어)업 회사 법인	협동 조합
248	100	83	84	61	3	1,027	45	90

〈표 10-11〉 사회적목적 실현 유형별 현황

(단위 : 개소)

일자리제공형	사회서비스제공형	혼합형	기타형	지역사회공헌형
1,205	111	75	168	182

〈표 10-12〉 서비스 분야별 현황

(단위 : 개소)

문화예술	청소	환경	교육	사회복지	가사지원	관광, 운동	기타
210	175	112	146	110	95	41	852

이외에도 사회적목적실현을 추구하지만 아직 인증을 받지 않았거나 준비 중인 기업들이 상당수이며, 사회적인 관심도 또한 높아지고 있기에 앞으로 더 많은 사회적 기업들과 만날 수 있을 것으로 예상된다.

[참고자료-1] 경기도예비사회적 기업지정 서식 - 사업계획서

<table>
<tr><td>신청기업명</td><td></td></tr>
<tr><td>주요
사업내용</td><td></td></tr>
<tr><td>사회적 목적
유형</td><td>☐ 사회서비스제공형 ☐ 일자리제공형 ☐ 지역사회공헌형 ☐ 혼합형
☐ 기타형</td></tr>
<tr><td>사업의
필요성 및
목적</td><td></td></tr>
<tr><td>사업목표</td><td></td></tr>
<tr><td>사회적목적
실현을 위한
사업내용 및
추진방법</td><td>- 사업 세부내용
- 사업수단
- 장소확보 및 인력운용
- 마케팅 및 홍보
- 지역사회, 연계 기업 등</td></tr>
<tr><td>사회서비스
제공계획</td><td>- 서비스의 내용, 지원대상 취약계층 등</td></tr>
<tr><td>수입확보
목표</td><td></td></tr>
<tr><td>수입확보
계획 및 산출
근거</td><td>- 목표 달성을 위한 수입확보 방안
- 상품 및 서비스 내용
- 지속적 수입 발생 방안
※ 가능한 한 관련 시장의 성장가능성, 향후 시장규모, 향후 시장에서 경쟁력 학보 방안 제시, 매년 목표로 하는 시장점유율 및 이를 통한 수익발생 목표를 명확히 제시</td></tr>
<tr><td>수익발생시
사용계획</td><td></td></tr>
<tr><td>월별
추진계획</td><td>
<table>
<tr><td>세부사업화
내용</td><td>M1</td><td>M2</td><td>M3</td><td>M4</td><td>M5</td><td>M6</td><td>M7</td><td>M8</td><td>M9</td><td>M10</td><td>M11</td><td>M12</td><td>비고</td></tr>
<tr><td></td><td></td><td></td><td></td><td></td><td></td><td></td><td></td><td></td><td></td><td></td><td></td><td></td><td></td></tr>
<tr><td></td><td></td><td></td><td></td><td></td><td></td><td></td><td></td><td></td><td></td><td></td><td></td><td></td><td></td></tr>
</table>
</td></tr>
<tr><td>기대효과</td><td></td></tr>
</table>

[참고자료-2] 경기도예비사회적 기업지정 서식 - 인증계획서

<table>
<tr><td>신청기업명</td><td></td></tr>
<tr><td colspan="2">◈ 인증요건 충족계획(구체적으로 작성)</td></tr>
<tr><td>인증유형</td><td>□ 사회서비스제공형 □ 일자리제공형 □ 지역사회공헌형
□ 혼합형 □ 기타형</td></tr>
<tr><td>조직형태</td><td>인증 전환 시 조직형태 변경 여부
EX) 현재 주식회사에서 협동조합로 변경 및 변경을 위한 계획, 비영리에서 영리기업 전환 등</td></tr>
<tr><td>근로자
고용계획</td><td>인증 시 근로자 고용 계획
EX) 유급근로자 00명 채용, 근로자 임금 및 복리후생 개선 계획 등</td></tr>
<tr><td>사회적목적
실현</td><td>회사의 목적 및 미션 수행을 위한 계획</td></tr>
<tr><td>의사결정구조</td><td>민주적 의사결정구조 확립 및 운영을 위한 계획(근로자 대표 등 다양한 이해관계자 참여 및 운영을 위한 계획, 대표자 출자지분의 분배 계획 등)</td></tr>
<tr><td>정관·규약</td><td>현재 미흡한 정관 및 규약의 개선 계획</td></tr>
<tr><td colspan="2">◈ 지속가능성 및 자립능력 확보 방안</td></tr>
<tr><td>수익확보 수단</td><td>매출 및 영업이익 강화를 위한 노력방안</td></tr>
<tr><td>지역사회
협력방안</td><td>지역사회 제 단체 등과의 협약 실적 강화 방안 및 계획</td></tr>
<tr><td>기타</td><td></td></tr>
<tr><td colspan="2">◈ 단계별 세부추진계획</td></tr>
<tr><td>1단계
(0000.00부터~
0000.00까지)</td><td></td></tr>
<tr><td>2단계
(0000.00부터~
0000.00까지)</td><td></td></tr>
<tr><td>3단계
(0000.00부터~
0000.00까지)</td><td></td></tr>
<tr><td>4단계
(0000.00부터~
0000.00까지)</td><td></td></tr>
<tr><td colspan="2">◈ 기타 인증 추진계획</td></tr>
<tr><td colspan="2"></td></tr>
</table>

연습문제

1. 사회적 기업의 국가별 발전과정과 국가간 차이점을 설명하시오.

2. 사회적 기업의 유형에 대해 설명하시오

3. 국내 사회적 기업 인증절차에 대해 설명하시오.

Chapter

11

e-비즈니스

11 e-비즈니스

e-비지니스는 전통적 소매점에 비해 제품에 대한 선택의 폭을 넓혀 줄 수 있는 장점을 가지고 있다. 또한 공급사슬을 통하여 고객의 요구에 대한 정보가 전달되기 때문에 보다 정확한 예측과 속도를 더욱 빠르게 할 수 있다. e-비즈니스는 전자매체를 통해 이루어지는 거래행위 외에 온라인 비즈니스에 참여하는 고객 및 업체와의 관계, 정보의 흐름 등을 강조하는 개념이다. 전자상거래보다 넓은 개념으로서 최근 e-비즈니스 창업은 인터넷을 활용한 플랫폼 수익창출형 아이템이 증가하고 있다. 본 장에서는 e-비즈니스 이해와 창업에 대해 살펴본다.

제1절 e-비즈니스의 이해

1. e-비즈니스란

인터넷의 확산은 정도의 차이는 다소 있겠지만 출판, 유통, 방송, 제조, 은행 등 거의 모든 산업부문의 변화를 일으키고 있다. 이렇듯 인터넷을 이용한 비즈니스의 형태가 매우 다양하기 때문에 e-비즈니스를 어떻게 정의할 것인가라는 것은 쉽지 않다. 단순히 인터넷과 관련된 모든 영역을 e-비즈니스라는 개념으로 광범위하게 정의하는 것은 큰 의미가 없다. 따라서 e-비즈니스를 계획하고 있거나 이에 참여하고 있는 사람들에게 보다 전략적이고 구체적인 정의를 제시하자면 다음과 같이 정의할 수 있다. "인터넷을 전략적 도구로 활용하여 다양한 경영활동을 수행함으로써 인터넷으로부터의 수익창출이나 원가절감을 달성하고자 하는 비즈니스"이다.

e-비즈니스 정의를 좀 더 명확히 파악하기 위하여 이러한 정의에 내포되어 있는 의미를 살펴볼 필요가 있다. 첫째, 인터넷을 전략적 도구로 활용한다는 것이다. e-비즈니스란 기업이 목표하는 바를 달성할 수 있도록 인터넷을 활용하는 것이지 목표에 따른 전략 없이 단순히 기업의 홈페이지를 인터넷에 올리는 것은 의미가 없다. 웹사이트를 만들기 전에 이를 어떻게 활용할 것인가라는 뚜렷한 목표의식을 가지고 있어야 한다. 둘째, 인터넷을 이용하여 다양한 경영활동을 수행한다는 것이다. 기업의 경영활동은 원재료의 구매에서 생산, 판매라는 본원적인 활동 외에 이를 지원하는 다각적인 마케팅 활동 및 인사, 재무, 회계 등 매우 광범위하다. 이처럼 광범위한 기업의 경영활동 중에서 일부 또는 전부가 인터넷을 활용하거나 인터넷을 이용할 수 있도록 도와주는 경우를 e-비즈니스라고 할 수 있다. 셋째, 인터넷을 통해 수익을 창출하거나 원가를 절감할 수 있어야 한다는 것이다. e-비즈니스라고 한다면 단기적이든 장기적이든 무언가 기업에 기여를 할 수 있어야 하는데 이러한 기여가 없는 활동은 e-비즈니스라고 보기 어렵다. 예를 들어 아무런 대가를 바라지 않고 자신의 논문을 홈페이지에 올려놓은 것은 e-비즈니스라고 할 수 없다. 이러한 차원에서 보면 인터넷을 통하여 물건을 판매한다거나 광고수입을 얻는 것 이외에도 원재료를 구매하거나 필요한 인력을 모집하는 것 또한 e-비즈니스의 하나로 볼 수 있다.

2. e-비지니스 시스템

1) e-비지니스 지원요소

첫째, 인적 요소는 e-비즈니스에 참여하는 일반 개인 및 참여조직을 의미하는데, 판매자, 구매자, 중개상(intermediary 또는 broker), IS 전문가, 관리자 등을 포함한다. 이들은 연대 또는 제휴를 통한 협력적 관계 또는 경쟁적 관계를 형성하게 된다. 또한 e-비즈니스는 사회적 활동이므로 공공 규약의 적용을 받는다.

둘째, 공공정책 요소들과 관련된 이슈들로는 세금의 과세문제와 전자서명 등 가상공간에서의 계약 등 법률행위에 대한 효력인정 문제, 가상공간에서 소비자 개인정보의 활용 등을 포함한 개인 프라이버시 보호문제, 그리고 기술표준 등이 주요 관심사이다. 기술표준이란 전자상거래 활동의 보편화를 위해, 전자문서, 보안, 인증, 프로토콜, 지불시스템, 인터페이스 등이 동일한 방식으로 이루어지는 것을 촉진하기 위한 규약이다. 표준의 중요성은 예를 들어, 철도망에 있어 현재 각국마다 철도의 폭이 다르고 또 사용 전압이 110V, 200V 또는 220V 등으로 상이하여 철도를 이용한 수송이나 전기/전자제품의 사용이 어렵거나 원활치 못하게 되는 것을 생각해 보면 쉽게 이해가 될 것이다.

셋째, 마케팅과 광고 요소는 온라인상의 비즈니스에서도 오프라인에서와 마찬가지로 중요한 역할을 한다. e-비즈니스에 있어, 마케팅 및 광고 활동들은 기존의 오프라인 비즈니스에 비해, 고객에 대한 인간적인 접촉과 같은 기회를 가질 수는 없지만, 의사소통, 비용, 시간, 공간, 구매활동으로의 연결(유도) 등에 있어서는 매우 유리한 장점들이 많다. 넷째, 공급사슬 요소는 물류와 비즈니스 파트너들을 포함한다. e-비즈니스에서는 가상공간에서 거래가 이루어지기 때문에 가상공간 상에서 전송이 가능한 디지털 제품이 아닌 경우, 고객에게 제품을 전달하기 위해서는 물류기능이 반드시 필요하다. 특히, 배송서비스 품질은 고객의 기업 이미지 및 브랜드 충성도에 많은 영향을 미친다. 또한, 협력업체들을 포함한 공급사슬 상의 비즈니스 파트너들과의 정보시스템을 통한 협력관계 구현은 e 비즈니스의 중요한 실천 요인인 만큼 상호 공감대와 노력이 중요하다.

2) e-비지니스 기반요소

첫째, 비즈니스 공통서비스 요소는 거래와 관련된 기술들을 의미한다. 제품선택을 위한 디렉토리 및 카탈로그 기술, 결제를 위한 보안 스마트카드, 인증, 전자 지불, 기술들은 거래 호환을 위해 통일된 표준을 따르는 것이 특히 중요한데, 사이버머니와 같이 아직은 여러 가지 표준들이 경쟁하고 있는 기술 분야들이 있지만, 결국 대세를 이루는 하나의 표준으로 시장이 정리될 것으로 전망되고 있다.

둘째, 메시지 전달과 정보유통 요소는 텍스트 또는 멀티미디어 형태로 제작된 메시지와 정보가 네트워크를 통하여 상호 간에 전달되고 교환될 수 있도록 하는 EDI, HTTP, e-mail, 채팅방 등을 포함한다. 이 요소는 다양한 네트워크 형태와 멀티미디어 매체 종류 등에 관계없이 정보전달 및 교환의 보안성과 신뢰성 확보가 중요하다.

셋째, 멀티미디어 컨텐츠와 네트워크 출판 요소는 웹상에서 표현되는 컨텐츠 출판(저작 및 표현) 기술들을 의미한다. e-비즈니스 초창기에는 HTML 중심의 단순한 컨텐츠 표현 기술이 주로 활용되었지만, 차세대의 정보표현 표준언어인 XML(eXtensible Markup Language)로 대체되는 경향을 보이고 있으며, 데이터의 3차원 표현이 가능한 VRML(Virtual Reality Modeling Language)도 가구배치 또는 실내장식 등 다양한 분야에서 활용이 증가되고 있다. 한편, 컨텐츠들을 효과적으로 검색하고 처리하기 위한 기능 구현을 위해 JAVA, ASP(Active Server Page)와 같은 프로그램 언어들이 주로 사용되고 있다.

넷째, 네트워크 요소는 e-비즈니스 활동을 위한 정보전달이 실질적으로 이루어지는 물리적인 공간 및 이와 관련된 정보기술을 말한다. 우리가 서울에서 부산까지 갈 수 있는 방법은 비행기, 철도, 고속도로, 국도, 고속버스 등의 다양한 방법이 있는 것과 마찬가지로, 전자공간에서도 서울과 부산을 잇는 방법은 유일하게 단 한 가지만 있는 것은 아니다. 따라서, 네트워크에는 인터넷망, PC통신망, 일반전화망, 케이블TV망, 무선통신망, 사설 LAN, Intranet, Extranet 등이 모두 포함된다.

3) 주요 e-비즈니스 시스템

(1) 전사적 자원관리(ERP, Enterprise Resource Planning)

인사, 재무, 생산 등 기업의 전 부문에 걸쳐 독립적으로 운영되던 자원관리 시스템을 하나로 통합, 기업 내의 인적·물적 자원의 활용도를 극대화하고자 하는 경영 혁신기법이다.

(2) 고객관리(CRM, Customer Relationship Management)

기업이 고객과의 관계를 효율적으로 관리하기 위해 필요한 방법이나 기구 등을 지칭하며, CRM의 핵심은 고객정보 축적을 통해 우량고객을 찾아낸 다음 원하는 상품과 서비스를 다양한 채널로 공급하는데 있다.

(3) 공급망 관리(SCM, Supply Chain Management)

공급망을 시장상황에 맞게 최적화하여 경영 효율성을 높이는 활동으로서 불확실성이 큰 시장환경에 기민하게 대응하기 위해 등장한 기법이다.

(4) 지식경영시스템(KMS, Knowledge Management System)

조직내의 인적자원들이 축적하고 있는 개별적인 지식을 체계화하여 공유함으로써 기업경쟁력을 향상시키기 위한 기업정보시스템이다.

(5) 기업간 비즈니스 통합(B2BI, Business to Business Integration)

경영효율성을 제고하기 위해 업체내 서로 다른 응용프로그램을 통합하는 전사적 애플리케이션 통합시스템을 기업간 비즈니스 영역(B2B)으로 확장한 것이다.

(6) 인적자원관리시스템(HRMS, Human Resource Management System)

조직의 장래 인적자원 수요를 예측, 조직전략의 실현에 필요한 인적자원을 확보하기 위하여 실시하는 일련의 활동을 말한다.

3. e-비즈니스로 인한 기업의 환경 변화

과거 기업이 정보기술을 활용한다고 하면 회계나 재무, 급여 등의 정보를 취합하는 정도였다. 즉, 기업 내부의 관리를 목적으로 활용하는 것이 주류였다. 그러나 80년대 중반 이후 EDI를 이용함으로써 기업 외부의 업무를 처리하는 것으로 확장하기 시작하였다. 예를 들어 공급자에게 원자재나 부품을 주문하거나 고객에게 영수증을 청구하고 대금거래를 전자적 자금거래 방식으로 처리하는 것들이었다. EDI라고 하는 것은 사전에 합의된 표준 전자문서를 컴퓨터와 컴퓨터간에 주고받을 수 있도록 하는 것으로 이를 위해서는 VAN이라고 하는 네트워크가 필수적이다. 해당 기업은 기업간 업무처리를 위해서 VAN에 접속해야 하는데, 이는 중소기업들에게는 과도한 비용을 초래하므로 결코 쉽게 활용할 수 있는 도구가 아니었다. 그러나 인터넷의 출현은 EDI와 달리 개방성과 저렴한 비용으로 기업간 업무처리 및 기업과 소비자간의 업무처리를 가능하게 하고 있다.

1) 구매비용 절감 및 사이클 타임 축소

기업에서 원재료나 서비스를 구매한다는 것은 공급자 선정에서부터 입고에 이르기까지 여러 단계의 복잡한 과정을 거치게 된다. 이 과정에서 샘플제작이나 구매조건의 협상을 위하여 상당한 비용이 발생하게 된다. 하지만 인터넷은 구매비용의 절감 측면에서 보다 큰 잠재력을 가지고 있는데 이는 복잡한 구매과정을 단순화 할 수 있기 때문이며, 시간과 장소에 구애 받지 않고 협상이 가능하기 때문이다. 또한 대기업뿐만 아니라 중소기업에서도 활용가능하다. 즉, 인터넷은 보다 많은 전세계의 잠재적인 공급자와 구매자간을 쉽게 연결할 수 있는 기반을 제공하고, 이는 사이클 타임을 감소시키는데도 일조하게 될 것이다.

2) 재고비용 감소 및 효율적인 생산활동

효과적인 재고의 관리는 기업 내의 운영비용 절감이라는 차원 외에도 고객 요구에 적절한 서비스를 제공한다는 점에서 매우 중요하다. 특히 가격경쟁이 치열한 경우와 기술발전이 대단히 빠른 경우 효과적인 재고관리는 경쟁력 향상에 큰 기여를 한다. 적절한 재고수준을 유지하는 것이 경쟁력 향상에 도움을 주지만 적절한 수준의 재고를 유지하는 것은 대단히 어렵다. 이 문제를 보다 효과적으로 접근하기 위해서는 부품공급자 및 고객들과 밀접한 관계형성이 필요하고 무엇보다도 신속한 의사소통이 요구된다. 이러한 측면에서 고객과 부품공급자와 긴밀한 관계를 맺고 신속한 의사소통이 가능한 인터넷이 대단히 유용한 도구가 될 수 있다.

3) 효율적인 유통구조 구축

일반적으로 소비자가 지불하는 가격의 40~60% 가량은 유통단계에서 발생된 것이다. 복잡한 유통단계를 거칠수록 소비자가 지불하는 비용은 늘어나지만 인터넷의 도입으로 인해 급격하게 감소될 수 있다. 인터넷은 소비자 시장에 직접 생산자를 연결시켜주므로 다단계의 유통과정이 아닌 직접적인 유통을 통해 제품이나 서비스를 소비자에게 공급할 수 있게 한다.

4) 판매비용의 절감

판매사원들은 직접 고객을 방문하거나 전화나 팩스를 통해 고객에게 제품이나 서비스를 판매한다. 이 때 고객의 수가 늘어남에 따라 이를 담당할 판매사원의 수는 증가하게 된다. 하지만 인터넷에서는 무수히 많은 고객이 인터넷의 웹사이트를 방문하더라도 컴퓨터에 의해 자동적으로 처리된다. 물론 트래픽이 증가함에 따라 보다 용량이 큰 컴퓨터와 빠른 통신회선에 대한 투자는 일어나야 하지만, 실물 시장에서와 같이 고객 수에 비례하여 판매사원이 늘어나지는 않는다.

5) 비즈니스 초점의 전환

e-비즈니스를 통하여 효과적으로 고객을 지원할 수 있다. 최근 많은 기업들이 '고객 제일주의'나 '고객만족'을 넘어 '고객감동' 등의 구호를 내걸고 고객지원에 심혈을 기울여 왔다. 이후 인터넷이 등장하면서부터 많은 기업들은 인터넷이 지닌 장점을 살려 고객지원 수단으로 활용하고자 하였다. 특히 인터넷을 이용할 경우 고객과의 직접 대면 못지않게, 때로는 더욱 일관성 있고 정확하게 업무를 수행할 수 있으며, 비용은 훨씬 낮아진다.

4. e-비즈니스 이점

1) 기업입장에서 e-비즈니스의 이점

첫째, 비즈니스 시간이 확상된다. 인터넷 상에서 제품 및 서비스는 24시간 내내, 그리고 연중무휴로 제공이 가능하다. 웹사이트를 통한 광고도 마찬가지이고, 이메일 광고도 시간예약을 해놓으면 어느 시점에서라도 배포가 가능하다.

둘째, 거래 기회가 증대되었다. 오프라인 상에서는 인근지역 고객들만을 대상으로 거래를 수행할 수밖에 없었던 기업 또는 자영업자라도 e-비즈니스 환경에서는 전 국민을 대상으로 거래를 수행할 수 있다. 웹사이트의 영문 버전을 개발하면, 세계의 인터넷 사용자들 대상으로 비즈니스를 수행할 수도 있다.

셋째, 비용을 절감할 수 있다. 물리적 판매 거점이 불필요하게 되어, 제품 판매 매장에 대한 임대료, 시설비, 운영비 등의 비용 절감이 가능하다. 또한, TV, 신문, 잡지 등과 같은 기존의 광고 매체에만 의존할 때보다는 웹사이트나 이메

일을 광고에 활용함으로써 광고의 비용대비 효과를 높일 수 있고, 결국 광고의 비용 절감 효과를 가져 올 수 있다. 거래기업들과 전자적 거래 및 협업을 통해, 자재구매비용, 제품개발비용, 물류비용 등을 줄일 수 있으며, 결국 원가절감의 효과를 얻을 수 있다. 이와 같은 비용 절감 효과는 가격경쟁력으로 이어질 수 있다.

넷째, 고객 정보 획득이 용이하다. 고객 정보는 마케팅 전략 수립에 가장 중요한 요소이다. e-비즈니스는 보통 익명성이 보장되는 기존의 상거래와는 달리 거래 성립을 위해서 고객이 이름, 물리적 주소, 이메일 주소, 전화번호 등과 같은 연락처를 비롯한 정보를 제공해야 한다. 이러한 고객 정보를 자사의 데이터베이스에 별도의 가공 없이 직접 저장하여 고객에 대한 마케팅 활동에 활용이 가능하다. 한편, 자사의 웹사이트에 회원가입을 유도함으로써 실제 거래가 일어나지 않았더라도 잠재고객에 대한 정보를 획득하고 마케팅에 이용하는 경우도 많다. 이와 같이, 고객이 직접 자기 정보를 입력하지 않아도, 고객이 웹사이트에서 클릭하는 데이터를 자동으로 수집할 수 있어, 고객의 다양한 행위 패턴을 분석할 수 있다. 이를 통해 웹사이트를 마케팅 관점에서 개선시키거나 고객이 관심을 보이는 연관제품 등을 파악하여 마케팅 활동에 활용할 수 있다.

다섯째, 일대일 마케팅 활동에 효율적이다. 고객의 거래 정보, 신상 정보, 행위 패턴 등을 기반으로 특정 고객에게 맞춤화면 제공을 하거나 이메일을 통해 일대일 마케팅 활동을 효율적으로 수행할 수 있다.

마지막으로 고객 서비스를 향상시킬 수 있다. 기업은 웹사이트를 통해, 웹사이트를 방문하는 고객에게 상세한 제품정보를 제공할 수 있고, 고객의 문의사항, 불만사항 등에 대해 즉각적인 대응을 함으로써 고객 서비스를 향상시킬 수 있다.

2) 고객입장에서 e-비즈니스의 이점

첫째, 고객 편리성이다. 고객은 제품 구매에 소요되는 시간과 노력을 절감할 수 있다. 즉, 고객은 나가지 않고도 언제든지 구매를 할 수 있다. 자금이체나 공과금납부를 위해 은행을 방문하지 않아도 되며, 행정기관이 발급하는 서류 등을 집이나 사무실에서 바로 발급받을 수도 있다.

둘째, 의사결정력에 도움을 준다. 고객은 직접 시장조사를 하지 않아도 제품 내용 및 가격 정보를 손쉽게 확보할 수 있고, 가격비교 서비스까지 이용할 수 있어 구매 의사결정에 많은 도움을 받을 수 있다.

5. e-비즈니스 특성과 영역

1) e-비즈니스의 특성

인터넷은 우리의 실생활뿐만 아니라 거의 모든 산업에서 커다란 변화를 초래하고 있다. 즉, 제품의 생산, 판매, 마케팅, 유통, 인사 등의 가치사슬체계에 근본적인 변화를 일으키고 있다. 인터넷의 활용은 일을 하는 근본적인 방식을 변화시키는 "새로운 패러다임으로의 전환"을 의미한다. 전통적인 일반 비즈니스와 e-비즈니스의 차이점을 살펴보면 〈표 11-1〉과 같다.

〈표 11-1〉 일반적인 비즈니스와 e-비즈니스 비교

구 분	일반 비즈니스	e-비즈니스
기업	물리적 형태의 투입요소 (자본, 인력, 토지 등)의 규모가 중요	지식, 아이디어가 경쟁의 요소 (예: 소기업, 1인 기업)
제품	한정적인 재화만 취급	모든 재화 취급가능
고객	지리적으로 한정된 고객 대상	전세계 인터넷 사용자 대상
거래공간	물리적인 매장 필요	가상공간

첫째, 전통적인 비즈니스의 형태는 물리적 공간 속에서 수많은 사람들이 직무를 수행하는 것이었다. 다양한 기계설비와 토지가 필요하며 이에 따라 많은 투자자본이 요구되었다. 개인적으로 아무리 뛰어난 능력을 갖추고 있더라도 자본이 없으면 비즈니스가 거의 불가능하였다. 그러나 e-비즈니스에서는 일반 비즈니스에 비하여 많은 자금을 요구하지 않으며, 많은 인력이나 기계설비도 필요하지 않다. 즉, 자신이 남들과 다른 뛰어난 능력이 있다면 적은 자본으로 비즈니스가 가능하다는 것이다.

둘째, 전통적인 비즈니스의 형태는 대부분 상품 혹은 제품이라는 한정된 재화가 주거래 대상이었다. 그런데 최근 컨설팅을 비롯한 리서치 관련 비즈니스가 e-비즈니스의 한 부분으로 크게 확산되고 있다. 이제 인터넷을 통해 상품뿐만 아니라 정보거래, 자본거래 등 거의 모든 상품 및 서비스들의 거래가 가능하게 되었다. 쇼핑몰을 통해 상품을 구입하고 인터넷을 통해 각종 금융상품들을 거래하며, 더 나아가 원격지에서 자기 집의 각종 통제도 가능하게 된다.

셋째, 인터넷은 전세계를 하나의 생활권으로 묶어 가고 있다. 우리 집에서 미국의 나스닥 증권정보를 실시간으로 볼 수 있으며, 필요한 책이나 상품들을 구입할 수도 있다. 인터넷은 시간·공간의 제약을 받지 않는다. 언제, 어디서든지 내가 필요한 정보, 또는 상품을 얻어낼 수 있기 때문이다. 결국 e-비즈니스에서의 고객은 한정된 물리적 공간이 아니라 지구촌 전세계 인구가 우리의 잠재적인 고객이라 볼 수 있다.

넷째, 거래 장소에서도 e-비즈니스는 물리적인 매장이 필요하지 않다. 현실세계에서는 상품을 많은 사람들에게 전시하기 위해서 많은 비용이 드는 좋은 자리를 차지해야 하지만 사이버 공간에서는 그렇지 않다. 상대적으로 저렴한 가격으로 물건을 전시하고 판매할 수 있다. 결국 e-비즈니스는 현실 세계가 아닌 가상공간에서 이루어지기 때문에 언제나 어떤 상황이거나 판매가 가능하다.

2) e-비즈니스 영역

e-비즈니스의 대표적인 형태로 포털 서비스를 들 수 있다. 포털 서비스는 사용자들이 인터넷상에서 다른 서비스를 이용하기 위해 통과해야 하는 관문의 역할을 하는 사이트를 의미한다. 즉, 각종 PC나 웹TV, 스마트폰, 태블릿PC 등의 접속장비를 갖고 있는 사용자가 OSP, ISP 등의 인터넷 접속 서비스를 이용하여 로그온시 최초로 만나게 되는 인터넷 입구인 것이다.

포털은 인터넷에 대한 사용자의 게이트웨이일 뿐 아니라 컨텐츠, 쇼핑, 커뮤니케이션 서비스 등 다양한 서비스 링크를 제공함으로써 정보검색을 위한 베이스 역할을 한다. 포털은 컨텐츠 공급업체가 아닌 컨텐츠 집합체의 채널역할을 함으로써 더 이상 시발점이 아닌 최종 목적지 역할을 하기 위해 빠르게 발전하고 있다. 포털간의 경쟁은 단순히 사용자의 관심을 끌어들일 뿐 아니라, 다른 곳으로 옮겨가지 않도록 충분한 서비스를 제공해 사용자를 머물게 만든다. 실제로 사용자들이 검색에 소비하는 시간보다 다른 서비스를 사용하는데 더 많은 시간을 소비하기 때문에 이러한 포털의 비즈니스 모델을 사용자들은 선호한다. 인터넷은 태생적으로 체계적이지 못하지만 사용자는 체계적이고 반복적인 것을 찾는 경향이 있기 때문에 인터넷 이용형태를 단순화시키기를 원하는 새로운 사용자를 위해 체계적인 환경을 제공하는 포털 사이트가 등장한 것이다.

일반적으로, 포털 서비스의 특징들은 4C 또는 7C로 표현된다. 4C는 인터넷 연결 서비스(Connect), 컨텐츠(Contents), 공동체(Community), 상거래(Commerce)를 의미하는데, 여기에 최근 개인화(Customization), 편리성(Convenience), 일관성(Coherence) 등 세 가지 특징이 추가되고 있는 추세이다.

제2절 e-비즈니스와 창업

1. e-비즈니스 창업 환경

기술 발전이 가속화되면서 인간 삶의 양식에도 커다란 파장을 일으키고 있다. 먼저 주요 기술 환경 변화를 살펴보면, 첫째, 디지털 혁명이 매우 빠르게 진행되고 있다. 또한 수많은 디지털 서비스가 인터넷 상에서 이루어지고 있다. 둘째, 인터넷 기술의 발전으로, 인터넷 관련 e-비즈니스가 빠르게 확산되고 있다. 휴대폰 및 태블릿PC 등이 인터넷과 연결되어 e비즈니스가 사람들에게 제공하는 가치가 점차 커지면서, e비즈니스의 확산이 더욱 가속화되고 있다. 셋째, 디지털 및 네트워크 기술의 발전은 다른 분야의 기술, 즉, 게놈, 전기자동차, 운전로봇, 무선통신, 화학기술 등의 발전 또한 가속화시키고 있다. 이러한 여러 분야의 기술 발전은 e비즈니스에 곧 엄청난 파장을 몰고 올 것으로 기대되고 있다.

기술 발전이 인간들이 가지고 있는 건강, 재미, 일, 가정, 학습 등에 관련된 필요, 욕구, 꿈에 연결되어 전에는 생각지도 않던 새로운 시장들을 만들어 내고 있다. e-비즈니스도 바로 이러한 다섯 가지 인간 관심분야에 깊이 연결될 것이다.

간단히 요약하면 이러한 기술 발전과 인간 삶이 묶여지면서 수많은 새로운 시장이 생성될 것이다. 이러한 환경 변화는 기업들에게 기회와 위협을 동시에 가져오고 있다. 이러한 환경 변화를 올바로 파악하고 대응하는 것이 경쟁의 필수가 될 것이다. 더 나아가 이러한 환경 변화를 리드할 수 있는 기업은 미래에 기회가 주어질 것이다. 반대로 이러한 환경 변화에 둔감하고 기존의 상품에만 매달려 있는 기업들은 곧 커다란 위협에 처할 것이다.

이와 같이 변화하는 환경 속에서는 기존의 좁은 관점에 근거한 전략이나 마케팅은 제구실을 할 수 없다. 기업환경 및 경쟁에 커다란 변화, 즉 패러다임 변화가 일어나고 있음을 알아야 한다.

첫째, 경쟁력의 핵심도 정보가 되고 있다. 경쟁사보다 더 나은 정보시스템을 가진 기업이 경쟁력을 가질 것이다. 많은 기업들이 인터넷의 도움으로 그들의 가치체인을 통합하여 e비즈니스를 위한 강력한 인프라를 구축하고 있다.

둘째, 디지털화는 비즈니스세계에 새로운 경쟁규칙을 제공하고 있다. 예를 들면, 디지털 상품의 첫 번째 것의 생산비용은 크지만, 두 번째 이상의 생산 및 복제 비용은 거의 0이 된다. 디지털 상품의 이와 같은 새로운 경제법칙은 e비즈니스에 중요한 시사점을 제공한다.

셋째, 기존에는 상품이나 서비스들이 따로 독립적으로 제공되었지만, 현재는 점점 더 서로 연결되어 제공된다. 예를 들어, 기존에는 TV, audio, 컴퓨터, 냉장고 등 가전제품이 따로 성능을 발휘했지만, 이제는 소위 'smart house'라는 개념이 등장하면서, 이런 가전제품이 함께 묶여 인간의 가정생활을 편리하고 즐겁게 만들고 있다. e비즈니스에도, '허브' 또는 '메타중개상(metamediaries)' 등이 등장하여 여러 가지 관련 상품 및 서비스를 묶어서 고객에게 편리하게 제공하는 추세이다.

넷째, 기술추이에 대한 깊은 이해가 비즈니스의 초점이 되고 있다. 20세기 말에는, 기존 산업내의 고객을 만족시키는, 소위, '고객만족'이라는 단어가 비즈니스 성공의 키워드였다. 하지만, 점차 환경, 특히 기술 환경의 변화로 수많은 새로운 시장 기회가 생겨나기 시작하면서, 기술에 대한 이해가 점차 중요하게 되었다. 향후 e비즈니스의 성공적인 창출 및 육성을 위해서는 기술에 대한 이해가 필수적이다. 즉, e비즈니스 경영자가 기술변화가 가져다주는 새로운 시장기회를 미리 보고 준비할 수 있다면 경쟁우위를 가질 수 있다.

다섯째와 여섯째는 환경변화의 속도와 파장에 관한 것이다. 먼저 속도에 대해서 보면, 환경변화의 속도가 빠르므로 신속성이 중요해진다. 또한 신속한 변화에 따라 변신하는 유연성(flexibility)이 중요해진다. 하지만 더 중요하게 여겨지는 것은 환경변화가 일으키는 파장의 크기이다. 인터넷은 대부분의 산업을 송두리째 바꿔버리고 있다. 새로운 경쟁스페이스도 만들고 있다. 이와 같이 어느 산업에 엄청난 파장을 일으키는 변화요소를 인텔의 회장이던 Andrew Grove는 '10X 요소', 그런 변화를 '10X 변화'라고 불렀다. 현재도, 모든 e-비즈니스 산업에 '10X 변화'들이 일어나고 있다. 지금은 서서히 진행되므로 둔감한 기업에게는 그러한 변화가 감지되기 힘들지만, 곧 그 산업에 엄청난 파장을 일으키며 산업의 경쟁구조, 고객가치 전달 수단 등을 근본적으로 바꿀 것이다.

2. e-비즈니스 창업유형

1) 광고매체

일반적으로 모든 기업들은 현재 또는 잠재적인 고객과 무수히 많은 커뮤니케이션을 한다. 이러한 커뮤니케이션 방법 중의 하나로 광고를 많이 사용한다. 이전의 기업들은 광고를 위하여 TV, 라디오, 신문, 잡지 등을 주로 사용하여 왔다. 이전의 전통적인 의미에서 광고란 "표준화된 메시지를 광범위한 고객에게 진파하고자 하는 일방향 커뮤니케이션"이었다. 하지만 인터넷은 전통적인 광고매체와는 달리 고객이 보다 활동적으로 참여하는 양방향 커뮤니케이션 방식을 지원할 수 있고, 기존의 매체가 특정 지역을 대상으로 제한된 시간에 표준화된 메시지를 전달하면서 광고효과에 대한 측정이 어려운 반면, 인터넷은 무제한적인 시간에 풍부한 정보를 전세계로 전달하고 광고의 효과를 객관적으로 측정할 수 있다는 특징이 있다. 또한 인터넷은 TV나 라디오, 신문, 잡지 등에 광고를 게재하는데 발생되는 비용을 절감하고 제어할 수 있는 여지가 크다. 예를 들어 중소기업의 경우도 자신의 웹사이트를 구축하여 광고하거나 자신의 예산하에서 적절히 비용을 조절하는 가운데 다른 사이트에 배너광고를 할 수 있다.

2) 교육부문

일반적으로 많은 기업들은 인트라넷을 통해 회사 내부에서만 주로 교육을 실시하고 있다. 그러나 어떤 기업은 회사가 아닌 집에서도 직원들이 학습을 할 수 있도록 웹사이트를 만들어 제공하기도 한다. 최근에는 고객교육 및 지원의 차원에서 이들 내부 직원용 교육 자료를 외부 고객에게 공개하는 경우도 점차 늘어나고 있다. 교육이라는 개념을 단지 내부 직원들에 대한 교육이 아닌 직원과 고객 모두에 대한 교육을 확대한 것이다. 이러한 변화는 뛰어난 개방성을 지닌 인터넷이 아니었다면 사실상 불가능할 수도 있었을 것이다.

3) 기업간 공동협력 활동

e-비즈니스는 어떤 기업 혼자서 모든 비즈니스를 전개할 수 있는 공간이 아니다. 웹에는 수많은 사이트들이 존재하고 이들 사이트는 각기 독특한 정보와 이미지로 방문자를 끌어들이려 경쟁하고 있다. 어느 특정한 기업이 이들 클릭 흐름을 집중시키기에는 경쟁이 너무 치열한 것이다. 결국 웹은 어떠한 형태로든 다른 사이트와 협력관계를 유지하면서 발전할 수밖에 없다. e-비즈니스에서 가장 성공한 사례 중의 하나로 지목되는 Amazon 같은 기업도 다른 웹사이트와 수익배분 네트워크를 구성하여, 네트워크에 가입한 웹사이트로부터 책에 대한 수요가 발생해 자신의 웹사이트에서 책을 구매한 경우 매출액의 일정비율을 나누어 주고 있다. 웹에서는 하이퍼텍스트와 하이퍼미디어특성에 따라 협력관계가 일반 현실 세계에 비해 쉽고 광범위하게 이루어질 수 있다. 협력형태 또한 자신의 컨텐츠와 협력관계에 있는 컨텐츠를 결합함으로써 보다 완전한 형태를 지닐 수 있다. 이러한 협력관계에서 가장 중요한 요소는 사용자가 느끼는 정보제공 체계가 협력관계에 있는 웹사이트들 간에 일관성과 통합성을 지니도록 만드는 것이다. 특히 기업간 거래의 경우에는 보다 완전한 형태로 통합된 모습을 많이 볼 수 있다. 부품업체가 제공하는 부품에 대한 정보를 조립업체가 자신의 인트라넷에 통합시킴으로써 부품업체의 재고, 가격, 부품의 특성에 대한 정보를 조회한 후 구매를 할 수 있도록 일관된 체계를 갖추는 것이다. 인터넷에서 웹사이트 간에 진행되는 이러한 모습은 서로 다른 기업에 소속된 웹사이트를 마치

하나의 가상조직에 만들어진 것처럼 보이게 하고 있다. 즉, 웹은 기업단위를 초월하여 소비자, 중개 웹사이트, 최종적 판매자가 결합된 거대한 가상조직을 만들어내고, 각각의 기업을 최종 고객을 위하여 무언가 가치 있는 것을 만들어가는 거대한 조직의 조직원과 같은 모습을 지니도록 만들고 있다.

4) 금융부문

우리나라에서 은행 온라인 시스템의 설치가 완료된 시점은 1987년이라고 하며 홈뱅킹이 시작된 시점은 대략 1991년경이라고 한다. 1996년부터는 폰뱅킹과 인터넷뱅킹 서비스가, 지금은 스마트폰을 활용한 모바일뱅킹서비스가 활발히 영역을 확장해 나가고 있다. 온라인이 은행간의 연결이라고 한다면 홈뱅킹 등은 은행과 고객간의 직접적 연결이라고 볼 수 있다. 오늘날 정보화 사회를 맞이하면서 CD기나 PC, 또는 스마트폰을 이용하여 은행과 고객간의 직접적 연결을 확장해 나가는 것은 전통적인 은행의 개념을 무너뜨리는 새로운 개념으로의 전환을 의미하는 것이기도 하다. 1995년 10월 미국에서는 지점이 없고 인터넷상에만 존재하는 최초의 은행 SFNB가 탄생하면서 은행지점 무용론까지 대두되게 되었다. SFNB의 발족은 그 사업적 성패에 관계없이 전세계적으로 큰 반향을 불러일으켰으며, 우리나라에서도 인터넷상의 가상은행 서비스의 개발에 여러 시중은행이 관심을 갖게 되는 계기가 되었다.

5) 물류부문

모든 유통경로상에 있어서 제품(또는 서비스)은 중간상 또는 고객이 원하는 장소, 시간, 그리고 정해진 품질로 전달되어야 한다. 기업의 물류관리는 물류만의 문제가 아니라 기업의 마케팅 및 유통경로 활동과의 전체적인 맥락속에서 고려하여야 하며, 기본적인 수송과 보관 외에 경쟁적 우위를 확보함으로써 차별적인 마케팅 활동을 수행하기 위한 전략적 도구로 활용하여야한다. 또한 비용효율화 차원을 넘어 신속한 배송, 안전한 배달 등 고객의 다양한 욕구를 만족시켜주는 것으로 물류목표의 전환을 시도하여야 한다. 예를 들어 CALS의 개념을 통하여 공장에서 물류거점 또는 대형고객으로의 직송이 이루어진다던지, 지역거점에서 소형운송 매체를 통하여 소매점 또는 최종 소비자에게 물품을 단거리

이동시키는 활동이 가능하다.

6) 경매 및 입찰

e-비즈니스를 통하여 상거래 과정의 자동화를 비교적 저렴한 비용에 의해 가능케 할 수 있다. 특히 기존 상거래에서는 많은 시간과 비용이 들어가기 때문에 입찰이나 경매와 같은 경쟁계약은 거액의 거래에만 적용하고 있다. 그러나 e-비즈니스를 통할 경우 기존 상거래에서 요구되는 시간과 비용을 상당부분 절약할 수 있기 때문에 소액의 거래에도 경쟁계약과 같이 복잡한 과정이 요구되는 계약유형의 적용이 가능하다. 더욱이 기존 상거래 분야에서는 많은 제약이 있어서 힘들거나 불가능했던 계약유형의 적용도 가능하게 된다.

〈표 11-2〉 e-비즈니스 창업 세부 분야

구분	주요 세부 분야
인터넷 전송망사업	• 인터넷 전송을 위한 물리적 인프라 제공 • 기간 통신망 사업사의 사업영역에 해당
인터넷 장비사업	• 서버, 라우터, 스위치 • 접속장비(모뎀, 셋톱박스, 인터넷 TV) • 네트워크 PC • 정보통신장비 제조업체 영역에 해당
인터넷 접속사업	• 인터넷 접속 서비스 • 웹 호스팅 서비스 • 홈페이지 구축 서비스
인터넷기반 S/W사업	• 웹 브라우저 • 정보검색S/W • 인트라넷 관련 S/W • 고도 멀티미디어 관련 S/W • 보안 관련 S/W • 에이전트 S/W
인터넷 콘텐츠사업	• 인터넷 광고 • 인터넷 서점 • 인터넷 출판 • 인터넷 오락 • 인터넷 금융 • 인터넷 쇼핑 및 사이버몰 • 기타 정보제공 종류에 따른 서비스 다수
인터넷 전화 팩스사업	• 인터넷 전화서비스 • 인터넷 팩스서비스

3. e-비즈니스 수익모델

e-비즈니스 모델이란 기업이 인터넷을 이용하여 수익을 유지하게 하는 일련의 활동, 즉 수익모델로 정의된다. 학자들마다 주장하는 관점이 상이하며, 매우 단순한 형태에서 매우 복잡한 형태까지 두루 존재한다. 일반적으로 비즈니스 참여자, 비즈니스 모델의 수입원, 거래에 참여하는 당사자들의 상호작용 형태, 비즈니스 방식 등의 분류기준을 이용하여 모델을 분류한다.

하지만 현실에서는 여러 가지의 비즈니스 모델들의 특징들이 동시에 복합적으로 감안되어 자사만의 독특한 e-비즈니스 모델이 개발되는 경우가 대부분이다. 본 절에서는 순수 e-비즈니스 모델과 기존 기업에 이식된 e-비즈니스 모델을 구분하지 않고 대표적인 몇몇 연구자들의 비즈니스 모델 유형을 살펴보고자 한다.

1) Timmers의 비즈니스 모델(가치사슬에 의한 분류)

Timmers는 비즈니스 모델의 분류 차원으로서 '혁신의 정도'와 '기능의 통합 정도'를 이용, 즉 가치사슬 개념을 이용하여 11가지 유형의 대표적 e-비즈니스 모델을 제시하였다.

〈그림 11-1〉 티머스의 11가지 비즈니스 모델 분류

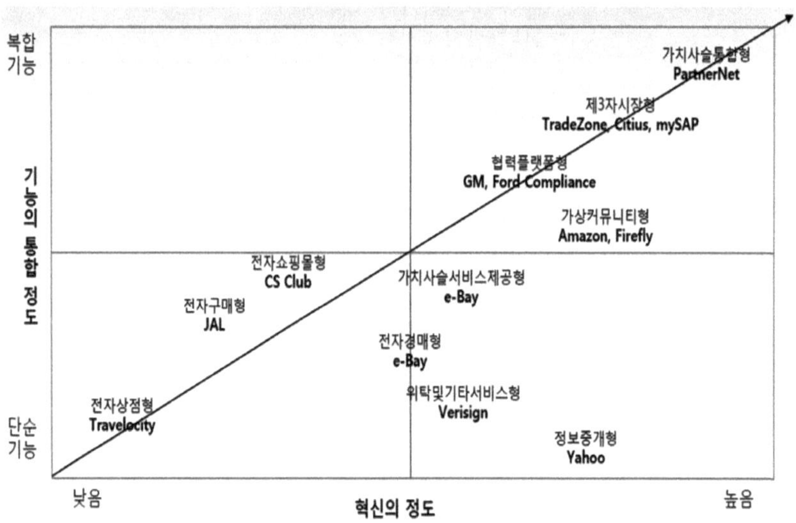

〈표 11-3〉 Timmers의 11가지 비즈니스 모델 세부 내용

모델명	내 용
① 전자상점형 (e-Shop)	▪ 가장 기본적인 형태의 전자상거래 비즈니스 모델 ▪ 기업이나 점포의 웹사이트를 이용한 기업홍보, 제품홍보, 고객주문 처리 및 대금지불 등의 기능을 수행 ▪ 기업은 저렴한 비용으로 마케팅 채널을 확대함으로써 수요의 확충 및 매출의 증대가 가능 ▪ 고객은 저렴한 가격, 폭넓은 선택기회, 보다 많은 정보, 시공간의 제약 탈피 등의 혜택을 누릴 수 있음
② 전자조달형 (e-Procuremen t)	▪ 전자구매모델은 전통적인 EDI나 CALS의 연장선에 있는 사업 모델로서 공급자를 찾는 것이 주목적 ▪ 전통적 EDI나 CALS와 유사한 형태의 비즈니스 모델 ▪ 인터넷을 이용한 입찰공고와 협상을 통해 재화나 용역을 구매 ▪ 구매자는 공급선 선택폭의 확대, 구매원가의 절감, 품질수준 제고, 조달 및 구매용이성 증대 ▪ 공급자는 입찰정보에 대한 접근용이성, 입찰시장의 글로벌화, 입찰 비용의 절감, 공동 입찰이 가능
③ 전자경매형 (e-Auction)	▪ 전통적인 경매시장을 인터넷 공간으로 옮겨놓은 비즈니스 모델 ▪ 멀티미디어 정보의 제공뿐만 아니라 경매되는 제품이나 서비스 관련 계약, 대금결제, 배달 등의 기능을 포함 ▪ 주 수입원은 경매 관련 기술플랫폼 판매, 거래수수료, 광고수입 등
④ 전자쇼핑몰형 (e-Mall)	▪ 전자상점을 한 곳에 모아놓은 형태의 비즈니스 모델 ▪ 취급 제품군에 따라 소비재를 다루는 전자쇼핑몰과 산업재 혹은 특정 서비스를 특화한 B2B 전자상거래의 형태를 지님 ▪ 전자쇼핑몰 운영자는 지원 기술 및 서비스의 판매, 사용시간 및 양에 따른 요금부과 용이성, 광고를 통한 수익 확보 등이 가능 ▪ 고객은 이용편리성 증대, 다양한 쇼핑의 가능성 등의 장점을 누림
⑤ 정보중개형 (Information Brokerage	▪ 정보판매 사업형 비즈니스 보델 ▪ 인터넷상에서 구할 수 있는 다양한 정보를 수집 및 가공하여 이를 필요로 하는 고객에게 제공(ex. Yahoo, Daum 등) ▪ 주 수입원은 정보사용료, 광고수입 등
⑥ 제3시장형 (Third Party Marketplace)	▪ 기존 오프라인기업들이 웹 마케팅을 외주하려는 경향이 증가함으로써 나타난 형태 ▪ 오프라인 기업의 제품 카탈로그를 수요자의 인터페이스를 통해 제공 ▪ 브랜딩, 대금지불, 배달, 주문 등의 매매거래절차와 관련된 모든 단계의 서비스제공 ▪ 주 수입원은 회원가입비, 서비스 수수료, 거래 수수료, 광고료 등

모델명	내 용
⑦ 가상커뮤니티형 (Virtual Community)	▪ 특정 영역에 관심을 갖고 있는 사용자 커뮤니티를 관리 ▪ 고객의 피드백 정보 확보 및 고객서비스 제공을 위한 목적으로 활용 ▪ 주 수입원은 회원들의 회비와 광고수입
⑧ 협력플랫폼형 (Collaboration Platform)	▪ 여러 기업들의 공동작업에 필요한 도구나 소프트웨어 등을 제공 ▪ 여러 기업들이 참여하는 협력 디자인, 협력 엔지니어링, 협력 프로젝트 컨설팅 등에 적용
⑨ 가치사슬서비스 제공형	▪ 전자지불기능, 물류 및 배송기능 등의 산업의 가치사슬상에 존재하는 특정기능을 특화하여 온라인 서비스를 제공하는 모델 ▪ 기업의 생산관리, 재고관리, 판매관리 등의 영역을 중심으로 가치사슬상의 활동들을 지원 ▪ 주 수입원은 서비스 이용료, 수수료 등
⑩ 가치사슬통합형 (Value Chain Integrator)	▪ 특정 기업이나 산업의 가치사슬상의 여러 활동과 관련한 서비스를 통합적으로 제공 ▪ 주 수입원은 컨설팅 서비스 비용과 수수료 등
⑪ 위탁 및 기타서비스형 (Trust and Other Services)	▪ 인터넷을 통해 사용자가 요구하는 공증서비스, 인증서비스 등을 대행해 주는 비즈니스 모델 ▪ 주 수입원은 대행 서비스 수수료나 소프트웨어 등의 판매수익 등

2) Rappa의 분류

Rappa는 9가지 일반 비즈니스 모델 유형을 제시하고 각 유형별로 사업운영 방식에 따라 보다 구체적인 모형들로 나누고 있다.

〈표 11-4〉 Rappa의 비즈니스 모델 분류

모델명	내 용
① 중개형 (Brokerage Model)	▪ 구매자와 판매자를 한 곳에서 거래를 할 수 있도록 지원 ▪ 매도/매수주문 소화형, 시장거래소형, 고객모집형, 유통 및 배급형, 가상몰, 메타중개형, 경매중개형, 역경매형, 항목분류형 등으로 구분 ▪ 주 수입원은 구매자와 판매자간의 거래에 따른 수수료 등 ▪ 예 : 옥션, G마켓, 11번가 등
② 광고형 (Advertising Model)	▪ 전통적인 방송미디어 모델을 인터넷에 적용시킨 모델 ▪ 일반 포털형, 개인화 포털형, 전문 포털형, 무료 포털형 등으로 세분화 ▪ 주 수입원은 광고료, 유료화된 컨텐츠 사용료 등
③ 정보중개형 (Infomediary Model)	▪ 고객 및 고객의 구매습관 등의 정보를 수집하여 이를 가공 판매하는 형태 ▪ 고객 관련 정보는 무료의 인터넷 접속 및 서비스 제공을 통해 확보하며, 정보 및 서비스의 제공 형태에 따라 등록모델형과 추천시스템형으로 구분 ▪ 예 : 잡코리아
④ 상인형 (Merchant Model)	▪ 도소매 업자들이 인터넷상에서 상품과 서비스를 판매하는 형태로서 e-Tailer형으로 불리움 ▪ 크게 가상상인형, 카탈로그형, 혼합형, 비트벤더형으로 세분화
⑤ 제조형 (Manufacturer Model)	▪ 제조업자가 인터넷을 통해 직접 최종사용자에게 물건을 직접 전달하는 형태 ▪ 비용절감, 고객의 요구피악, 양질의 서비스 제공 등이 가능
⑥ 제휴형 (Affiliate Model)	▪ 고객으로 하여금 언제 어디서든 구매할 수 있도록 다른 웹사이트들과 제휴하여 사업을 전개하는 형태 ▪ 주 수입원은 제휴 사이트를 통한 구매 수수료 등
⑦ 커뮤니티형 (Community Model)	▪ 사용자들이 자사의 사이트에 커뮤니티를 생성할 수 있도록 지원하여 사업을 전개 ▪ 사용자들의 커뮤니티에 대한 충성도가 매우 중요한 요소 ▪ 광고, 정보중개, 포털 서비스 등을 제공하여 수익원을 확보
⑧ 사용료형 (Utility Model)	▪ 수도요금이나 전기요금처럼 사용자들이 서비스를 이용한 양, 빈도, 시간 등에 따라 요금을 지불하도록 하는 형태
⑨ 가입형 (Subscription Model)	▪ 신문이나 잡지와 같이 사용자들이 유료로 자사의 사이트에 가입하도록 유도 ▪ 사용자들이 컨텐츠 사용을 위해서 지불하는 가입비가 주 수입원

(3) Jutla의 분류

Jutla는 제품이 공급자로부터 소비자까지 전달되는 과정 및 상품의 제조 위치를 중심으로 e-비즈니스 모델을 분류하였다.

〈표 11-5〉 Jutla의 비즈니스 모델 분류

모델명	내 용
① 중개형 (e-Broker)	▪ 중개자형 모델은 공급자와 소비자 사이에서 중개 임무를 수행하는 모델 ▪ 공급망에서 상품을 공급하는 공급자는 제품생산계획, 재고통제, 특정상품 등의 제조에만 힘쓰고, 전문적인 판매기관인 중개자가 이를 수행함으로써 보다 나은 성과를 이룰 수가 있으며 소비자 입장에서는 질 좋고 우수한 제품을 취할 수 가 있음
② 제조업자형 (e-Manufacturer)	▪ 제조업자가 다수의 부품공급자로부터 확보한 부품들을 직접 조립하여 완성품을 판매하는 형태 ▪ 완제품을 생산할 수 있으며, 전문적 마케팅 부서를 보유하고, 세련된 서비스를 수행할 수 있는 기업에 적합
③ 경매형	▪ 구매자가 상품의 구입가격을 제시하면 판매자가 그러한 제시 가격에 동의함으로써 거래가 이루어지는 형태 ▪ 판매자도 고객이 될 수 있으며, 경매사이트 자체는 고객과 판매자를 연결시켜주는 역할 ▪ 사이트 운영자는 거래수수료를 통해 수입을 확보

4) 수익구조에 따른 분류

〈표 11-6〉 주수입원에 따른 e-비즈니스 모델

수입모델	수입원
① 광고형 (Advertising Model)	사이트 히트 수, "eyeballs"을 근거로 (예) eBay, Yahoo, Amazon
② 소매점형 (e-Retailing Model)	인터넷을 통한 직접 판매 매출 (예) GAP, Dell Computer, Wal-Mart
③ 채널형 (Channel Model)	웹을 통해 자사의 제품을 판매하거나, 다른 유통점에게 자사 제품을 판매토록 구성 (예)Reebok, Levi-Straus
④ 제휴형 (Affiliate Model)	배너광고를 제공하고 이를 통해 구매가 이루어진 경우 거래 수수료 수입 (예) Amazon.com은 약 20만개 제휴사
⑤ 프랜차이즈형 (Franchise Model)	프랜차이즈 허가에 따른 수수료 (예) Allstate보험
⑥ 가입형 (Subscription Model)	컨텐츠 이용에 따른 이용료, 가입비 (예) AOL, www.hoovers.com

4. e-비즈니스 성공 창업을 위한 전략

1) 디지털 기업구조의 구축

- 최근의 디지털 경제시대에 적합한 기업구조의 구축 및 변경
- 적용될 정보기술이 업무프로세스에 효과적으로 활용될 수 있도록 변경
- 기업간의 연결 프로세스는 디지털 구조의 구축과정에 참여하는 기업들의 업무프로세스 변화 및 정보시스템 투자비용의 공동 부담 등을 통해 변경

2) 지속적인 수익창출력 확보

- 무조건적 고객확보보다는 견고한 수익구조가 보장되는 모델의 개발
- 고객에게 차별화된 가치의 제공, 다양한 컨텐츠의 개발, 효율적 상거래방식의 운영, 제품 및 서비스의 다양화 등을 통한 지속적인 변신노력이 필요

3) 고객지향적 관점의 유지

- e-비즈니스를 단순히 내부의 경영합리화를 수단으로 인식하는 관점에서 벗어날 필요성
- 모든 개인이나 기업들을 중요한 고객으로 인식하여 고객지향적이며 상호호혜적인 관계에서 e-비즈니스를 추진할 필요성

4) 차별화된 컨텐츠의 확보

- 기업들의 창의적인 아이디어를 지속적으로 수용할 수 있으며, 이에 기반한 새로운 컨텐츠를 지속적으로 제공
- 외부 기업들과의 제휴와 합병 등을 통해 양질의 차별화된 컨텐츠의 제공 및 보완 노력이 필요

5) 기회의 선점

- 최근의 시장환경에서 경쟁자를 이겨낼 수 있으며 진입장벽을 구축할 수 있도록 시장과 기회를 선점
- 시장에서 제공되고 있는 기회를 선점할 수 있는 e-비즈니스 모델 개발의 필요성

6) 특허권의 등록

- 독점적 권리를 누릴 수 있으며 나아가 경쟁자를 제어할 수 있는 특허권 등록의 필요성
- 다른 경쟁자들의 공격을 방어할 수 있으며 법적인 구속력이 있는 요소를 담고 있는 비즈니스 모델의 개발 필요성

연습문제

1. e-비즈니스 이점에 대해 기업과 고객의 입장에서 설명하시오.

2. e-비즈니스 창업 세부분야에 대해 설명하시오.

3. 가상 e-비즈니스 창업아이템을 선정 후 사업계획서를 작성하시오.

Chapter 12

창업 세무

12 창업 세무

주변에서 창업을 하기로 마음먹었을 때 일반적으로 걱정되는 부분이 세무관리 업무들이다. 음식점을 운영하기로 마음먹었든 아니면 소매업을 하기로 마음먹었든, 창업자는 그 일에 관해서는 잘 할 수 있다고 마음먹었기에 창업을 결정하였을 것이다. 하지만 직장 생활만 하면서 세금관련 업무를 경험하지 못한 경우에는 막연한 두려움이 있을 것이다. 사업자등록을 하는 순간 개인이나 법인사업자의 의무사항 중 하나는 세금납부이다. 본 장에서는 부가가치세, 소득세, 법인세 등에 대해 살펴본다.

제1절 부가가치세

1. 부가가치세

부가가치세란 상품(재화)의 거래나 서비스(용역)의 제공과정에서 얻어지는 부가가치(이윤)에 대하여 과세하는 세금이다. 부가가치세 세금계산 구조는 "매출세액-매입세액-경감공제세액+가산세=납부할 세액이고 부가가치세는 공급가액의 10%로 이루어진다. 부가가치세법상 사업자의 종류에는 간이 과세자와 일반과세자, 면세사업자가 있다.

1) 간이과세자

개인사업자 중 연간 매출액이 4800만원이 되지 않는 사업자 중 일반적으로 지방이나 수도권 변두리 지역에서 영업을 하는 소매점 음식점 이·미용업소 등이 해당된다. 연 매출액이 4800만원을 넘지 않더라도 도시 중심가에서 영업을 하는 사업자나 업종이 제조업이나 부동산 매매업 등인 사업자는 제외된다.

간이과세자는 세금계산서 발행 의무가 면제되고, 부가가치세율도 업종별로 2~4%로 낮게 적용된다. 해당 과세기간의 공급대가가 2,400만원 미만인 경우 납부 의무가 면제되지만 하지만 재고납부세액은 2,400만원미만이라도 납부해야한다. 또한 납부 의무만 면제이기 때문에 부가가치세 신고는 반드시 하여야 한다.

〈표 12-1〉 간이과세자 부가가치세

매출액 기준	1년간 매출액 4,800만원 미달하는 개인사업자
신고납부일	매년 1월 25일까지 신고 · 납부
적용세율	부가가치율×10%
세액환급	납부금액이 (-)가 나오더라도 환급 불가능
세금계산서 발행	세금계산서 발행 불가능

2) 일반과세자

일반과세자는 간이과세자가 아닌 개인사업자와 법인사업자를 말한다. 부가가치세가 과세되는 사업을 할 때, 사업자등록을 하면 일반과세자 또는 간이과세자로 등록을 해야 한다. 일반과세자는 10%의 세율이 적용되며, 물건 등을 구입할 때 받은 매입 세금계산서의 부가가치세액을 전액 공제받을 수 있다. 또한 세금계산서를 발행할 수 있다. 전년도 1년간의 매출액이 4800만원 이상이어도 일반과세자로 분류가 된다.

부가가치세는 6개월을 과세기간으로 하여 확정신고·납부하여야 하는데, 법인사업자는 일 년에 네 번 개인사업자는 두 번 신고하며 개인사업자는 예정고지에 의하여 납부하지만 영세율 매출이나 고정자산을 매입하는 경우에는 예정신고를 하여 조기 환급을 받을 수 있으며 휴업이나 사업부진 등으로 각 예정신고 기간의 공급가액 또는 납부세액이 직전 과세기간의 1/3에 미달하는 사업자도 예정 신고를 할 수 있다.

사업초기에 기계장치나 설비 등의 고정자산금액이 많은 경우 일반과세자로 등록하면 부가세는 조기 환급을 받을 수 있어 유리하다.

〈표 12-2〉 일반과세자 부가가치세

과세기간	과세대상기간	신고납부	신고대상자
제1기 1.1~6.30	예정신고1.1~3.31	4.1~4.25	법인사업자
	확정신고1.1~6.30	7.1~7.25	법인, 개인사업자
제2기 7.1~12.31	예정신고7.1~9.30	10.1~10.25	법인사업자
	확정신고7.1~12.31	다음해1.1~1.25	법인, 개인사업자

3) 면세사업자

부가가치세 면세사업자는 부가가치세 신고의무는 없으나 사업장 현황신고를 하여야 한다. 1년간의 매출액과 동일기간 내에 주고받은 계산서 합계표를 다음해 1.1부터 2.10까지 사업장 관할세무서에 신고하여야 한다.

〈표 12-3〉 부가가치세 면세 업종

대상 업종	생선, 곡물, 과일, 육류 등 미가공 식료품, 주택임대용역 인·허가를 받은 학원, 교습소 등 교육용역, 병의원(성형제외) 도서, 신문, 잡지, 방송(광고제외) 연탄, 무연탄 토지, 금융 및 보험업, 공중전화, 복권
신고·납부	부가세법상 납세의무자가 아니므로 신고·납부의무 면제

2. 부가가치세 절세전략

개인기업의 법인 전환 시 '사업포괄양수도'방식을 이용하면 부가가치세가 과세되지 않는다. 매출세금계산서를 정확히 발행하여 매출누락 등의 혐의를 받지 않도록 해야 한다. 매입세금계산서는 철저히 받아 공제 가능한 것은 모두 공제 받아야 한다. 거래처가 부도나서 물품대금을 받지 못한 경우에도 해당 부가가치세는 공제 받을 수 있다. 부가가치세 신고 시에는 공제받지 못하는 매입세액에 대해 반드시 검토한 후에 신고해야 한다. 면세사업자가 수출할 경우에 면세 포기를 하면 매입세액을 환급 받을 수 있다.

수출을 하거나 시설투자를 한 경우에는 조기환급 신고를 하여 환급금을 운영자금으로 활용한다. 가공세금계산서를 사고파는 행위는 절대로 하지 말아야 한다(전산시스템 조사). 부가가치세 확정신고 기간의 전월말(6월말, 12월말)에 대량 매입세금계산서를 수취하는 것은 세무조사의 대상이 될 수 있으니 주의해야 한다.

제2절 소득세

1. 소득세

개인소득세와 법인소득세로 나눌 수 있는데, 법인소득세는 법인세법에 따라 법인세로 부과되므로, 소득세법에 의한 소득세는 개인소득세만을 의미한다. 소득세법에 따른 거주자와 비거주자는 소득세를 납부할 의무를 지는데, 거주자는 모든 소득에 대하여 과세하며, 비거주자는 국내원천 소득에 대하여만 과세한다. 과세소득은 종합소득(해당 연도에 발생하는 이자소득·배당소득·부동산임대소득·사업소득·근로소득·연금소득과 기타소득을 합산한 것), 퇴직소득·양도소득으로 구분하고, 원칙적으로 계속적·경상적으로 발생하는 소득을 과세대상으로 한다.

1) 소득세 계산 구조

계산 구조는 종합소득·퇴직소득·양도소득을 구분하여 계산하고, 소득공제를 한 과세표준에 기본세율을 적용하여 소득산출세액을 계산한다. 여기에 다시 세액공제를 하여 소득결정세액을 계산한 뒤, 감면세액을 공제하고 가산세를 가산하여 부과세액을 계산한다. 부양가족에 따른 인적 공제와 담세능력에 따른 누진세율의 특징이 있다.

〈표 12-4〉 소득세 세금계산 구조

종합소득금액	이자소득+배당소득+사업소득+근로소득+연금소득+기타소득
(-)소득공제	인적공제+특별소득공제+주택담보노후연금이자비용공제 연금보험료공제+조특법상 소득공제
과세표준	종합소득금액-소득공제
산출세액	과세표준×세율(6~38%)
결정세액	산출세액-세액공제·세액감면
납부세액	결정세액+가산세-기납부세액

2) 소득세율

세율의 종류는 크게 비례세율과 누진세율로 나누어진다. 물건값의 크기에 상관없이 무조건 10%를 과세하는 부가가치세가 비례세율의 가장 대표적인 예가 된다. 누진세율은 과세표준 구간에 따라 누진도를 달리하는 세율을 말한다. 종합소득세나 양도소득세 기타 상속·증여세 등에서 채택하고 있다.

예시로, 과세표준이 30,000,000만원인 사람의 산출세액은 다음과 같다. 30,000,000 × 15% - 1,080,000 = 3,420,000 이자소득, 배당 소득은 연간 2천만 원을 초과할 경우 종합 과세된다. 따라서 금융소득이 2천만원 이하인 경우 지급하는 기관에서 원천 징수하게 된다. 그리고 연금소득 중 사적연금소득이 연간 1,200만원을 초과하는 경우와 기타소득은 연간 3백만 원을 초과하는 경우 종합과세 된다. 3백만 원 이하인 경우 종합과세와 분리과세를 선택할 수 있다.

〈표 12-5〉 소득세율

과세표준	기본세율	누진공제
1200만원 이하	6%	-
1200만원~4600만원	15%	1,080,000
4,600만원~8,800만원	24%	5,220,000
8,800만원~1억5,000만원	35%	14,900,000
1억5,000만원~5억	38%	19,400,000
5억초과	40%	29,400,000

3) 소득세 기장의무

장부기장은 사업과 관련하여 발생한 거래내역에 대해서 영수증 등 증빙서류를 근거로 하여 그 거래내용을 장부에 기록하는 것을 말한다. 모든 사업자는 장부를 비치·기장할 의무가 있으나, 신규사업자(개인사업자로서 전문직 제외) 및 수입금액이 기준금액을 미달하는 사업자의 경우 간편 장부 작성을 허용하고 있다. 간편 장부는 일자별로 수입, 비용, 고정자산증감 등을 기록한 것으로 정형화된 장부의 형태를 가지고 있다. 간편 장부 대상자 중 신규사업자(개인사업자로서 전문직 제외) 및 직전연도 수입금액이 4,800만원 미만인 개인사업자는 기장을 하지 않더라도 가산세를 부담하지 않는다.

〈표 12-6〉 간편장부 대상자

업 종	직전연도 수입금액
농업 및 임업, 어업, 광업, 도소매업, 부동산매매업 등	3억원 미만
제조업, 음식점업, 숙박업 등	1억 5천만원 미만
부동산임대업, 사업서비스업, 교육서비스업, 사회복지사업	7,500만원 미만

복식부기대상자는 간편 장부 대상자 외의 모든 사업자를 의미한다. 재산 상태와 손익거래 내용의 변동을 빠짐없이 모든 거래마다 차변과 대변으로 나누어 기록한 장부를 보관해야하며, 이를 기초로 작성된 재무제표 신고서와 함께 제출하여야 한다. 복식부기의무자가 간편 장부 또는 추계에 의해 신고하는 경우 무기장가산세를 부담해야함으로 장부를 꼭 만들어야 한다.

〈표 12-7〉 복식부기 대상자

기장 시 혜택	무기장시 불이익
적자가 발생한 경우 10년간 소득금액에서 공제	적자가 발생해도 세금 납부
단순경비율×기준경비율에 의해 계산하는 경우보다 최대 40%까지 세 부담 절감	무기장가산세 부과
간편 장부 대상자가 복식부기로 작성한 경우 기장 세액공제(최대 100만원)	세무조사대상에 해당할 수 있음

4) 소득세 신고

소득세는 원칙적으로 소득의 종류에 관계없이 일정한 기간을 단위로 하여 합산 과세하는 종합과세방식을 채택하고 있다. 다만 조세 정책적 목적과 납세편의 등을 고려하여 예외적으로 분리과세 또는 분류과세방식을 취하고 있다.

〈표 12-8〉 과세 방식

구분	종합과세	분리과세	분류과세
대상소득	이자소득 배당소득 사업소득 근로소득 연금소득 기타소득	분리과세금융소득 일용근로자 급여 분리과세연금소득 분리과세기타소득	퇴직소득 양도소득

사업연도 중에 폐업을 하거나 사업에서 손실이 발생하여 납부할 세액이 없는 경우에도 신고는 반드시 해야 하는데 신고를 하지 않는 경우 관할세무서장이 조사하여 납부세액을 결정·고지하며 각종 세액공제 및 감면을 받을 수 없다.

2017년 1월 1일부터 12월 31일까지 발생한 소득에 대해서는 2018년 5월 31일까지 신고·납부해야한다. 다만 성실신고 대상자는 6월 30일까지 신고·납부한다.

〈표 12-9〉 소득세 신고

신고대상자	종합소득금액이 있는 자 (분리과세소득 제외)
과세기간	매년 1월 1일 ~ 12월 31일
신고기한	소득이 발생한 다음 해 5월 1일~5월 31일
신고관할	납세지 관할 세무서장
분납	납부세액이 1천만원 초과하는 경우 분납 가능

사업자는 사업과 관련된 모든 거래사실을 복식부기 또는 간편장부에 의하여 기록·비치하고 증빙서류등과 함께 5년간 보관해야 한다. 결손이 난 경우 다음 해부터 10년간 공제가 가능하므로 최대 11년간 장부를 보관하는 것이 좋다. 장부를 기장하지 않은 사업자의 경우에는 총수입금액에 일정비율(기준경비율, 단순경비율)을 곱하여 계산된 금액을 필요경비로 인정하여 소득금액을 계산하게 되는데, 이를 추계소득금액이라 한다.

제3절 법인세

1. 법인세

국세·직접세·보통세에 속하며, 일정한 소득을 과세대상으로 한다는 점에서 소득세의 성격을 가진다. 법인본질론(法人本質論)에 따라 찬반이 대립된다. 법인부인설(法人否認說)은 법인이란 허구에 불과한 것이기 때문에 법인의 소득에 대해 과세하는 것은 그 주주에 대해 과세하는 것에 불과하고, 또한 주주의 배당소득에 다시 소득세를 부과하는 것은 이중과세가 된다는 것을 논거로 법인세를 반대한다. 반면에 법인실재설(法人實在說)은 법인은 주주의 인격과는 별개의 실체이기 때문에 법인의 소득에 대해 과세하는 것은 개인의 소득에 대해 과세하는 것과 마찬가지이며, 또한 법인의 소득에 대해 과세를 하는 것과 주주의 배당소득에 대해 소득세를 부과하는 것은 개인이 소득세가 부과된 소득을 소비할 때 다시 소비세가 부과되는 것과 같이 이중과세가 되지 않는다는 것을 논거로 법인세를 찬성한다.

법인세법에 따라 국가·지방자치단체 이외의 내국법인과 국내 원천소득이 있는 외국법인은 법인세를 납부할 의무를 진다. 과세대상은 법인의 각 사업 연도의 소득·청산소득(清算所得)과 토지 등 양도소득으로 하고, 비영리 내국법인과 외국법인은 각 사업연도의 소득에 대하여만 부과 한다.

사업연도는 법령 또는 법인의 정관 등에서 정하는 1회계기간으로 하되 1년을 초과하지 못한다. 납세지는 내국법인은 해당 법인의 등기부상의 본점 또는 주사무소의 소재지, 외국법인은 국내 사업장의 소재지로 하며 주식발행 액면초과액, 감자차익, 합병차익, 분할차익, 자산의 평가차익, 이월익금, 지주회사의 수입배당금 등의 수익은 각 사업연도의 소득금액 계산에 있어서 익금(益金)으로 산입하지 않는다. 잉여금의 처분을 손비로 계상한 금액 등 자본거래 등으로 인한 손비, 제세공과금, 자산의 평가차손, 감가상각비, 기부금, 한도액을 초과한 접대비, 과다 경비, 업무와 관련 없는 비용, 지급이자 등은 손금(損金)으로 산입하지 않는다.

가산세가 적용되는 경우는 기한 내에 신고하지 않거나 장부를 쓰지 않는 경우, 과세표준에 미달되게 신고한 경우, 세액을 납부하지 않거나 미달하게 납부한 경우 등이다. 또 내국법인으로서 사업연도의 기간이 6개월을 넘는 모든 회사는 사업연도 개시일로부터 6개월 동안의 법인세를 사업연도 중간에 신고 납부할 의무가 있는데, 이를 법인세 중간예납이라고 한다.

1) 법인세 계산 구조

〈표 12-4〉 법인세 세금계산 구조

각사업연도소득	당기순이익+익금총액-손금총액
과세표준	각사업연도소득-이월결손금, 비과세소득, 소득공제
산출세액	과세표준×세율(10%~22%)
총부담세액	산출세액-세액공제 · 세액감면+가산세
차감납부세액	총부담세액-기납부세액, 원천징수세액, 수시부과세액

2) 법인세 세율

우선 영리기업부터 살펴보면, 사업소득 및 청산소득 모두 2억원이하 과세표준은 세율 10%, 2억초과~200억 이하는 세율 20%(누진공제액은 2000만원), 200억원 초과는 세율 22%를(누진공제액 4,2억원) 적용하고 있다. 비영리 법인도 동일하게 2억이하는 10%, 2억~200억 구간은 20%, 200억 초과는 22% 법인 세율을 매기게 된다.

〈그림 12-1〉 법인세 세율

소득종류 / 법인종류	각사업연도 소득			청산소득		
	과세표준	세율	누진공제	과세표준	세율	누진공제
영리법인	2억 이하	10%	-	2억 이하	10%	-
	2억 초과 200억 이하	20%	2,000만원	2억 초과 200억 이하	20%	2,000만원
	200억 초과	22%	42,000만원	200억 초과	22%	42,000만원
비영리법인	2억 이하	10%	-			
	2억 초과 200억 이하	20%	2,000만원			
	200억 초과	22%	42,000만원			
조합법인	9%			9%		

* 2012.1.1. 이후 개시하는 사업연도 분부터 적용

구 분		등 기	미등기
토지등 양도소득	대통령령이 정하는 주택(부수토지 포함)을 양도한 경우	10%	40%
	비사업용토지를 양도한 경우	10%	40%

* 2014.1.1.이후 양도하는 경우

구 분		세율	
미환류 소득	[기업소득×기준율(80%) - (투자+임금증가+배당액+상생협력기금 등)] ×10%	10%	10%
	[기업소득×기준율(30%)-(임금증가+배당액+상생협력기금 등)]	10%	10%

* 2015.1.1.부터 적용

3) 법인세 신고

〈그림 12-2〉 법인세 신고

구 분	법정신고기한	제출대상서류
12월 결산법인	3월31일	1. 법인세과세표준 및 세액신고서 2. 재무상태표 3. 포괄손익계산서 4. 이익잉여금처분계산서(결손금처리계산서) 5. 세무조정계산서 6. 세무조정계산서 부속서류 및 현금흐름표
3월 결산법인	6월30일	
6월 결산법인	9월30일	
9월 결산법인	12월31일	

사업연도가 2017년 1월 1일 ~ 2017년 12월 31일인 경우에는 2018년 3월 31일 까지 법인세를 신고·납부하여야한다. 매출이 발생하지 않았더라도 신고는 반드시 하여야하며 신고를 하지 않을 경우 무신고가 되어 가산세가 발생하게 된다.

2. 법인세 및 소득세 절세전략

사업과 관련된 사실은 반드시 장부에 기재하고 증빙서류를 철저히 관리해야 한다. 거래의 증빙을 위해 대금 결제는 반드시 은행(통장)을 통해 시행해야 한다. 매입세액을 공제 받지 못한 부가가치세는 비용으로 인정되는 경우 빠짐없이 비용 처리해야 한다. 특수관계자와 너무 높거나 낮은 가격으로 거래한 경우에는 인정받을 수 없으니 주의해야 한다. 시설 등에 투자하여 그 해에 공제받지 못한 세액은 다음 해에 공제받을 수 있다. 세법에 규정된 각종 가산세 항목을 숙지하여 가산세를 내지 않도록 관리해야 한다. 화재, 홍수 등 재해로 인해 피해를 입은 경우에는 세액공제를 신청할 수 있다.

감가상각충당금, 퇴직급여충당금, 대손충당금 등 각종 충당금을 활용하면 절세할 수 있다.

제4절 창업기업의 주요 세무문제

1. 창업 시 주금의 가공(가장)납입

주금의 가공납입이란, 법인설립 시 발기인들이 법인의 자본금을 정상적으로 납입하지 않고, 일시적인 차입금으로 주금납입 형식을 취하여 회사를 설립한 후 곧바로 그 납입금을 인출해 차입금을 변제하는 행위를 말한다.

자금을 빌려 법인을 설립하게 되면 회사의 부실화는 물론, 장부에 기록된 자산과 실제보유자산이 일치하지 않는 등 회계장부의 부실화를 초래하게 된다. 상법 상 가공납입 행위를 한 자에 대해 엄격한 제재(5년이하의 징역 또는 1,500만원 이하의 벌금)를 가하도록 규정하고 있으며, 세법에서는 가공 납입액만큼 법인이 주주에게 무상으로 빌려준 것으로 보아 법인세를 과세하고, 추가로 소득세까지 과세하게 되어진다. 국세청에서도 가공납입에 대한 세무상 사후관리를 점점 다 강화하고 있는 추세이므로, 회사 설립 시 주금 가공납입 행위는 하지 않는 것이 바람직하다.

2. 불성실 세금신고 시 불이익

법인이 내야 하는 세금은 스스로 계산하여 납부하는 신고납부제도를 근간으로 하고 있어 이를 불성실하게 행할 경우 여러 가지 불이익을 받게 된다.

법인세 신고 시 신고를 하지 않거나, 과소 신고한 경우에는 납부해야 할 세액 외에 무신고·과소신고 가산세 및 미납부 가산세를 추가로 납부해야 하며, 특히, 부당한 방법으로 무신고 또는 과소 신고한 경우에는 산출세액 의 40%를 가산세로 납부해야 한다. 법인의 수입금액을 누락시키거나 가공 경비를 비용으로 계상하여 법인세를 적게 낸 경우에는 탈루세액 및 가산세 의 추징은 물론, 누락된 소득만큼 이를 가져간 사람에게 법인이 상여금 또는 배당금을 준 것으로 간주하여 종합소득세를 추가로 징수한다.

이 경우, 누락된 소득만큼 이를 가져간 사람이 불분명할 경우에는 법인대표이사가 가져간 것으로 간주하여 종합소득세를 징수하게 된다(대표이사 상여처분). 국세청에서는 자체 전산시스템(TIS)를 이용한 전산분석에 의한 '신고성실도 평가제'를 실시하고 있으며, 평가결과 불성실신고 법인으로 분류될 경우 세무조사 대상으로 선정될 수 있으므로 신고시에 누락 금액이 없는 지 반드시 검토해야 한다.

3. 법인의 납세협력 의무

사업자로부터 건당 3만원을 초과하는 재화나 용역을 제공받는 경우에는 반드시 정규영수증(신용카드 매출전표, 직불카드, 기명식선불카드, 현금 영수증, 세금계산서, 계산서)을 수취하여 5년간 보관해야 한다.

법인이 주고받은 세금계산서 및 계산서는 매입처 및 매출처별로 합계표를 작성하여 매 부가가치세 신고 시마다 세무서에 제출(또는 전자신고)해야 한다. 단, 계산서는 1년치를 다음연도 1월 31일까지 제출하면 된다. 근로 소득, 기타소득 등 원천징수대상이 되는 소득을 지급하는 법인은 소득 지급 시 교부한 원천징수 영수증 복사본을 다음연도 2월말까지 세무서에 제출해야 한다. 일용근로자에게 지급한 소득자료(일용근로소득지급조서)를 매 분기 다음 달 말일(4/4분기는 다음해 2월말)까지 세무서에 제출해야 한다.

연습문제

1. 부가가치세에 대해 설명하시오.

2. 소득세에 기장의무에 대해 설명하시오.

3. 법인세 세율에 대해 설명하시오.

찾아보기

ㅊ

ㅋ

ㅌ

ㅍ

ㅎ

1

공저자 약력

■ 윤 원 배

현) 가천대학교 사회적기업과고용관계연구소 연구위원 / 교수
경영법인 세움 대표이사
경영학박사, 경영지도사, 유통관리사, 조달계약사
창업진흥원 기술경영 평가위원, 중소기업기술정보진흥원 평가위원,
한국산업기술평가관리원 평가위원,
성남산업진흥재단 자문위원,
남북하나재단 창업 전문위원, 경기도 사회적경제 육성위원
창업론, 사회적경제, 유통관리론 등 강연

■ 윤 명 길 : 책임저자

현) 을지대학교 보건산업대학 의료IT학과 교수
(사)한국유통과학회 회장 겸 Managing Editor
성남농협유통센터 운영위원회 위원,
성남시 소비자정책심의위원회 부위원장,
서울시 유통분야심의위원회 위원,
공정거래위원회 심의위원회 위원,
소상공인시장진흥공단 전통시장 자문위원
생활속경제, 보건경제학, 유통학원론 등 강연
유통분야 저명 SSCI 논문 등 200여편 게재 및 발표

창업실무론 – 개정판

초 판 1쇄 발행 —— 2013년 11월 10일
초 판 2쇄 발행 —— 2014년 8월 5일
개정판 1쇄 발행 —— 2018년 2월 25일
개정판 2쇄 발행 —— 2019년 9월 5일
개정판 3쇄 발행 —— 2021년 1월 25일
지은이 —— 윤 원 배 · 윤 명 길
펴낸이 —— 전 두 표
펴낸곳 —— 도서출판 두남
서울시 강동구 성내로6길 34-16 두남빌딩
신 고 : 제25100-1988-9호
TEL : 02) 478-2065~7, 2311
FAX : 02) 478-2068
E-mail : dunam1@unitel.co.kr
http://www.dunam.co.kr

정가 24,000원

ISBN 978-89-6414-784-9 93320